国家社科基金
后期资助项目

国际气候资金法律制度研究

Research on Legal System of International Climate Finance

肖 峰 著

四川大学出版社
SICHUAN UNIVERSITY PRESS

图书在版编目（CIP）数据

国际气候资金法律制度研究 / 肖峰著． — 成都：四川大学出版社，2022.8
ISBN 978-7-5690-5537-5

Ⅰ．①国… Ⅱ．①肖… Ⅲ．①气候变化－国际资金－法制－研究 Ⅳ．① D912.604

中国版本图书馆 CIP 数据核字（2022）第 110599 号

书　　名：国际气候资金法律制度研究
　　　　　Guoji Qihou Zijin Falü Zhidu Yanjiu
著　　者：肖　峰

出 版 人：侯宏虹
总 策 划：张宏辉
选题策划：蒋姗姗
责任编辑：蒋姗姗
责任校对：王小碧
装帧设计：墨创文化
责任印制：王　炜

出版发行：四川大学出版社有限责任公司
　　　　　地址：成都市一环路南一段 24 号（610065）
　　　　　电话：（028）85408311（发行部）、85400276（总编室）
　　　　　电子邮箱：scupress@vip.163.com
　　　　　网址：https://press.scu.edu.cn
印前制作：四川胜翔数码印务设计有限公司
印刷装订：四川五洲彩印有限责任公司

成品尺寸：165 mm×238 mm
印　　张：16
字　　数：282 千字

版　　次：2022 年 10 月 第 1 版
印　　次：2022 年 10 月 第 1 次印刷
定　　价：68.00 元

本社图书如有印装质量问题，请联系发行部调换

版权所有 ◆ 侵权必究

四川大学出版社
微信公众号

国家社科基金后期资助项目
出版说明

  后期资助项目是国家社科基金设立的一类重要项目,旨在鼓励广大社科研究者潜心治学,支持基础研究多出优秀成果。它是经过严格评审,从接近完成的科研成果中遴选立项的。为扩大后期资助项目的影响,更好地推动学术发展,促进成果转化,全国哲学社会科学工作办公室按照"统一设计、统一标识、统一版式、形成系列"的总体要求,组织出版国家社科基金后期资助项目成果。

全国哲学社会科学工作办公室

前言

作为国际法现象的气候资金合作

  国际气候资金是政治、经济、社会、法律相结合的复杂问题，集三重人类共处的重大矛盾于一身：一是，气候变化与现代能源体系是一个硬币的两面，在能源技术一定的假设下，减排与适应将直接冲击能源利用数量和强度，气候变化现象是人类利用能源"失控"的自然界反馈。二是，气候变化源自温室气体排放后在大气层中的永久性，决定了应对行动必然具有全球性。三是，资金跨国流动是多重国际关系共有现象，各国产业体系又普遍地与化石能源挂钩，要从盘根错节的国际资金流中识别出具有气候属性的部分，是不小的制度挑战。凡此三者，均会产生国际合作中的法律难题。

  自1992年各国制定气候变化国际法律制度以来，虽然在其中明确约定了南北国家的资金权利义务，但在多年的国际法实践中争议频发。特别是美国先后退出《京都议定书》《巴黎协定》，作为历史上碳排放贡献最大、当前排放总量第二的超级大国，如此行径使得各国联合减排行动举步维艰。即使如此，以美国为代表的部分发达国家虽退出协议书，但并未退出作为基本法律关系的《联合国气候变化框架公约》（以后简称《框架公约》），且事实上也以各种名义向发展中国家提供用于气候应对的资金。这不禁让我们在减排合作的困境外，看到了资金合作议题上闪现出的一缕曙光。在各国就减缓、适应行动横向关联处于斗而不破、和而不同的格局下，厘清资金合作的制度逻辑，并从中提炼出联结南北国家的实践经验，对资金合作议题大有裨益。但笔者在梳理了相关文献和数据后发现，发达国家事实上已向发展中国家的应对气候变化领域提供了规模可观的资金，且联合国、世界银行集团等重要国际组织也运筹帷幄于其间，但当发达国家将全部供资以履行气候资金义务之名向公约体系通报时，发展中国家对其中的大部分资金的气候属性不予认可，资金问题的名实之争跃然纸上。这是由于应对行动与资金联结时，国际关系形成强大张力：（1）消极方面，气候变化问题在事实层面，牵涉的产业与应对行动领域太宽、太重要，有效的全球化应对行动对国家主权的削弱效应太强，是法律层面引发争议的导火索。（2）积极方面，气候问题、气候法都依附于统一的全球大气系统之上，不论主体冲突、国别差异多大，应对气候变化都是一个全球性公共产品提出的集体问题。鉴于此，我们应结合应然和实定的双重视角，厘清气候变化上资金问题的衍生背景，对气候资金的现实需求上升到国际法调整所面临的困境，进行系统性反思。

概括说来，国际气候资金问题不是主权形式平等表象下的平面性国际关系，而是有着历史纵深的迭代性国际关系的表现。若仅以当下眼光审视，平等主权各国应共同承担等质、等量、等时的国际法义务，但人为性温室气体排放、积累的过程与近现代史，特别是殖民体系的建立和运行具有深刻的关系。在发达国家先行发展过程中，将殖民地变为其能源、工业原材料基地，工业体系发展先占性地利用大气系统中的碳排放容量，在其赢得领先地位的同时造成发展中国家缺乏能源、环境容量等后续发展问题，全球气候变化的成因是国别不均衡的历史事实。当气候变化反作用于国际社会时，"能力越弱的国家，也是被气候效应影响最甚，且这些效应并非由其造成；为气候影响最甚者，也在社会中最缺乏代表"[①]，发展中国家受损最甚但能力不足，在这样的国际关系失衡状况下意欲形成全球统一行动，国际法律制度就必须面对并克服不公平国际秩序的遗留问题，以法治干预的方式填补发展中国家参与能力的短板。可喜的是，国际社会对此已形成了以《框架公约》《京都议定书》《巴黎协定》，以及公约机构决议等法律文件为主干的气候变化国际法体系，明确规定了发达国家向发展中国家提供气候资金的义务，将看似是道义性责任的资助行动，通过整合历史性、政治性因素转化为坚实的国际法义务。当然规定供资义务的文本，特别是实际运营资金的过程处于公约体系之外，软法性实施规则消解条约法规定的现象比较明显，既有供资国利用资金条款的因素，也有受资国自身对自愿性减排义务界定不明、气候资金的"额外性"缺乏起算基准的原因。可以说，国际法在承接这一历史积累问题时，出现了规范设定抽象、实施监督不力以及条约法规定与公私资金"碎片化"实践中不对应等困境。为此，我们必须厘清气候

---

① Kate Miles. Investing in Adaptation: Mobilising Private Finance for Adaptation in Developing States [J]. Carbon & Climate L. Rev. 190 (2011).

资金上升为国际法问题时，呈现出的三个面向：

(1) 气候资金法定含义为何，或者说判定特定资金是否属于公约体系下合格供资的法定标准问题。《框架公约》及《京都议定书》[①] 签署后，要求发达国家既需承担强制减排义务，又有向发展中国家提供应对气候变化资金的义务。南北国家的争议，集中地表现为对《框架公约》第4条、《京都议定书》第11条规定的气候资金的解释问题上。发达国家主张自己既可通过公约体系资金机制，也可通过公约体系允许的其他渠道提供资金，其已充分履行了供资义务；以此为据，作为对价，发展中国家也应承担相应的强制减排义务。发展中国家认为资金主要以公约体系外实体（如世界银行集团、地区性多边开发银行）为渠道，存在将气候资金与国际投资、官方发展援助（ODA）[②] 混为一谈的问题，未达到公约体系要求的"新的、额外的"标准，发达国家的资金承诺是一张"空头支票"。

(2) 国际实践中存在多种资金交叉重合时，甄别其气候属性的标准。发达国家是否向发展中国家提供了用于应对气候变化的资金，如果在事实上存在这样的资金流，其供资方式和渠道的法律性质如何，是对公约体系下供资义务的履行，还是对其他国际法体系下供资义务的履行，或兼而有之，笔者认为这是厘清南北国家争议必须考察的问题。不仅如此，气候变化是全球环境问题中系统性最强，其应对行动要求人类团结程度最高的法域，公约体系所形成国际法规则体系是迄今为止各国就环境问题形成的最复杂的国际立法。因此，资金制度的存续状态与运行方式，对人类作为整体应对其他外来风险的国际制度具有示范效应，其一般性经验和教训也值得加以总结和提炼。

(3) 发展中国家依据公约体系抽象规定获得的权利，如何在多元的实施规则中得到非扭曲性的实现。国际气候资金法律制度不仅是一个实体法体系，也是承载着确保人类社会内部关系，同构于人与自然关联模式的价值追求和行为规范，其制度效应不仅在于实现国际气候资金法律关系的内容，更在于能产生良好的价值溢出效应。该制度中，发达国家供资义务和发展中国家获资权间形成的法律公式，是我们思考的中心主线。供资义务方面，发达国家投向气候相关领域的每一分钱是否都是国

[①] 下文将《框架公约》及《京都议定书》和各类决议所形成的法律集合体，统称为公约体系。

[②] 全书的英文缩略可在书末的词汇表中查询。

家义务的履行行为？这要结合该义务产生的法律正当性来分析，考察公约体系对供资义务的规定性内容，及其对公约体系外供资渠道的要求。获资权方面，发展中国家在公约体系上获得的国际法权利，如何在国际实践中兑现为充足的资金流，权利的边界如何确定、谁来确定，如何防止应然权利被软化为索求资金的道义祈求。这些都需要我们从以气候变化对国际关系的影响出发，以结成全球气候利益共同体对资金的客观需求为基本维度，寻找供资义务和获资权间的连接点和可能产生异化、歪曲的制度环节。

  基于这样的认识，本书将从气候变化现象在客观事实上的全球化趋势，对人类社会关系，特别是其间最具行为约束力的国际法关系，提出的超国家关系价值理念和以制度需求为镜鉴，反观现行立法设计与运行实情，厘清制度应然性与应对行动实践间的差距。为此，应根据气候变化事实致因的科学分析，明确其对国际关系的事实性影响，勾勒出应对行动的实际需要对气候资金在法律性质、内容与实现途径的规定性。以此为据，梳理国际气候资金法律制度的发展历程及其现有格局，考察发达国家履行供资义务的实证状态，在对基础法律关系的规范分析和对供资实践的考察基础上，评析现行国际气候资金法律制度取得的成果与不足。将其与非贸易壁垒、区域贸易组织等经济问题通盘考虑，为利用国际气候资金规则来缓冲气候谈判、贸易谈判、区域谈判等阻碍全球可持续发展的利益冲突探寻可行之策，形成我国研判国际发展趋势与国际法环境，制定应对气候变化国家立法的重要素材。

  具体来说，本书的逻辑主线：首先，以气候变化的客观规律对资金的需要为事实前提，剖析公约体系下约文、决议等法律文件定义的气候资金及法律性质；通过事实和规范相结合的方式，界定国际气候资金法律制度中涉及的气候资金等关键术语。分析其内涵和外延，并与相关国际法域的资金概念相区分；进一步阐释气候资金的目标、功能等，理顺供资义务与减排义务的关系。其次，梳理发轫于1992年里约大会的公约体系和其他多边、区域、双边国际气候资金规则，考察其法律渊源嬗变、资金法律关系建构模式、资金渠道与规模发展规律及其实现缓解、适应全球气候变化效果等问题；以此为基础，解读国际资金及其制度化在应对气候变化全球行动中的必然性和基本模式，从应然和实然角度剖析制度中可能面临的挑战，以及国际社会在实践中就气候资金存在的争议。再次，根据气候资金从供资国到受资国提供的资金链条，从出资、运营环节解读南北国家在其中实现公约体系基本法律关系内容的状况，据以评析发达国家对供资渠道的选择、运营资金组织的治理规则所产生的法律效果，以及发展中国家获得资金的制度障碍，透视公约体系下应然制度与实践中执行规则间的脱节现象；并结合公约体系对气候资金设定的合格标准，探析国际社会汇集资金信息、实施监督程序，监督发达国家供资义务履行的实际状况及障碍。最后，总结国际气候资金法律制度取得的成就与经验，抽象出以资金凝合分散而自主的社会群体（国家为代表），构建共同应对气候变化或今后可能出现的地外威胁等整体性危机的国际制度的一般规律，简述我国在其中应当持有的立场及应对措施。各章的主体内容概要如下：

第一章，国际气候问题与气候资金法律现象。这部分致力于阐释本研究的基础术语：气候资金和国际气候资金，梳理国际气候资金法律制度的发展历程和主要结构，为全书的论述奠定基础。大气系统的全球联通性要求应对气候变化行动高度一致，作为弥补应对意愿和能力国别差异的气候资金，必须具有削减未来排放、适应既有排放的内涵项，形成单向性、公益性的外延特征，并在全球层面实现制度化。这并非国际社会的权宜之计，而是在各国对全球气候利益的价值确信下，建构合理的国际法关系来调整国家间气候资金法律关系的理性选择。它正式形成于1992年《框架公约》的缔结，经历了萌芽、起步与完善阶段，公约体系形成的基础性制度与双边、区域和多边渠道上的相关法律制度规范形成的实施性制度，构成了国际气候资金法律制度的主体框架，它在价值上遵循保护全球气候公益，内容上囊括供资义务与获资权、实施制度与基础制度。

第二章，国际气候资金权利义务的理论阐释。在国际关系中认识和分析为什么会存在气候资金制度，制度展开的基本逻辑是需要始终坚持终极关怀对象和理论性导向。国际气候资金法律制度要坚持保护人权的理论导向，气候效应会直接造成人道主义危机，应对行动也会威胁发展中国家发展权的实现，故而气候资金要以缓解这些不利的自然性、社会性原因为最高追求。国际气候资金法律制度创建于20世纪90年代，此间经济全球化所引致的全球化浪潮，已使国际组织、跨国公司、跨国性公民组织等非国家实体参与到国际关系中，它们与主权国家一道成为治理时代问题的合作者。国际气候资金的授受关系，也必将融入多元治理主体所形成的全球格局中，遵循全球治理的生成原理和运行逻辑。国际气候资金法律制度以人权保护为终极目标，以全球治理为实现形式，最终要形成的是合理的国际秩序，也就是国家间、国家与非国家实体间形成正义的法律关系，发达国家要以正义为指导而承担国际法供资义务。

第三章，国际气候资金出资法律制度。着力厘清公约体系规定的供资义务国，通过了哪些双边、区域、多边渠道和资金实体，以何种方式向发展中国家提供气候资金。出资制度包括资金来源、出资方式，以及由此形成的出资法律关系的基本结构三个方面的问题。发达国家广泛地利用了公共、私人资金作为气候资金的来源，公共国际气候资金来源包括发达国家的预算资金、碳市场收益两大部分；私人国际气候资金包括直接投资和附随于公共资金的间接投资部分。这些不同来源的资金主要采取了赠款、贷款、投资和技术援助四种出资形式，这是现行制度都认可，至少是未明确反对的模式。而发达国家将来源不同的资金以不同的方式加以提供，形成了纷繁复杂的出资法律关系。在对资金源、出资方式加以归结后，本书将致力于将这些关系集合体与公约体系设定的气候资金规则相对照，评述发达国家在各对关系下履行供资义务的情况，并剖析各对关系赖以存续的原因。

第四章，国际气候资金运营法律制度。研究活跃于供资实践的各种国际性运营实体所遵循的行为规则，分析其与公约体系相符或脱节之处。发达国家通过区域、多边渠道的供资，都要倚靠全球环境基金（GEF）、国际金融机构、联合国机构等国际性经营实体，它们从公约体系接受的条约法指导及其治理规则产生的"软法"性规范，构成了实施公约体系的运营法律制度。内容体现在分配、申请使用和拨付三个环节中，分配制度是运营实体按照自身的机构目标，对所经营资金预先规定用途、资助对象和资助工具，多呈现于运营实体成立文件和业务总体规则中。申用制度则对资金申请主体、行为制定合格标准，只有纳入其"合格受资项目"目标与效果范围才能获资，实际上为发展中国家获资权确定了"对价"，是供资义务与获资权正面交锋的环节。在分配、申用制度基础上，拨付制度规定了资金工具的具体实施，预付、项目中提供、根据项目运行的绩效来提供、购买项目产生的碳信用等不一而足。总体上看，运营法律制度是产生实际法律效果的规范，对公约体系规则形成了"过滤效应"，是为发展中国家获资权规定对价的具体规则。

第五章，国际气候资金监督法律制度。研究对公约体系、OECD和运营实体监督发达国家供资义务是否履行、履行程度的规则体系。法律监督是以充分的信息为基础，按照公允的标准和严格的程序而进行的法律过程，由于供资渠道多元化以及相互间的独立性，各自所运营资金的监督是归于不同的主体和程序之下的，资金信息也就呈现分散状态。信息汇集制度包括了公约体系下的信息通报制度、OECD 的 Rio-maker 指标、GEF 的资金报告、适应基金理事会资金报告、国际金融机构的气候资金信息规则五部分，它们提供的信息共同呈现出当前国际气候资金的总体面貌。监督标准方面，公约体系下的约文和决议文件形成了"新的、额外的"的标准，这是监督供资义务履行情况的应然性法定标准。但与"新的"相对应的"旧的"、与"额外的"相对应的"基本的"法律含义，却在南北国家间争议巨大，未能形成统一的监督标准。监督程度与信息归属一样是分散的，公约履约程序与国际组织的治理程序是并行的监督机制，造成违反供资义务的责任难以归结和追究。

第六章，国际气候资金法律制度的中国应对。评价现行国际气候资金法律制度的成就和不足，剖析未来制度的发展前景和我国参与其中的基本立场和措施。现行制度的成就是明显的，在全球共同大气系统保护的事实需求之上，创建了围绕发展中国家发展权的国际法关系，切中了国际环境法与贸易、人权等共通点——资金，凝结出总体性的国际价值共识；并以国际法为工具构建起发达国家供资义务与发展中国家获资权间的对应关系，通过授权条款在公约体系之外创制出由双边、区域和多边渠道综合组成的实施制度体系。将 GEF、国际金融机构等国际组织的治理规则嫁接到公约体系上，形成了国际气候资金法律关系内的"软法"性规范体系，发展出条约法（公约体系）和国际组织法律性文件配合的软硬兼施实现模式，这昭示着国际环境法与贸易问题所涉及的其他法域协调的一种普遍模式。但现行制度也存在诸多困境，在制度内容上存在行为性质标准不一、责任监督机制缺位，形式上存在基础制度与运行规则脱节、运营制度一致性程度不高的问题，其根源在于"新的、额外的"标准的内容和实施的争论。在此情势下，我国要正确定位自己的角色，坚持获资权并采取多种方式维护自身的国际法权益，也要根据排放状况和经济总量变化情况参与南北、南南资金关系中，并与国内低碳发展相协调。

目 录

第一章　国际气候问题与气候资金法律现象 …………………… 1
　第一节　作为法律现象的气候资金问题 ………………………… 2
　第二节　国际气候资金法治化的必然性 ………………………… 11
　第三节　国际气候资金法律制度的发展历程 …………………… 17
　第四节　国际气候资金法律制度的基本框架 …………………… 38

第二章　国际气候资金权利义务的理论阐释 …………………… 45
　第一节　人权理论观照下的国际气候资金法律制度 …………… 46
　第二节　全球治理理论观照下的国际气候资金法律制度 ……… 57
　第三节　气候正义理论观照下的国际气候资金法律制度 ……… 71

第三章　国际气候资金出资法律制度 …………………………… 81
　第一节　多边性气候资金的出资法律制度 ……………………… 82
　第二节　双边性气候资金的出资法律制度 ……………………… 90
　第三节　发达国家气候出资行为的制度特征 …………………… 99
　第四节　国际气候出资行为的制度性反思 ……………………… 114

第四章　国际气候资金运营法律制度 …………………………… 122
　第一节　国际气候资金运营行为的制度渊源 …………………… 123
　第二节　国际气候资金的分配制度 ……………………………… 140
　第三节　国际气候资金的申请与使用制度 ……………………… 150
　第四节　国际气候资金的拨付制度 ……………………………… 161

第五章　国际气候资金监督法律制度 …………………………… 168
　第一节　国际气候资金的信息汇集制度 ………………………… 169

1

第二节　国际气候资金监督制度渊源与标准 …………… 183
第三节　国际气候资金的监督程序 …………………………… 192

第六章　国际气候资金法律制度的中国应对 ……………… 198
第一节　国际气候资金法律制度发展的基本矛盾 …………… 199
第二节　国际气候资金法治困境的体现 ……………………… 206
第三节　国际气候资金法律制度发展的中国智慧与中国方案 …… 218

专业词汇表 …………………………………………………………… 237

第一章　国际气候问题与气候资金法律现象

　　围绕以资金为纽带联结南北国家共同应对气候变化问题的需要，调整资金关系的国际法现象出现了。在形式渊源上，它并非专指某个条约或个别国际组织立法，而是对气候资金在国际主体间流转时所有发挥着法律调整作用的规范总称。笔者通过对当下的条约法、国际组织立法等法律文件中涉及南北国家权利义务的内容，以及经手气候资金的国际机构（如碳基金）实施供资行为时遵循的行为准则进行分析，发现气候资金法律现象所遮盖的，是一个国际法与内国法、"硬法"与"软法"共生共在的多源规范集合体。这不同于条约中的规定或既有研究成果中所言之"资金机制"，而具有更加广泛的制度含义，更宜从法社会学角度加以认识，实质是一套对国际气候资金关系上发挥实际约束力的综合规范，来源于不同的国家或国内主体。纵观这一规范体系的历史流变过程，并与当下国际气候谈判（同时也是国际气候资金立法过程）的争议焦点问题结合起来看，国际气候资金制度的规范含义上还具有较明显的开放性特征，特定资金由不同制度渊源调整后是否依然保持气候属性是需要仔细甄别的。

　　正是由于国际实践中流动的资金在气候变化国际法性质上存在真伪之辨，其结论又对各国国内能源体系和国际应对行动合作关涉甚密，如何展示并最大可能地弥合实践理性与规范文义间的张力，构成了本书的问题导向。这也决定了本书的研究对象需在更宽的视野下予以遴选，并对以往基于特定条约、特定国际组织制度的实证性解释，持一种批判性吸收的研究范式。

　　法律制度是社会问题的"解药"，国际气候资金法律制度也要切入气候资金在国际关系上流动时触发的现实问题，找到可能的纾解方案。换言之，国际社会已广泛同意，自工业革命以来迅速增加的人为排放温室气体，是导致全球气候变化的主要诱因。这一危机也需要协调全球各国采取一致行动，并将气温升幅限制在2℃（《巴黎协定》进一步提出尽可能保持在1.5℃）以内，这一上限极值在特定科技水平上将转化为全球可使用的化石能源的总量上限，这对全球产业部门和各国主权将带来直接约束力。虽然对极值政治性共识已呈现于国际法文本上，但将其具体化到特定国家的法律义务时，则需要一套有力的执行规则。特别是各国的历史行为对"极值时代"的到来作用不同，若截取当下时点力推共同削减边际性排放，那么历史上已使用与非使用、当下有能力与无能力减排间的矛盾，就需要通过气候资金纽带来解决。

本章将从文义与现实需求结合的角度诠释气候资金含义，并从应然功能的角度厘清气候资金成为国际法律问题的必然性，以及从实然角度梳理国际气候资金法律制度的嬗变过程。在此基础上，本书将勾勒国际气候资金制定的理想结构，通过对气候资金与法律规范基本状况的阐释，展现出特定资金如何才能具备应对气候变化的法律属性、如何建立资金授受关系，为后面章节梳理资金从发达国家流向发展中国家过程中的出资、运营以及全程监督的制度奠定论述基础。

第一节 作为法律现象的气候资金问题

国际法规则体系已将参与全球应对行动的主权实体划分为发达国家与发展中国家（下文简称南北国家），并约定按"共同但有区别原则"承担减排义务；在此基础上，发达国家再额外地为发展中国家提供资金、技术、能力建设等支持，弥补其参与全球行动的不足。气候资金的实证作用看似在条约文本上得以确定，但资金链条是出资与受资两端共生共造的相对关系，当总体性资助要求具体到特定国家的出资额度、方式等义务性约束时，当特定项目资助上融合了援助、投资等多种资金合力时，事实与法律间必将呈现出张力和脱节。因此，气候资金及其在国际法关系上含义的规定性，是我们研究相关法律问题的逻辑起点。

一、气候资金的界定

顾名思义，气候资金在事实需求层面是指运用于应对气候变化行动的经济资源。若将这样浅近的文义认识置于多元复合的国际经济社会关系结构下加以审视，从法律层面上为特定资金流贴上符合气候变化国际法专门规定的气候资金，则不是那么简单的认知问题。因此，气候资金的准确理解需要追问人类为何要专门投入资金改善与大气系统关系的本源问题基础上,再综合"事实背景—实证规范—实现效果"多重视野加以看待。对这一本源问题的追问,可分为两个层面:(1)人类经济社会系统与大气自然系统之间的总体关系,为何需要通过减少排放来调适,这是在正常气候条件额外调动资金的背景因素和现实缘由。(2)从资金在调适过程中的独特地位来看,则需理解为什么不是由所有国家统一地减排,各自履行特定的减排义务,而要用气候资金形成全球的一致性应对行动。综合考虑人类与大气系统、人类社会内部关系这两对关系,才能认清气候资金的内涵与外延。

(一)气候资金的内涵

大气系统是所有自然人通过呼吸维系生命的外部条件,也是容纳经济社会发展中外部性的物质基础。立足当下,它已接纳了人类生存发展整个历程中的工农业排放,特别是工业革命以来,经济社会发展步入工业化快速膨胀的轨道,排放量剧增,超过大气循环速率和清洁空气容量的自净能力,有害气体在大气总量中浓度超过一定阈值,对正常的地球—太阳能量交换规律造成破坏。这样的人为排放打破了大气系统与人类社会间原生平衡的过程,生发出"局部失衡"和"总体失衡"两种不利效应。局部而言,特定地区内的大气环境因过度排放而发生了成分结构的变化,留存于大气中的有害气体经水汽循环过程,又以酸雨、雾霾等方式沉降到临近区域,引发局部的气候剧烈改变,人体官能性疾病、财产损失等越发频繁。在环境问题初期呈现出的局部失衡,主要指大气污染物致害的情形。虽然与传统侵权关系中加害者直接致害不同,其在时间、空间上拉开了一定距离,但排放源与受害者处于相同、相邻地区的紧密关系,通过环境科学、流行病疫学等辅助手段,行为与结果间的关联性大致能得以认定。整体性失衡则与之不同,化石燃料燃烧时不仅排放污染物,还会排放不会沉降于地面而永久飘逸于大气中的温室气体,其致害人类的原理与污染物直接损害不同。从环境科学意义上分析,它们并不是直接通过大气系统循环成为诱发呼吸疾病等健康损害或酸雨侵蚀等财产损害的原因,而是通过积聚而不沉降达到一定浓度值时,打破地球—太阳热量交换的固有规律,使地球吸收更多来自太阳的热能。温室效应使人类生存环境气温升高,土地(土壤)、海洋成分结构相应地发生变化,经济社会发展原本依赖的自然气候变化发生根本变异。这一现象在20世纪80年代起为各国广泛认知,它所造成的地球大气系统的失衡,体现为气候温度上升而形成人类生存状况不和谐的变化。当前全球大气二氧化碳浓度已从工业化前的约 280ppm[①], 增加到了 2005 年的 379ppm[②], 到 2011 年浓度值已达 391ppm[③], 濒临引发地球气候条件改变的边界。因此, 气候资金存续的基础正是这种整体失衡的全球现象。

气候系统整体失衡是自然原因、人为排放相结合而成的总体效果, 不过联合国权威机构的科学报告显示：人为原因已成为气候变化的主要原因。这样一来, 人类集体性排放行为与气候变化之间, 就建立起了事实关联的科学认知, 气候变化及应对的问题, 势必应从一种自然现象升格为社会问题, 且呈现为全球范围内而不局限于特定国家（地区）的国际性社会问题。因此, 扭转气候恶化的趋势, 清除气候变化对人类社会已造成的不利影响, 也就需要一种所有主权国家联动的应对策略。为使全球各国人民在共同的大气系统失衡状态下继续发展, 需要从理念上达成大气系统因人类过往行为之和而改变的共同认知, 以稳定的国际合作改善内在固有发展模式中的损害因素的共同行动方案。但主体国家间应对能力参差不齐, 就需要一种平复性机制加以修补。修补方向则是以应对气候的最佳技术水平为参照, 促成发展中国家在一定时限内达到与先进国有相近的应对能力水平。从其自身水平成长到与应对气候变化的必要水平间的制度成本, 显然是需要对他们提出超越固有能力的先进国家分担的。气候资金正是这种弥补应对行动能力缺陷的经济资源, 立足于弥合发展中国家达到应对能力水平的差距, 从广义上讲, 帮助这些国家深化认识大气系统、从事大气科学研究、防治空气污染物、清除臭氧层破坏物质和温室气体等的所有资金, 都可纳入气候资金之列。

由此可见, 气候资金是一种技术能力的弥补策略, 具有技术性因素; 也源自先进国家与发展中国家间就共同国际事务达成政治共识后, 在国际法上做出的规则安排, 具有政治性因素。当融合这两重属性的现实需要转化为法律权利义务时, 主权国家间就该问题形成统一理解出现严重分歧, 争议主要源于发达国家和发展中国家不同的历史责任和应对气候变化能力差异。[④]

---

① ppm 的全称为"每百万单位含量"（parts per million）, 它是度量特定气体分子在干空气分子总量中含量的比例值, 此处用于计量温室气体在空气中的含量。

② Solomon, S., Dahe Qin, 等. 气候变化 2007：决策者摘要 [R]. 英国：剑桥大学出版社, 2007：25.

③ Thomas F. Stocker, 秦大河. 气候变化 2013 自然科学基础（决策者摘要）[R]. 瑞士：政府间气候变化专门委员会, 2013：9.

④ 刘倩, 王琼, 王遥.《巴黎协定》时代的气候融资：全球进展、治理挑战与中国对策 [J]. 中国人口·资源与环境, 2016 (12)：14—21.

关于资金走向减缓、适应气候变化领域时，可能出现与其他相关环保资金发生交叉的现象，笔者认为有两个问题需要厘清：（1）在环境事实效应上要区分大气污染与气候变化，作为确定不同的国际环保资金性质的前提。引发局部失衡的排放可经循环沉降即可返回地面，主要归入空气污染之列；环境科学上的气候变化专指温室效应引发的气候变暖等总体失衡情形，用于治理大气污染物的资金则不能归入气候资金，除非其既是大气污染物也是温室气体。（2）根据国际法历史发展及立法技术，需同臭氧层保护的资金相区分。一经排放就一直积聚在大气中，破坏地球与太阳间能量交换规律，从而引发全球变暖、海平面上升等效应的气体，主要包括臭氧层空洞和温室气体两类，事实层面二者都是整体失衡的气候问题，但由于国际社会首先就臭氧层保护制定的国际法，在该制度体系的《蒙特利尔议定书》下建立了多边基金，专用于臭氧层问题治理之用；而温室气候问题由稍后形成的《框架公约》及其议定书调整，相应的资金机制也纳入该制度体系之下，国际社会明确地仅将这部分资金理解为法律意义上的气候资金。相应地，气候资金从现实需要上应限于消除温室气体负面影响，用于削减未来温室气体排放、消除既有气候不利影响的资金。

广义上讲，气候资金是指用于应对温室效应现实需求，并在法律效果上归属于气候变化国际法调整的专门性资金，具有现实基础与制度价值的二重性特征。特别是其法律性质上的专门归属性，是鉴明当前国际实践中以气候应对之名流动、实则无法纳入气候法调整的"不真正气候资金"的关键所在。其虽然在事实效果确可能属于"与气候相关的资金"，但在法律性质上被故意混淆、误认为气候资金，而实质上应该归于其他法律体系之下的资金类型，故对其应予甄明。

（二）气候资金的外延

气候变化对全球各国、经济社会各部门的影响是全面且深刻的，对发展中国家资助的行为类型丰富多样。由于削减温室气体过度积聚破坏宜居的气候条件，既要面对过去的历史排放累积，也要立足未来避免不可持续排放，因而气候资金必须具备两大用途：（1）削减未来排放（减缓）的资金。具体又可细分为削减排放源数量和单个排放源的排放量（清洁能源、能效提高等），以及增加碳汇（库）（植树造林等）两个子项，这在国际法上主要是对减缓行动、REDD＋等行为的资助问题。（2）消除历史排放的积累数已对人类社会产生的气候不利效应（适应）

5

的资金，主要资助发展中国家建造防范、减少气候变化引致灾害的基础设施（如营造海堤来预防海平面上升引发的相关灾害）和提供气候风险应对的社会服务（如针对气候条件的农业保险）等。在资助对象上，减缓资金既要求受助对象采取一定的积极行动（增汇），也包括采取相应的消极行动，而适应资金则主要是资助各类积极行动，不同的资金要求的对待性行为模式是不同的，可能面临的气候变化国际法律评价标准也有所不同。可以说，"削减排放""增加碳汇（库）""适应行动用资"三类资金，在衍生基础、供资方式、资助效果要求上均有所不同。

第一，三类气候资金资助对象有别，因而对受资主体提出的对待性要求也就有差别。就资助削减排放类气候资金而言，未来排放的消减潜力主要分布于能源、交通、工业和农业等部门生产过程中的技术改造，这些部门内的经营行为本身也是人们衣食住行的基础保障，其既要保障物质生产维持在一定的市场供给水平，又要逐步减少温室气体的排放水平。在投入的生产要素相对稳定的情势下，主要的出路显然是提高将原料、能源转化为最终商品和服务的效率水平。生产工具、生产技术、生产管理体系的改善，是消减行动的实在内容。归根结底，此类气候资金应当投向对传统产业技术设备的"去碳化"改造、引入清洁技术来替代固有技术设备、增强清洁技术孵化与扩散、创新相关产业部门内企业的科学管理水平等，受资主体也必然会集中于排放密集的工业、能源、交通等产业。而增汇用资则主要用于增加碳汇（库）数量及其可持续管理，由于碳汇效应是森林、湿地等特定生态系统的增加所致，则此类资金的用资必然集中于农林业的改造行动。适应行动的核心在于以设施、技术、不利后果分担服务等来防御气候不利影响，相应的资助也就会富集于提高、完善分散气候损害风险的行业水平和制度建设。这种类型分野既决定着接受资金的受助方在受资范围内应承担的信托义务内容，也让我们有机会注意到尚有其他资金也可能达到相同或相似功能。应对气候变化与发展援助、灾害应对等其他国际性援助资金间存在的受资项目的多目标交叉问题，也是内在于资助对象中不可忽视的方面。

第二，气候资金为帮助发展中国家加入全球行动而给予的公益性资金，要与涉及气候行业单纯的私益性投资、其他环保主题专门资金进行区分。减排、增汇、适应用资要么用于传统产业的改造，要么发展新兴产业，如金融产业就可对传统贷款的"去碳化"、帮助碳交易和碳经纪行业建立、对气候友好经济行为给予授信[①]。几乎可以说减缓、适应行动牵涉经济体系的各类要素，与相关产业、领域的其他经济要素投入在外观上可能具有相似性，但由于其目的具有全球公益性，则片面追求私利的经营性资金，显然不应认定为气候资金。同时，不论资金来源如何，只有在客观效果上以产生公共性气候服务为目标，在资金存在多目标的情形下以产生气候效应为主要目标之一，方可计入。当然，公私利益保障的目的可能在同一受资项目上交织，从性质上对其加以甄别依然有章可循，气候资金应当是处于特定行业内市场性资金流动之外的，是国际组织、国家、慈善机构或其他实体对经营性资金流的干预所致。这就意味着，气候资金不是经营性资金从其他领域转入气候领域那么简单，而是产生增益性气候积极效应的专门性资金，即便公私目的交织时也须具备公益为主的要求。此外，气候变化和防止荒漠化、保护生物多样性等其他环保领域有交叉，例如应对气候变化措施，既会威胁生物多样性及其保护制度功能的实现，又有诸多需要与其协调之处[②]。这就意味它们可能有相同的资助对象，从行动计划、项目而言就有多目标资金参与，只有当气候效应是其主要目标之一时，所涉资金方有定性为气候资金的可能。

第三，气候资金是全球应对行动的现实压力和国际法明确规定下产生的国际法调整对象，它既超越私利的目标，也在模式上区别于慈善捐助等道义援助，具有国际法约束力的内容规定性。气候变化危机在范围、广度和影响程度的深度上，促成了全球大多数主体国家以国际法为纽带结成应对行动共同体，这种集体化行动同大气系统的客观规律在进行着时间的赛跑，倚赖个别主体道德觉悟而提供"杯水车薪"的资助，无法实现在全球范围内广泛地产生应对行动的动员效果。欲求发展中国家依约按时按质超越其固有能力来实施应对行动，与能力差距弥补相对应的资助也必要按法定规范的要求足额、按时到位。所以，资金关系的双方是接受气候变化国际法约束的行为主体，其行为内容不是任意的而是在法定模式的规定性之中，并凭靠具有法律约束力的履行监督机制加以评价和规约。

---

① Anne L. Kelly. Global Warming: Climate Change and the Law [EB-OL]. www.ceres.org. 2019-03-13.

② 曾文革，肖峰，黄艳. 气候变化对生物多样性保护的冲击与国际法制度协调 [J]. 江西社会科学，2012（9）：137-143.

因此，理解气候资金不仅要抓住其在适用对象上对温室气体排放行为的专门指向，并按资助对象的气候效应细分为减排、增汇、适应类气候资金。还要综合受资主体的对价行为、获资权利来源、制度体系归属来进行全面认识，将其与国际投资等私益资金、生物多样性等其他环保议题上的资金流相互区分，在深层次上认清全球应对行动对资金纳入专门法律体系的决定性效应。狭义地讲，符合应对气候变化国际法律性质的气候资金，仅是广义气候资金中的一部分，笔者认为：气候资金是指人类为避免大气系统免受既有、未来人为性温室气体排放损害，通过法律制度而调动的用于削减未来排放、适应已有排放不利影响的公益性资金，在实践中多体现为用以应对各类气候减缓、适应计划与项目的资助。

二、气候资金问题在国际法中的表现

诚如前述，气候变化问题在环境科学上要求所有国家同时、平行地对大气系统做出应对行动，将这一全局性问题寓于由主权国家形成的国际关系范畴内，科学问题的社会关系面向变成了矛盾的主要方向。它要求消除人类社会内部、国家间应对能力差异性，围绕发展中国家、地区应对能力不足的根源，调动先进国家资金予以帮助。在国家间关系的范畴上，气候问题就会转化为具体的国家间权利义务的必要性、数额化、对待性请求权、不遵守行为的责任苛责等法律细节问题，其在国际实践中的表现是异常复杂的。

（一）认清气候资金问题对国际法影响的两个维度

笔者认为：认定气候资金在国际法体系中投射的问题，要抓住其国际性、气候性两个关键要素。既要从空间上区别于国内气候资金，也要从法律属性上区别于"与气候相关资金"的定性。特定国家应对行动的资金需求，可能通过国内碳补贴、技改资金等手段得到回应，也可能靠异国或国际组织筹集的资金，而气候资金对资金链的空间分布和法域归属皆有严格要求，可从两个维度观照。

一方面，从气候资金的应然功能角度观察国际实践的维度来看，国际气候资金具有独特的存续规律。由于国内气候资金处于特定主权意志下，其资金流整体状况取决于各国对气候问题的认识和自身能力，但跨越国家流动的气候资金情况则复杂许多，不仅要解决是否调动资金的问题，还要在缺乏统一的主权权威与立法体系条件下，解决其所依赖的国际关系如何构建的问题。前文所述气候资金的诸方面体现在跨国关系中，谁来出资、谁来用资、资金授受关系依循何种利益逻辑展开等核心问题，决定了由主权国家为构成单元的国际社会是否能联结为气候利益共同体。特别是气候资金有公益性的内在要求，在受气候变化影响程度不同和应对能力存在巨大差异的情势下，各国（地区）用资需求和调动本国资金的实力也是不同的。缺乏国内气候资金的国家（地区）则无力削减未来排放，其经济社会发展中剧增的排放，也会对其他国家产生不利效应；其无力适应既有气候条件，国内人民就会饱受极端气候、自然灾害的困扰，以及气候变化对工农业发展的破坏，使其陷入深度的贫困中，产生严重的贫困甚至人道主义危机。

另一方面，从国际资金实践角度观测实现应然性气候效应的维度，气候资金是南北国家的合作已然存在的现象，是一种实践理性的产物，"国际气候资金"的界说不仅是理念和规则意义上的思辨结晶，更是对已有用于气候问题资金流的解释论成就。当前存在的主要问题不是各国否定气候资金的必要性，也非供资国拒不提供用于气候行动的资金，而是真正的气候资金与其他资金混合流动。供资国认为所有或大部分已有资金流应归于公约体系，但其他国家则否定这一观点。因此，国际社会对"国际气候资金"的准确含义言说不一，对特定资金、特定项目气候属性是否可归为公约体系的问题，存在不同的看法，本质上是特定资金的国际法归属问题之争，实践层面上这是由资金规模、资金流向、资金效果及回报等利益关注点存在差异造成的。但是，气候危机对南北国家进一步合作的急迫要求，需要大家对此形成统一的法律立场。气候资金应当形成跨国流动，依靠单边行动不足以扭转全球气候变化的局势，这就要求国际社会即使存在制度分野，也要推进包括资金在内气候行动合作，达成对资金概念的一致性认识有助于这一局面的形成。

（二）气候资金国际法属性的两个体现

基于国际社会对气候资金的应然期待与供资实践，从国际法关系的角度理解气候资金时固然不能祛除生态保护的制度底色，但应对气候变化法律体系内在逻辑对气候资金也形成了内含的规定，它在两个方面得以清晰表征：（1）差异化减排义务的设定是气候资金产生的前提。现行制度将世界上所有国家进行二分后，对南北国家各确定了不同的减排义务，规定强制减排义务国家应向自愿减排国家提供资金，形成了供资义务以减排义务为前提的制度逻辑，这也就意味着基于国家二分法的区别性减排义务如被削弱，则会使资金制度存在不确定性或陷入争议之中，气候资金在国际法律关系上的地位必然会动摇。（2）减排义务与供资义务的区分性。从现行制度的逻辑上看，供资义务是自愿减排国家履行国际义务的条件，也可以看作要求其减排的"对价"，独立于发达国家承担的强制减排义务。

国际法在上述两点上对气候资金进行了制度输入，形塑了气候资金的单向性、优惠性两大国际法属性，也是我们定义"国际气候资金"的两个基准点。

一方面，在国际气候资金的流向上，是从发达国家到发展中国家单向流动的气候资金。从客观属性上讲，国际气候资金属于国际资金一种，凡资金关系跨国分布即具有国际性，发达国家向发达国家、发达国家向发展中国家、发展中国家向发达国家流动的资金均在其中。必须强调的是，国际气候资金有着特殊的价值目标，资金将先进国家与发展中国家联结为气候利益共同体，发展中国家是这个共同体中的"能力短板"和"利益凹地"。其经济社会发展、科技水平发展滞后，缺乏用于削减温室气体排放和抵御气候不利影响的自有资金，"气候变化带来的成本可分两部分：步向低碳经济的转型成本、面对极端气候等气候变化现象的适应成本"[①]，分担发展中国家应对行动的成本，才能使其积极参与到全球行动中，是国际气候资金的主要使命。同时，从气候资金可能产生的全球效应上看，相比发达国家高度工业化的经济体系而言，发展中国家经济社会的减排潜力更大，气候资金使用效率具有比较优势。值得注意是南南合作已成为气候资金领域的新趋势，特别是我国设立了南南基金、丝路基金等对贫困国家进行发展援助、多边投资等新型机构，由其所提供的用于应对气候变化的资金属于发展中国家之间的资金流动，并非严格意义上的公约体系下法定气候资金，且这些资金是否可能折抵我国应承担的减排义务，是值得探讨的新问题。

另一方面，在国际气候资金的提供与对价上，是发达国家以优惠性条件向发展中国家提供的气候资金，可能是无偿或低回报的供资方式。虽然发达国家具有资金体量和供资能力上的优势，但资金具有天生的逐利性，发达国家内私人主体拥有的资金尤为明显，涉及气候技术、服务的国际性资金，在贸易、投资等领域也都广泛存在。在资金多元、多渠道的国际流动格局中，发展中国家低碳发展能力核心关注的是随气候资

---

① Alan S. Miller, Stacy A. Swann. Climate Change and the Financial Sector: A Time of Risk and Opportunity [J]. 29 Geo. Int'l Envtl. L. Rev. 69 (2016).

金带来的先进技术①。以技术援助形成的资助不仅涉及额度问题，知识产权垄断带来的获资成本也是其中的重要问题②。许多涉及气候的能源、交通等行业国际性资金，主要追求正常的投资回报，很多时候又与向发展中国家以优惠条件、分担其应对增加费用的资金混合在一起，甚至形成合作关系，联合国"全球契约"就是提倡公私合作进行国际立法的典范③。此时需要明确国际气候资金关系不是交易关系，而是优惠性供资与受资关系，气候资金与其他资金特别是公私混合模式下，必须确保在法律分析上将"优惠性"的部分萃取出来。

结合气候资金的界定及其国际属性，笔者认为，国际气候资金是指以分担发展中国家应对气候变化行动的增加成本为目的，根据国际法要求，发达国家单向地、以优惠性条件向发展中国家提供的资金。

第二节 国际气候资金法治化的必然性

气候资金成为国际政治热点问题和国际法现象，是主权国家相互独立与应对行动协调统一的必然结果，这种必然性深植于气候变化不利影响的科学机理和事实影响中，当这种现实基础与国际合作关系相耦合时，凝聚共同的政治价值、形成统一的国际法治秩序，成为各国共存于世的必然要求。可以说，国际气候资金问题以法治化手段加以解决，是环境科学、国际政治、现代法治共同作用的历史必然结果，体现着自然规律与人类发展规律在国际合作关系上的共同方向。

一、共同气候利益与能力国别差异间的张力需要缓释

大气系统以整体的方式满足着各国人民的共同需要，已积聚的温室气体会不分贵贱、种族、性别等个体特征作用于世界每个角落的每一个

---

① Muthukumara Mani. Trade and Technology Transfer in Climate Change Context [EB-OL]. http://www.wto.org/english/tratop_e/envir_e/wksp_goods_sept09_e/mani_e.pdf. 2014-03-22.

② WTO. The WTO TRIPs Agreement - A Practical Overview for Climate Change Policymakers [EB-OL]. http://www.wto.org/english/tratop_e/trips_e/ta_docs_e/8_3_overviewclimatechange_e.pdf. 2014-03-22.

③ Jolene Lin, Charlotte Streck. Mobilising Finance for Climate Change Mitigation: Private Sector Involvement in International Carbon Finance Mechanisms [J]. Melbourne Journal of International Law, 2009. vol 10 (1): 70-101.

11

人，而排放自世界任何地方的温室气体也会均等地增加既有存量，对大气系统产生相同的能量循环影响，对其他国家、其他个体产生相同作用。大气系统是典型的全球性公共产品，操作不慎就会出现全球性的"公地悲剧"。依传统国际法的规定，特定空域是主权国家领土的一部分，之外的空域则属于共同空域。利用主权空域来承载本国发展产生的负外部性效应，看似符合传统逻辑，但在温室气体的环境容量问题上，主权空域与共同空域间是相通的，一国即使使用本国空域的环境容量，也会通过大气系统参与温室气候的全球循环，而致他国利益受损。所以，温室气体问题必然导致全局失衡的状况，使得所有主体国家事实上处于气候利益共同体中。实践层面，特定国家过度行使其绝对主权的负面效果会传递到其他国家，所有国家在逐底竞争时同时滥用主权，最终的结果将是毁灭性的；从法律层面上，特别在国际习惯法上，确保本国领土不对他国及其国民造成损害，已由"特雷尔冶炼厂案"等著名国际判例确立，并为《人类环境宣言》等重要国际文件所接纳，是环境领域成型的国际法渊源，将其适用于诠释一国温室气体排放破坏共同气候利益，恰如其分。

鉴于此，共同限制己方的行为以确保共存，成为气候问题的必然出路，在防止大气系统对本国造成负面影响的同时，也缓解大气系统的整体压力，采取共同做加法的方式，客观上才会产生国家间的互益效应，为未来留取共同的排放空间。可以看到，各国与大气系统之间的利益关联模式是同质的，国家应对行为不一致的则会相互置于气候不利之地位，而采取一致的减缓、适应及清除措施可以达到保护共同利益的效果。但在各国的应对行动之间建立因果关系，以实现其指向共同目标效果，是需要将原本平行的气候利益关联性，改造为互负特定条件的交涉性关系结构，这需要政治共识和精巧的国际立法技术才能实现。

客观上讲，气候变化效应对行动提出一致行动的需求是明确的，人类共同投入经济资源来增值设备与设施、改善产业与能源结构、增加汇（库）等应对行动。但投入的应对资源则分属不同主权国家，又细分地归属于国内的不同产权主体，将"人类整体"的一致需要在"国际—国内"社会体系之内成功分解，决定着整体关系运行的成败。不过阻碍在于引发气候变化效应的产业部门、应对行动所需的经济资源，在国家、地区和产业部门间呈不均衡分布的状态。一项对104个国家的研究发现，"有15.7亿人或占这些国家总人口30%以上的人仍生活在多维贫困状态下"，此外，"根据2012年对132个国家进行的IHDI计算的结果，不平等使全球人类发展指数平均降低了23％，不平等使低人类发展指数国家的人类发展指数降低了三分之一，而高人类发展指数国家只降低了11％"[1]。要在如此广尺度的经济利益凹凸面上打磨出水平相当的气候利益，必须要抓住气候问题的历史成因和解决手段中边际收益最大之处。

大气系统整体上已受到并将继续受到人为排放的影响，全球气候问题在温室气候的现实产业基础的行为惯性，是在历史和未来两个维度共同作用所致，相应的气候共同利益保障也须分别着力。历史性排放主要由发达国家实施，而发展中国家特别是新兴经济体的继续排放量虽然呈上升态势，这是由于其在摆脱殖民体系后发展国内经济社会以满足其国民的生存发展基本需要时，还要依赖排放潜力较大的能源结构、产业、生产方式、生产技术和管理方式，这是国家发展权对温室气候环境容量提出的客观要求。而已经实现清洁生产、产业和地区发展低碳化的先进国家，已经走过了高排放型经济结构阶段，两个排放致因背后所呈现的是各国不同产业结构、能源结构、生产方式、保护力度的角力。先发展国家已经过了依靠传统工农业经济体系提高人民生活水平的阶段，积累了丰厚的资本基础和技术能力，经济社会发展的清洁化程度和生态环境的保护力度都较高，公众减排意愿强。在其国内继续转变经济社会发展方式、增加温室气体储存能力的空间已然不大，但后发展国家的情况则相反，在可预见的未来经济社会发展对资源环境的利用力度继续增大。

综上，在气候利益共同性的客观基础面前，主权国家构成的人类社会内部如何形成贯一的应对行动体系，焦点在于缓释应对能力的国别差异。从应对行动的社会性角度看，势必就是要将各国自行其是的平行型应对行动，改造为互为因果、联合一致的交互性关联模式，使国家间制度张力与人类—大气系统间自然张力在运行方式和解决方向上达到一致，改变少数国家或国家集团孤掌难鸣的局面。

二、资金是弥合应对能力差距时最富活力的因素

应对气候变化国家能力差距的核心目的，是让发展中国家从最开始无力采取应对行动的状态，通过资源输入逐步具备部分的应对能力，最终能够独立地参与全球行动中、承担与其经济社会规模相应的减排义务。在这一逐步推进的弥合过程中，可以采取资金直接输送、技术援助、气

---

[1] Khalid Malik,等. 2013年人类发展报告 南方的崛起：多元化世界中的人类进步[R]. 纽约：联合国开发计划署，2013：13-30.

候信息与应对经验分享、人力资源及机构能力援助等方式。这些方式各有长短，但手段间的共同目的在于分担发展中国家能力弥补中的制度成本，而除资金外的其他资源，往往都要投入一定资金方可获得，只是最终到达发展中国家时采取了非资金性的手段来呈现而已，加之资金在解决减缓、适应成本方面具有最强的流动性，使其在弥合进程中成为最富活力的资源要素。不仅在政治和法律上广为各方接受，以资金授受合作关系为基础实现共同减排，具有最直接的气候效应。

从受资者的角度看，"资金是发展中国家采取减缓与适应行动的主要障碍"[1]，发展中国家获得应对能力的直接行动是改造生产消费方式，适应已被破坏的气候环境条件，最终以经济性建设项目为载体和路径。这些行动包括：利用气候资金来进行新能源等技术设备的建设、改造既有设施、转变农林业作业模式等。具体而言，减缓气候变化中对削减排放的增量，需要提高与改善原料、能源、技术、人力资源与信息以及消费品等的利用程度和组合方式，例如发展新能源则需要以相关行业生产（如太阳能电板）、基础设施（如水电大坝）、原料种植（如生物柴油原料）等的低碳化改造为支撑；适应气候变化要将生产消费方式调整到新的气候环境下，需要增固物质基础（如加高海堤、种植红树林）、改善资源投入方式（如投入耐旱性农业种子）等；而增加能清除排放存量的碳汇、碳库，其实际行动也指向种植林木植被、变资源开发为保护，为受气候影响人群和社区提供替代生计。不论减缓行动还是适应行为，基本动力都依靠巨额的资金投入，"对发展中国家优化其应对行为，从既有资源中获得充分资助，以完成其国家承诺，至为关键"[2]，所以，支持发展中国家（地区）开展应对气候变化的应对行动，资金是最为匮乏也最为迫切的合作领域，处于国际合作的首要位置上。唯有资金能最有力地将环保需求与经济规律连接起来，也只有其才能最顺畅地将应对行动置入发展中国家未来的生产、消费方式中，资金在弥合应对能力差距中处于关键地位。不过，发达国家供资不应局限地理解为直接提供资金，通过

---

[1] Margaretha Wewerinke-Singh, Curtis Doebbler. The Paris Agreement: Some Critical Reflections on Process and Substance [J]. 39 U. N. S. W. L. J. 1486 (2016).

[2] Takako Morita, Christina Pak. Legal Readiness to Attract Climate Finance: Towards a Low-Carbon Asia and the Pacific [J]. 2018 CCLR 6 (2018).

在发展中国家营造、扩大气候相关行业（如新能源）投资机会[1]，承担发达国家使用先进技术知识产权费用等方式不一而足。对特定国家而言，来自发达国家的外部资源输入在终极意义上内化为新的经济社会发展方式，即要依靠清洁生产与低碳消费，保障减缓和适应气候变化效果的持久性。

同时，非资金性国际合作对资金输送关系高度依赖。共同减排义务承担方面，虽然发达国家承担更多更严格的义务，但如果缺乏对发展中国家的气候资金援助，其履行公约体系规定的信息通报、自愿减排义务等，也就缺少物质基础的支撑和参与意愿。技术援助、能力建设等方面的非资金合作只是从合作目标上与资金合作分别开来，实现过程中也要在上游其他环节投入相当体量的资金，只是在输出端以非资金的方式供给予发展中国家而已，在许多场合下非资金合作需要借助资金合作渠道才能实现自身的功能。所以，在弥合国家能力差距上，资金合作不仅占据关键位置，某种意义可以说处于主导地位。

三、发达国家供资是应对行动全球化的当然逻辑

在形式平等的主权国家间打造一致的全球行动，国家间的张力结构要求为不同主体设定不同的行为模式，并将其以最具有国际效应的方法固定下来。首要问题即是在全球国家中，厘清谁提供资金、谁接受资金，根据此种事实上的授受关系秩序化为国际法权利义务对应关系，据此而将各自义务的履行情况纳入国际法监督的框架之下。所幸的是，在经济社会发展援助的国际合作历史上，官方发展援助规则已创制了南北国家交往的定式，一类国家向另一类国家提供指定行动的资金，已存在国际法先例。

一方面，以经济社会发展程度为标准，将全球国家划分为发达国家与发展中国家两类，已有的国际法实践能为资金合作提供经验支持。自从 OECD 以经济发展、科技水平、人民生活水平等指标提出发达国家的概念后，不管是国际货币基金组织定义的"发达经济体"，还是联合国开发计划署根据"人类发展指数"定义的"发达国家"，虽指标各异、具体国家意指不同，但是能以定量的手段将全球国家划分为发达与发展中

---

[1] Clifford Polycarp, Louise Brown, Xing Fu－Bertaux. Mobilizing Climate Investment The Role of International Climate Finance in Creating Readiness for Scaled－up Low－carbon Energy [R]. Washington: World Resources Institute, 2013: 6－9.

家两类是共同的。发达国家地位的获得都是以历次科技革命为契机,率先地以化石燃料为主的能源结构、大规模温室气体排放的产业结构而获得先发优势,发达国家就是历史性排放量较高的国家群体,而与之相对的发展中国家未抓住历史发展机遇促进发展,是经济发展弱势国又是历史排放量较小的国家。因此,不同的国家在全球应对行动中的角色有所不同,"不断创新、发展和扩散先进技术和方法,对所有国家而言都是必要的。发达国家需要大幅度减少排放,最贫困、最不发达国家需要以气候友好的方式增加用能,而新兴经济体必须转型为低碳发展的轨道上"①,发达国家提供资助是确保两类国家同时履行的保障。不管是以对大气系统中人为温室气体排放存量的历史贡献,还是应对气候变化行动成本当前支付能力为标准,发达国家与发展中国家间的区分都是明确的。

另一方面,国际环境法发展过程中,各国就国际气候资金合作形成的政治意愿上升为国际法律义务,具有共同意愿和基础。一是,1972年的人类环境会议确立了全球性环境问题国际合作的基本理念,发达国家在率先承担保护义务时还需对发展中国家提供帮助,发展中国家履行保护义务要以发达国家的援助为条件。"低收入国家的排放量极少,其在应对行动中的作用,既不足解决自身问题,也不足解决全局问题"②,欲使所有国家面对自然界采取一致的行为模式,须在国家之间做出合理的对待安排,对南北国家设定类型不同的保护义务在所难免。这样的安排在随后的发展援助实践中不断地重复,并为南北国家广泛地接受而形成了稳定的"法律确信"。因此,1972年会议所形成的资金关系结构是之后公约体系中南北国家法律关系的雏形,为正式确立气候资金法律关系提供了事实上的"路径依赖"和国际法上的先例。二是,以条约为主的国际法体系已成为应对全球环境问题的常态化手段。对两次世界大战的反省促使全球推崇以和平方式统一国家间的行动,特别是1969年《维也纳条约法公约》的缔结,使得国际条约的缔结、履行、解释、争议解决等问题更为明晰。针对各国将在气候变化等全球危机中扮演不同角色,条约法、国际习惯法等可作为在它们间构建对待关系的纽带,将国家对自然界的独立保护行动转化为相互关联的国际社会关系,将应然的事实保

---

① Letha Tawney, Lutz Weischer. Innovation and Technology Transfer: Supporting Low Carbon Development with Climate Finance [R]. Washington: World Resources Institute, 2011: 2.

② David Ciplet. Rethinking Cooperation: Inequality and Consent in International Climate Change Politics [J]. 21 Global Governance, 247 (2015).

护行为转变为国际法律义务。三是，以联合国为中心的国际组织体系不断壮大，使国际组织开始被接受为国际法的立法主体，以宣言、建议、意见为代表的"国际软法"在国际实践中作用场域越来越大，为各类资金实体承担运营气候资金提供了制度手段。国际社会建设和国际问题解决参与能力的成熟，使形成优于分散的双边合作的，更广泛的全球性国际气候资金法律制度成为可能。该制度能促使气候变化国际组织的建立与发展中广泛吸纳成员国，而使各国获得较各国自行缔约更大的国际参与度，其独立的法律人格和决策机制能根据气候变化的实施状况更为专业、快速地制订国际应对对策，相应的资金实体既能快速地吸纳资金又能科学地发放资金，是各国都能普遍接受的国际气候资金载体。

第三节　国际气候资金法律制度的发展历程

国际气候资金法律制度经历了一个较长的发展历程，既是温室效应及其全球应对行动纳入国际法框架的成果，也是国际社会通过资金合作营造全球秩序的历史经验总结。其中，1992年缔结《联合国气候变化框架公约》将国际气候资金以国际条约的形式确立下来，2007年"巴厘路线图"进一步总结了国际气候资金法律制度创立15年后需要继续解决的重大问题，是国际气候资金法律制度从书面走进实践的关键。为此，本书以这两个时间节点为据，将国际气候资金制度划分为三个发展阶段：1992年前的"萌芽阶段"，1992年到2007年的"发展阶段"，2007年后的"完善阶段"。通过对制度发展的纵向剖析，既能发现其间对气候资金权利义务抽象内容的一贯坚持，也能呈现出供资实践中形成的制度分野。2015年巴黎气候大会形成了2020年后国际协定，可预见气候资金的国际法基本框架与行为模式，将循着基本框架稳定、操作细节不断创新的制度惯性向前推进，因此，三个阶段已经呈现出的制度特征，能将整个制度发展脉络的焦点问题充分地体现出来，有助于我们勾勒出未来制度的基本面貌。

一、国际气候资金法律制度的萌芽阶段（1992年前）

由发达国家向发展中国家提供资金用于应对气候变化的国际法制度，由1992年《框架公约》正式确立，但在此之前国际社会对相关问题的认识已经历了较长时间的探索，才逐步生成国际气候资金法律制度。具体说来，在1992年前的萌芽阶段，国际气候资金有三个方面的制度资料：一是，温室效应应对行动的国际法制度化，使温室效应从科学理论上升为全球性的社会问题，气候问题继跨界大气污染、臭氧层等大气问题之后，成为新的国际法主题，国际法体系中逐步发展出全球应对气候变化的行动规则，资金问题是其中的一环。二是，国家应对气候变化法律性义务的正式确立，意味着所有国家都需承担一定的国际法义务，但各国义务存在差异，正是这样制度势能在减排义务之外形成了发达国家额外的气候援助义务。其相对面就是发展中国家发展权，及其获得资金支持是其承担减排义务的条件，国际气候资金中的权利义务对应关系得以完整构建。三是，创制了协同南北国家共同行动过程中资金合作的国际法先例，在对国际气候资金在认识清晰应对全球环境危机中的地位之前，酸雨、臭氧层保护方面，以及旨在减困的官方发展援助等国际法体系，已先行确立了国际资金授受与运营规则，特别是其建立诸多资金运营机构，这为气候变化问题的资金制度创造了规范先例与组织基础。

（一）全球温室效应法制化应对路径的确立

自1972年环境危机被正式承认为国际共同问题以来，气候变化问题也从诸多环境危机中独立出来，开始成为独立的环境问题和国际法主题。人类首先是在环境科学中发现了温室效应，并通过科学研究逐步加深对其确定性的认识，特别是阐明了人为排放与气候变化间的关系，使得国际社会形成应对气候变化行动的共识。温室效应从一种理论预测上升为国际立法的依据，国际气候资金法律制度作为应对行动的环节之一，这是驱动资金流动的智识基础。

首先，人为性温室气体排放作为引发气候变化的主要原因，逐步成为环境科学界的主流看法。法国数学家约瑟夫·傅立叶于19世纪30年代通过研究地面温度与大气成分的关系，提出了温室效应的理论预测，不过包括二氧化碳在内的温室气体是大气的天然性微量成分，适当浓度的温室气体是保持地球温度适合人类生存的必要条件。但从19世纪中叶开始，陆续有科学家发现人类在经济生产活动（特别是化石能源燃烧）排放的温室气体，会极大地增加大气中温室气体的存量和浓度，造成大气系统的变化[①]。到20世纪初，科学家发现气候的变化已不再像过去那

[①] 杜志华，杜群. 气候变化的国际法发展：从温室效应理论到《联合国气候变化框架公约》[J]. 现代法学，2002 (5)：145-149.

样由自然原因引发，并以有史以来前所未有的速度急剧变化，这对人类群体至关重要[①]，这样的变化与工业革命前后的产业体系、生产方式具有高度的耦合性。由于当时对此问题主要作为气象学上的现象来加以认识，而严重的环境问题并未构成影响人类生存发展的外部危机，故而人类行为与气候变异间的联系未提升到社会问题的层次。第二次世界大战后由于战后重建中大规模的建设，且这一进程建立在使用煤、石油等化石能源基础之上，包括严重空气污染在内的环境危机全面爆发，并在全球范围内形成跨界性、世界性环境资源危机。此间，对气候数据的观察显示出气候变暖现象越发的明显，大气温度变化造成了地球不同部分热量分布情况及相互间能量交换规律产生变异，海面上升、极端天气等自然灾害的发生频率越来越高。国际社会对人为性温室气体排放的观测和研究继续深入，并认识到气候变化与大气污染对人类影响的作用机理和影响范围完全不同，其已跨越了区域性、局部性和直接伤害的影响特征，而成为间接性、全域式环境问题。到20世纪80年代温室气体的种类及其对温室效应的贡献被明确，并人为性温室气体排放被列为温室效应的主要原因，气候变化与人类行为间的客观联系自此得以澄清。该联系并非极其脆弱，也不是可有可无的或然联系，而是实质性地、重大地影响全球气候系统的行为致因。这样一来，人类的能源利用活动与气候变暖之间就是建立了事实上的因果联系，为应对行动提供了坚实的认识基础。

其次，全球扭转温室效应不良影响的国际合作不断深化，缓解人为性排放客观影响的社会应对行动开始凸现出政治性、法律性特征。国际社会自温室效应理论提出后即开始在气候性国际组织和国际合作规则两方面做出尝试。1853年，国际气候组织成立，1937年，布鲁塞尔会议约定了各国交流气候数据等技术性规则，这是国际社会以组织化的姿态开展气候合作的先声，不过其重心是认识气候问题而尚未出现系统应对的需求。此后相关国际组织多次召开的世界气候大会是汇集全球气候信息、研究成果及政策建议的重要场合，对澄清人为性温室气体排放导致气候变化起到了至关重要的作用，特别是1947年在联合国下建立的世界气象组织（WMO），以及此后由其参与、主导的1972年人类环境会议、国际气候研究与立法活动。在气候性国际组织及其所主导的国际制度不断进化的过程中，国际社会厘清了气候变化的主要原因，逐步摸清并划定全

---

① WMO. Causes of Climate Change ［EB－OL］ http://www.wmo.int/pages/themes/climate/causes_of_climate_change.php. 2013－10－03.

球大气系统中温室气体含量的合理上限,并针对各国逐步发展出应对气候变化的行为要求,在20世纪80年代成立政府间气候变化谈判专门委员会(IPCC)及其开展的相关工作时达到顶峰。可见,气候变化由自然现象转变为社会性问题,以国家间合作和国际组织参与的模式也确立了认知气候问题的政治立场,相关国际制度也从最初的技术性规则发展为国家的主体性行为规则。

最后,人为性温室气体排放的致因、影响机理和应对需求的特质,决定了其是一个具有特殊性的气候问题,与大气污染、臭氧层保护等环境问题存在重大不同,不能将其纳入既有的国际环境法律制度,专门的应对气候变化国际制度应运而生。(1)温室气体的自然属性与大气污染制度存在重大不同。从致因方面看,温室气体自排放后即永远漂浮于大气系统中而不会沉降,也就不会直接地造成人类、动植物的生命健康损害,因而像"特雷尔冶炼厂"等案中形成的排放国向沉降地国承担责任的模式很难适用。(2)气候变化问题中排放源与排放后果间不能在个案层面建立确切的因果联系,具体表现为不能区分大气中的温室气体存量的确切来源,哪个国家、哪个排放源的温室气体破坏了哪个关键气候区的原有规律是不清楚的,例如不可能确定北极冰川融化是谁排放的温室气体造成的,建立如大气污染一样的直接、具体的法律责任机制完全不可行。这一特征就决定了应对行动只能在整体排放与整体应对行动的层面上建构行为关系,在应对行动的技术性设计上以整个国际社会与整个大气系统的关系为纽带,估算一段时间内不同国家境内排放量,根据其在全球排放总量的比重而规定差异性的法定减排义务(包括所有国家都承担的"一般承诺"和不同类型国家承担的"差异性承诺")。也有学者提出以大气温室气体浓度450ppm当量水平的排放量为全球额度,根据特定起始年到评估年来推算全球可排放总量,结合人口、经济、地理因素分配给所有国家,形成不同国家享有的"碳额度"[①]。(3)气候效应的整体性加之排放源与后果的模糊,使在不同国家严重程度有异的效果应对起来需要特别的制度安排,资金授受关系是各国减排义务共同履行的补充性规则设计。各国义务间并不存在传统国际法上的对等交互关系,而减排的背后就是能源结构与产业结构的转型,以及能源技术的创新,发达国家、新兴经济体、最不发达国家、小岛屿国家等各自的气候利益

---

① 潘家华,陈迎. 碳预算方案:一个公平、可持续的国际气候制度框架[J]. 中国社会科学,2009(5):83-99.

大相径庭，除履行各自承担的减少向大气系统排放义务外，更要避免国际社会减排可能产生的"短板效应"和减排规避行为。必然要求应对气候变化国际制度在不同国家间创设新的法律关系，拉平减排能力的国别差异，保障弱势国家也能具备全球平均减排能力，国际气候资金法律制度的存在价值就在于弥合共同减排与国家能力差异间的差距。

总体看来，在人类对温室效应的自然影响及其与人为性排放行为间的关系明晰后，其从环境科学理论预测上升为国际社会问题，并随着其紧迫性提高而全球行动被纳入国际法的调整范围中，国际气候资金现实基础实现了"法律化"的跨越。

（二）官方发展援助制度经验创制的资金模式

全球应对气候变化行动是整个国际社会的共同行动，但要形成国际合力则需要在气候变化国际制度下，在不同国家创建权利义务关系，规定不同的法律主体地位，也就是在共同应对行动中划分供资国与受资国。这在国际法上不是一蹴而就的，而是先进国家长期、制度性地对欠发达国家的援助经验使然，也可以说是官方发展援助制度经验在应对气候变化领域的延续和发展。

一方面，官方发展援助制度的形成与发展完成了国家的类型化划分，并形成了区分国家主体角色的基本标准，在此基础上构建起资金在国际关系中的提供与接受模式。"官方发展援助"是1960年才被OECD采纳的概念，其源于英美等先进国家对欠发达国家（地区）给予的经济援助[①]。该制度的起源有二：一是英国于1929年开始施行《殖民地发展与福利法案》，对所属殖民地国家开展发展援助。这是殖民体系下宗主国的一种制度性输入，与其说是援助不如说是对原料地和海外市场的维护，不是严格意义上平等主权国家间的行为，但从制度形式上确实构成了对国家的类型划分，只不过此时的划分是殖民国家的自发行为，而非国际法层面的自觉行为。二是美国在第二次世界大战后对欧洲开展的"马歇尔计划"和对亚洲国家特别是日本实施的战后重建援助。这是美苏争霸的冷战时代，西方国家进行的盟友间的援助行动，是第二次世界大战中未受战争破坏的世界霸主对战争中遭受严重破坏的国家进行的附政治条件的援助。但是，随着1945年联合国的创立，特别是在其之下粮农组

---

① Helmut FÜHRER. The Story of Official Development Assistance [EB-OL]. http://www.oecd.org/dac/1896816.pdf. 2013-10-03.

织、劳工组织、教科文组织以及妇女儿童权益保障组织的建立和运行，对欠发达国家进行减困、应对疾病等民生问题的专题性援助成为国际潮流。联合国及其所属机构越发深入地加入援助合作中，并于1949年建立了"技术援助扩大计划"（EPTA），1959年成立了用于技术和发展援助的专项基金。与此同时，在英美援助下，欧洲和亚洲战后重建取得良好成果，那些恢复了国力的老牌先进国家又加入了援助他国的行列中，1957年在建立欧洲经济共同体的《罗马条约》中即成立了欧洲海外国家地区发展基金。在1955年亚非会议后，第三世界迅速崛起，发展中国家的集体发展权受到重视，先进国家基于自愿的原则而实施了"科伦坡计划"，日本对缅甸、菲律宾等国进行了战后赔款支付等行为，到1957年世界基督教会联合会提出富裕国家拿出国内收入1%来实施援助的建议，这是形成当前官方发展援助额度的一个重要基础。这一时期内，援助国和受援国都处于极大的变动中，援助行为也基于各国的意愿而进行，甚至"援助"本身也是包括无偿援助、有偿贷款、贷款换实物等多种方针构成的含混概念。到1960年，接受马歇尔计划的欧洲国家团体——欧洲经济合作组织（OEEC）重组为经济合作与发展组织（OECD），在其之下形成了《援助行为共同规则建议》并于1962年成立了"发展援助委员会"（DAC）。这样一来，OECD成员资格成为确定援助国身份的标准，OECD、DAC下形成并不断更新的援助行为规则就是ODA基本制度，援助主体与行为规则就固定了下来。从DAC成立到20世纪90年代，发达国家基本形成了以赠款和优惠贷款的方式给予发展中国家援助，援助总额不低于其国内生产总值的0.7%，其中赠款部分不少于全部援助额的25%，成为包括联合国在内的全球共识，不过其所附加的诸多受援助条件也多为诟病。

另一方面，官方发展援助制度形成、发展中成立的如全球环境基金（GEF）等诸多机构，成为之后国际气候资金法律制度用于经营资金、运营气候项目的重要载体。一是OECD、DAC的建立及其运行制度的完善，不仅将全球国家根据法定标准进行划分，而且获得在它们之间建立交互关系的制度经验，形成的发达国家与发展中国家的划分标准也为国际气候资金法律制度所沿用，并且援助项目的管理经营规范也为受资助的减缓、适应气候变化项目提供了良好的经验。二是发达国家在提供官方发展援助中建立的对外援助政府机构与资金机构，为发达国家输出气候资金奠定了组织基础。在此期间，美国、英国、日本、瑞典、芬兰等发达国家都先后建立了开展对外援助事务的专门机构，包括政府中的专门性对外援助部门、援助所涉及行业的主管部门、发达国家的国家开发银行等，这其中许多都成为后来它们管理国际气候资金事务的机构。三是此间建立并不断完善的国际金融机构体系等多边机制，是运营国际气候资金的重要载体。参与官方发展援助的多边机构不断完善，最早成立的国际复兴开发银行，随后成立的国际金融公司和国际开发协会，以及泛美开发银行、欧洲复兴开发银行、亚洲开发银行、非洲开发银行等区域发展银行，成为向发展中国家及其企业相关项目发放贷款的主要力量，也是公共财政资金以贷款方式和私营资金参与国际气候资金的基本途径。特别是官方发展援助后来将环境保护纳入援助目标后成立的全球环境基金，是公约体系下资金机制的主要管理人。

ODA 为国际气候资金法律制度在国家主体角色、资金经营机构、项目运营制度等方面，都奠定了良好的基础。但是，"应对气候变化国际资金流动的需求，与传统援助的设计与目标上均有所不同，强调目标的多重性和效果的多元性"[1]，国际气候资金与官方发展援助存续的法理有所不同，发达国家提供气候资金是国际法义务，而非道义责任，但 ODA 是属于帮助性的资金[2]。某种程度上说，正是由于国际气候资金制度受 ODA 的道义性基础影响，而未形成自有的法律正当性理解，造成了公约体系下规则运行的诸多困难。

（三）空气污染、臭氧层保护等大气问题治理的国际资金先例

在 1992 年气候变化国际法规则正式形成之前，国际法体系内就环境问题治理的资金合作方面，已形成了相当规模的制度先例。体现在综合性环境保护制度、跨界大气污染、臭氧层国际保护等领域内，且规则的明确性、效力强度不断得到提升，这对同属于大气环境问题的气候变化应对问题，提供了资金合作制度方面的国际法示范。

环境问题的国际性资金合作综合制度方面，由于气候问题根本上是人类生存发展问题，资助发展中国家的规则逻辑原点是人权保护，特别是摆脱殖民体系后的集体人权——国家发展权的保护。环境问题形成的资金合作规则的正当性，首先来自人权的国际保护规则，在《联合国宪

---

[1] Steven Ferrey. Changing Venue of International Governance and Finance: Exercising Legal Control over the $100 Billion per Year Climate Fund [J]. 30 Wis. Int'l L. J. 26 (2012).

[2] Ari Huhtala, Stefano Curto, Philippe Ambrosi. Monitoring Climate Finance and ODA [R]. Washington: World Bank Group, 2010: 4.

章》确立的主权平等基础上,《世界人权宣言》及两个基本人权公约在形式上确立了南北国家国民均等的人权内容与实现方式。但对发展中国家的人权保护有两个特征：(1) 人权保护以消极保护为主，如《发展权宣言》第一条规定："发展权利是一项不可剥夺的人权，由于这种权利，每个人和所有各国人民均有权参与、促进并享受经济、社会、文化和政治发展，在这种发展中，所有人权和基本自由都能获得充分实现。"这很典型，强调的是不可剥夺性，包括如何能实质性提升、增强和保障个体的生存发展条件。这是旨在防止侵害人权的行为，以及人权受侵害时提供司法救济等途径，《经济、社会、文化权利国际公约》第一条规定的民族自决权、自然资源主权亦是如此。(2) 人权保护强调的是国家对所属国民的保护义务，旨在防止暴政造成如法西斯那样的人权侵害，如《经济、社会、文化权利国际公约》规定的劳动权、受教育权等，都是旨在形成国家对公民保护性义务，而未能延伸到一国对另一国国民的人权保护义务上。虽然国际人权法存在这样的不足，但它为环境问题的国际治理提供的权利原点，在之后的环境问题国际文件中，衍化为环境问题资金合作价值、目标和基本法律关系。1972 年斯德哥尔摩会议所通过的《人类环境宣言》中确立了全球环境保护资金的基本原则，既包括环境影响后果消除（原则 9）也包括环境保护行为本身的资金使用问题（原则 12）两个方面；在这次会议上通过的成立联合国环境规划署的《关于机构和资金安排的决议》中，也确定了 UNEP 向发展中国家提供环境保护资金的相关内容，在南北国家之前建立环境治理的国际资金授受关系，是 UNEP 成立的目的之一。其中，大气系统保护也是这一重大制度成果的调整对象之一，这也为针对空气污染、臭氧层破坏和气候变化等问题上形成国际资金合作制度构建了基本行为准则。

专门的大气治理资金合作制度主要体现在酸雨防治和臭氧层保护两方面。酸雨问题也是在 19 世纪 70 年代由环境科学家发现，其造成的自然环境破坏和人类疾病逐步受到人类重视，欧洲经济共同体的《治理大气污染原则宣言》最早将其纳入国际法律体系中，1972 年人类环境会议后于 1979 年缔结《远距离跨界大气污染公约》，随后的多个议定书对其进行了丰富和发展。该公约规定了空气质量管理、信息与情报交流、检测与评价项目的合作等内容，资金合作制定则体现于 1984 年《关于长期资助远距离跨界大气污染监测和评价的议定书》中，其中规定就监测和评价项目由各缔约方按协定比例及自愿捐款给予资助，并吸收 UNEP 的资金加以补充。臭氧层保护方面，当 1974 年科学界发现含氟氯烃对地球臭氧层的破坏效应后,臭氧层的严重消耗被察觉并受到重视,UNEP即刻组织了对这一问题的研究工作并主持制定了相应的国际法规则加以应对,分别于1985年缔结了《保护臭氧层维也纳公约》、1987年缔结了《关于消耗臭氧层物质的蒙特利尔议定书》,建立了公约下的多边基金。它规定发达国家按照联合国规定的比例向多边基金缴付捐款[①],用于发展中国家逐步削减消耗臭氧层物质的生产和消费,以及控制相关设备和物质的转移,该多边基金构成了削减温室气体排放资金合作最直接的国际法先例。

(四) 本阶段的特征

基于上述各方面制度发展的基本状况,国际气候资金法律制度的萌芽阶段呈现出如下三点特征:

第一,人类社会之外冲突源——气候变化的国际法律价值受到承认,为国际法的发展注入了新的动力,也增加了新的挑战。起源于武装冲突的国际法制度,在《威斯特伐利亚和约》之后一直都以国家间的关系为调整对象,其所需协调的事项及所欲消除的问题,都是人类社会内部(即国家)自身发起或造成的冲突源,一国在国际法上的权利即是他国的对等义务,在国际条约法上体现尤为明显。即便在国际组织广泛建立特别是联合国建立后,国际组织的人格与行为能力都以国家缔约时的授权为限,国际组织发展初期所面对的都是人类社会内部冲突,如人权保护、武装冲突的化解等,破坏人类与自然界间生存依赖关系的因素尚未成为国际法的主要关注点。但国家环境损害责任确立,特别是环境危机国际化使国际法不能仅以国家、国际组织行为造成的利益冲突为直接调整对象,而要将制度的触角延伸到人类社会之外的冲突源中,虽然造成气候变化的温室气体主要来自人类行为,但是排放行为的主体归属已无法像战争行为那样加以确定,工业革命以来积累下来的排放总量是人类社会内部无法掌控的形势,像以往那样由一个国家向另一国家履行约定义务的行为模式难以为继,这要求国际法将人类凝结为一个面对大气系统的整体。这一点在1992年前已得到国际社会的确认,气候变化的国际法律价值得到承认,则应对能力国别差异弥合也就成为气候变化国际制度的有机组成部分,因此,国际法这一在调整范围上的进步是国际气候资金法律制度正式得以确立的价值来源。

---

① 林灿铃. 国际环境法的产生与发展 [M]. 北京:人民法院出版社,2006.

第二，南北国家就发展性资金合作的法律关系基本理顺，为应对气候变化形成的资金授受权利义务有了国际法先例。通过完全依赖主权国家意志开展国际合作，到第二次世界大战后以联合国为代表的国际组织参与到资金合作中，发展援助的合作从冷战体系下英美对友好伙伴国的支持，以便对抗苏联为首的社会主义阵营，发展为以OECD成员为援助方、发展中国家为受援方这一稳定的国际法律关系。虽然接受发达国家的官方发展援助是附有经济、政治条件的，但相比之前以个别国家意志来实现援助的模式来看，不同国家参与国际援助合作的主体地位和行为模式更为稳定，为之后将包括气候变化在内的环境保护问题纳入国际法律关系创造了有利条件。

第三，资金合作的运行平台已初步建立。国际资金合作需使出资方的公共资金、私营资金以规范方式到达受资方，负责资金运营的多边资金机构必不可少，并且由于资金合作可能以赠予、优惠贷款、投资等方式进行，因而这些运行平台的类型及其业务范围也比较多样化，国际社会在国际气候资金法律制度正式产生之前已初步建立了这样的资金运行平台。一是世界银行集团以及地区性多边开发银行体系，成为向发展中国家的发展性项目提供优惠贷款的主要机构；二是OECD下的发展援助委员会以及发达国家的对外援助机构，DAC为发达国家提供资金的额度、范围、信息追踪等方面做出了大量细致的规定，出资国的对外援助机构也是各国的资金重要出口；三是全球环境资金的建立，虽然它是官方发展援助扩及环境可持续上的机构成果，但其业务范围与气候变化议题下的资金合作高度匹配，此后的实践也证明其在国际气候资金法律制度的实现上起到了核心作用。

二、国际气候资金法律制度的起步阶段（1992—2007）

国际气候资金法律制度的正式确立始于1992年签署的《框架公约》，但《框架公约》是抽象性的原则规定。缔约国随后签订的《京都议定书》，以及历次公约缔结国大会、议定书缔约国大会形成的决议文件不断充实了约文规定。在公约体系的立法活动进行的同时，上面章节所述的各类南北国家资金合作机构，以及公约体系指定或新建的气候资金运营实体，也通过各自内部治理规则和项目业务规程，形成了作用于具体资金、具体项目的有效法律规范，与公约体系一道，构成了国际气候资金法律制度。截至2007年"巴厘路线图"通过前，公约体系与实施性制度并行地发展国际气候资金法律制度的模式处于较好的起步阶段。

(一) 框架公约与《京都议定书》创立的制度框架

1992年在里约热内卢召开的人类环境与发展大会上缔结了《框架公约》,是气候资金国际法律关系构建及其基本内容的"元规则"。在其约文的第4条第3、4、7、8、9、10款,以及第11条和第12条第4、7款中,正式确定了国际气候资金法律制度,内容包括:供资国与受资国的主体地位、资金适用范围、供资渠道以及资金在数量上应达到的标准,创立了气候资金国际合作法律关系及其主干内容。

第一,《框架公约》创建了国际气候资金的基本法律关系,在不同国家承担差异性减排义务基础上,确立了各自资金主体角色、行为模式等,特别阐明了发达国家供资义务与发展中国家减排义务间的关联。具体说来,公约的相关规定包括:(1)规定了资金授受关系的主体条件。沿用了官方发展援助的主体划分标准,将国际气候资金主体划分为发达国家和发展中国家两个类型,并在公约的附件二中采取列举的方式列明。(2)规定了供资的基本行为方式、方向及适用条件。公约第4条第3款规定了发达国家提供资金的法律义务,公约第7条规定了发展中国家是否履行公约下的减排承诺及其履行的程度,如编制温室气体清单、提供国内排放信息(即公约第4条第1款中的法定承诺),以发达国家供资义务的履行为前提。(3)形构起国际气候资金的双向义务关系。发达国家的供资义务换来发展中国家履行法定减排的承诺,使公约形成的是国家间的平等合作关系而非单向的资金赠予;并确定了南北国家国际气候资金义务的履行顺序,使国际气候资金法律关系的具体实现方式更为可行。(4)在理顺合作关系基础上还做了两点延伸性规定,一是即便发达国家履行了供资义务,发展中国家履行承诺的程度也要考虑到其自身发展的优先事项,也就是说受资后的应对行动要以本国的发展规划为基础,可能出现接受气候资金后而不完全履行公约第4条第1款、第12条第1款规定的义务;二是由于发展中国家数量众多,且彼此的应对能力也存在重大差异,公约对不同类型发展中国家的资金主体地位做出进一步区分,公约第4条第8、9款对那些在应对气候变化行动中具有特殊困难的国家,规定了国际气候资金应予特别的关注和照顾,但遗憾的是未规定南南资金合作在公约体系内法律性质如何评价的问题,造成新兴经济体向最不发达国家、气候脆弱国家、小岛屿国家提供资金时难以纳入其履约行为的尴尬局面,本书在以后的相关章节将对此进行拓展性论述。

第二,规定了发展中国家在接受发达国家的气候资金可以使用的行为范围。根据公约第4条第3、4、7款的规定，发达国家根据公约向发展中国家提供的气候资金主要有五大用途：一，履约信息供给所需费用，即用于支付发展中国家提供有关履行信息（公约第12条第1款）的费用；二，履行一般性承诺的费用，即用于支付发展中国家因履行公约第4条第1款中除（c）、（d）、（i）、（j）项外的6类一般承诺所产生的费用，但要与公约下资金经营实体加以议定；三，国家应对能力建设增加的费用，即公约第4条第1款第（i）项承诺造成的费用，但要与公约下资金经营实体加以议定；四，减缓气候变化所增加的费用，包括公约第4条第1款（c）、（d）两项承诺，以及气候技术转让所造成的费用，但要与公约下资金经营实体加以议定；五，适应气候变化所增加的费用，也就是公约第4条第4款规定的易受气候变化影响国家适应不利影响的费用。

第三，规定了发达国家供资义务应达到的法定标准。作为南北国家资金关系的合格性标准，公约第4条第3款规定了发达国家提供的资金必须达到"新的"和"额外的"两项标准。但非常遗憾的是公约文本身并未说明"新的"资金是相对于哪些"旧的"资金而言，也未说明"额外的"资金的起算基数如何确定，在随后的缔约国大会文件中也未能形成统一的认识，而在履约实践中则是由具体的出资国和受资国根据特定项目的运营情况而做出个体化的认识。这成为以后国际气候资金实践的重要冲突源，发达国家奉行较宽松的标准，趋向于将"与气候应对相关的"所有公私资金都纳入其中，而发展中国家则多主张气候资金应当主要是发达国家的公共资金，且要与官方发展援助、其他环境公约下资金提供区分开来。笔者认为约文中对法定标准的模糊性处理，要为国际法上未能形成严格意义上的"国际气候资金"定义承担主要责任，后文将详述之。

第四，规定了发达国家提供国际气候资金的法定性途径，但出于调动出资国积极性的目的而采取了较为开放的规定。公约第11条第1款规定建立属于《框架公约》自己的资金机制，用于实现约文中规定的资金转让事项，并规定其经营应委托相应的国际实体来负责，这一公约内设立的资金组织并由受委托的国际实体经营的机制成为缔约国进行资金合作的法定途径。除此之外，公约第11条第4款规定发达国家还可以通过双边、区域和其他多边渠道（也就是除公约下资金机制之外的多边机制，如世界银行）三个途径向发展中国家提供资金。从公约文本规定本身来看，这四种国际气候资金途径相互间没有优先顺序之分，都是符合公约规定的法定途径，但实质上发达国家使用不同途径供资的经济、政治成本是完全不同的，也造成了公约体系自有资金机构使用频率是最低的局面。

第五，规定了公约体系下达成发展中国家提出资金需求和发达国家供资的基本程序，试图在其中发挥公约体系组织机制的中介作用。根据公约第12条第4款和第7款规定，发展中国家在国家信息通报中提出资金需求，由公约缔约国会议向有资金需求的发展中缔约方提供资金支持。显然，由于公约体系的资金机构不是气候资金唯一供资途径，公约体系外其他供资途径成为发达国家回应资金需求的主要手段。所以，公约的相关规定只是为资金合作制定的理想程序，实践中不同途径运营的国际气候资金，采用的合作程序大相径庭。

第三次公约大会上缔结的《京都议定书》是规定发达国家强制减排额度的重要制度成果，其约文中的国际气候资金法律制度基本上沿用了公约中的表述，但还是做出了两方面的发展：一是放宽了对气候资金用途的限制，在其第11条第2款对发达国家出资的规定中，取消了发展中国家在接受资金而履行公约第4条第1款承诺时必须根据与公约资金实体议定的限制，而将其拆解为两种平行的资金获取方式。这使得资金的用途可归结为法定用途和约定用途两类：法定用途是指发展中国家履行公约所有承诺所增加的费用，包括提供公约第4条第1款信息而增加的费用，以及所有减缓、适应气候变化和能力建设所增加的费用。约定用途是指发展中国家与经营公约资金的国际实体议定的费用，即是根据双方约定的费用（多为在发展中国家实施的减缓与适应项目费用）。二是创设了清洁发展机制（CDM），即发达国家将本应由在其国内减排的额度通过投资发展中国家的技术改造、植树造林等项目来完成，可通过项目投资、技术出资等方式为发展中国家提供资金，项目所产生的经核证减排额度(CERs)还可在国际碳市场中获得收益，这成为发展中国家获得气候资金的国际市场渠道。并且CERs所产生的收入还可提取一定比例作为多边基金的资金来源，这也是适应基金（AD）的主要资金来源。

（二）公约大会法律文件的拓展

在《框架公约》及其《京都议定书》建立的国际气候资金法律制度之上，这一阶段的缔约国大会相关决议对南北国家的合作法律关系内容进行了完善。

一是进一步明细了公约及议定书下资助的具体内容。针对公约约文中资助条文的含义与执行，缔约国大会通过了《公约下资助》（Decision

7/CP. 7）决议，规定气候资金"可预测、充足的"性质应由发展中国家来判定，列举出发达国家履行供资义务的法定渠道等内容。针对议定书下的资助，议定书缔约国大会通过了《议定书下资助》的决议（Decision 10/CP. 7），特别对发达国家履行供资义务及资金合格判断标准做出了补充性规定。

二是针对发展中国家的用资问题加以进一步明确。它包括对易受气候变化影响国家，像小岛屿国家等特别需要资金国家的问题，大会通过了专门的决议（Decision 5/CP. 7），给予其在国际气候资金法律制度中特殊的主体定位。大会通过了指导发展中国家适应气候变化行动的指导性决议（Decision 28/CP. 7），其中包括大量的指导如何使用受援资金来实施适应项目等问题。通过了根据受资情况对发展中国家实现其国家承诺评价的决议（Decision 9/CP. 10），评估了公约下既有的资金机制对发展中国家履行公约第4条第1款、第12条第1款等规定的国家义务的效果，同时也提出了一定的改进方法。

（三）气候资金实体运营规则的发展

根据国际气候资金法律制度基本内容，公约及议定书大会建立了专门的气候资金经营实体，在公约体系外双边及其他多边渠道的资金实体也逐步创立，这些实体按照成立目的和应对气候变化的需要，提出了经营气候资金的行为规则，气候资金运营规则迅速发展起来。

一是，公约及议定书缔约国大会建立了专门的多边基金，委托国际实体加以经营，并通过数十份决议对经营实体给予指导。公约大会于2001年先后设立最不发达国家基金（LDCF）和气候变化特别基金（SCCF）两个多边基金，作为履行公约下国际气候资金的组织实体，并通过与GEF签订备忘录（Decision 12/CP. 2）委托其作为上述两个基金的经营实体，由GEF向缔约国大会报告运行情况。同时，缔约国大会根据资金合作的具体情况不定期的通过大会决议，包括针对资助工作的整体意见（Decision 11/CP. 1、2/CP. 4、6/CP. 7、6/CP. 8、8/CP. 10、5/CP. 11等6个决议）、针对GEF经营工作（Decision 11/CP. 2、3/CP. 12、7/CP. 13等3个决议），以及针对LDCF（Decision 27/CP. 7、8/CP. 8、6/CP. 9、3/CP. 11等4个决议）和SCCF（Decision 8/CP. 7、5/CP. 9、1/CP. 12等3个决议）两个基金经营情况三方面事务给予指导。同时，公约大会还通过决议（Decision 11/CP. 3、3/CP. 4、5/CP. 8、2/CP. 12、6/CP. 13等5个决议）的方式对资金机制的运行情况进行审核，评估其在一定时期内运行的总体情况。同时，从2001年开始筹备《京都议定书》下建立适应基金（AD），设立独立的管理组织机构，作为执行议定书下适应项目资金运营的专门实体，议定书大会也对该基金的建立通过了多项专门决议。

二是，气候资金其他多边合作渠道的资金实体逐步建立。除公约体系建立的资金机制外，在这一时期内其他国际资金法律制度下的资金机制也逐步调整方向，将部分精力放到应对气候变化的议题上来，这些多边渠道主要包括全球环境基金、世界银行集团和联合国工作机构等。全球环境基金除作为 LDCF 和 SCCF 的资金经营实体外，还是发达国家向促进环境可持续性发展的援助资金输送渠道，其设立的信托基金也是提供气候资金的重要多边性资金实体。世界银行下设立了多个气候变化多边基金，1999年由12个公司和6个国家的政府联合建立的原型碳基金（Prototype Carbon Fund）委托世界银行经营管理，是第一个专用于减排方面的投资性基金。并先后在其之下设立了社区发展碳基金（Community Development Carbon Fund）、生物碳基金（BioCarbon Fund）等数个多边基金[1]，这些资金实体同时吸纳发达国家的公共资金和私营资金，主要用于购买 CDM、JI 机制下产生的排放配额，以及用于其他减排项目的投资活动，促进向低碳方向的经济社会发展。从2001年开始，联合国环境规划署设立了两个专门信托基金，一个负责环境治理方面的创新与催化资金需求，而另一个负责能源方面的需求，2004年二者合并成立环境与能源专题信托基金（EE-TTF）[2]，其中环境可持续和气候变化方面的资助是该资金的重要业务领域。此外，UNDP、UNEP 等联合国机构之内，也成立了大量多边性气候基金和专门工作计划，资助发展中国家的应对行动。

三是地区性多边开发银行下开始建立减排、新能源及能效方面的资金，主要用于发放优惠贷款和吸纳私人基金参与其中。

(四) 本阶段特征及潜在问题

本阶段是国际气候资金法律制度深入发展的阶段，各种资金实体依

---

[1] World Bank. The World Bank Carbon Funds and Facilities [EB-OL]. http://www.worldbank.org/en/topic/climatechange/brief/world-bank-carbon-funds-facilities. 2013-10-06.

[2] UNEP. The Environment and Energy Thematic Trust Fund [EB-OL]. http://www.undp.org/content/undp/en/home/ourwork/environmentandenergy/EETTF/. 2013-10-06.

照公约和议定书确定的制度框架建立起来，将条文上的国际气候资金法律制度落实到国际实践中，为其运行定下了主基调，也折射出影响国际气候资金法律制度充分实现的阻碍因素，该阶段主要特征如下三个方面。

一是国际气候资金法律制度上的主体规则与行为规则逐步分离。国际气候资金的目标、基本任务、主体身份、合作范围等行为规则内容，在公约和议定书中都比较明确，但合作制度的基本框架对资金合作的渠道保持了较大的开放性，公约体系为了促进供资和壮大资金规模，没有将设置合格资金实体的权限统一到公约下的相关机构中，而是广泛地接受各种双边、区域和多边资金渠道。这一做法有利于为发展中国家的应对行动扩大资金来源，保障公约体系中的资金制度内容迅速融入实践，是国际气候资金法律制度得以顺利起步的重要条件。同时，该方式也形成了资金实体林立且性质多元的格局，公约体系下成立有三个专门基金，世界银行、全球环境基金、环境规划署等也下设资金实体，构成了互不隶属的气候资金运营实体格局。但是这种模式造成国际气候资金法律制度的实际执行权位于不同的国际主体意志下，且各自奉行不同的组织规则，围绕国际气候资金问题呈现出行为规则统一与主体规则分裂的局面。国际气候资金法律制度的形式渊源也形成了非常复杂的局面，国际社会根据公约及议定书的条文设置或委任资金实体，这些机构根据各自组织规则条文开展合作，或与其他机构联合成立新的资金实体，在国际气候资金范围内就形成了条文到机构、再到条文最后到新机构的制度传递链条，但国际组织间意志的独立性使资金链上任何环节都可能出现断裂，减损公约体系的制度目标和效果，使得全球合作的实效难以保障。

二是气候资金的来源开始呈现多元格局，国际合作中资金性质问题比较模糊。公约与议定书下划定的是不同国家的义务范围，而发达国家哪些供资行为是合格的义务履行行为则没有明确，这一阶段内不同国际组织下资金实体如雨后春笋，使公共资金与私营资金同时大规模地参与到应对气候变化的行动中，特别是公私合作模式逐步成型。这其中，有GEF下管理的ODA资金、世界银行管理的ODA资金以及其通过融资手段凑集的私营资金、发达国家在ODA之外提供的减缓与适应项目资金、CDM项目收益的留存等。哪些属于符合公约体系规定的发达国家供资义务，无法形成法定判断标准，在其中有多少资金是"新的、额外的"更没有识别标准，这为《京都议定书》第二期谈判的顺利推进埋下了隐患。

三是国际气候资金范围基本固定在减缓、适应的项目上，但二者对资金的吸引力差异开始出现。应对行动的资金需求是集中体现在公约第

4条第3、4款中,但是减缓与适应的项目在经济性质上完全不同,"减缓行动的惠益及于全球,而适应行动则多及于特定地区、特定人群"[①]主要针对工业、交通运输、能源行业等领域的减缓行动具有更大的资金吸引力,且这些项目多存在于新兴经济国家中,对那些最不发达国家、小岛屿国家等最需要资金适应气候变化的国家而言,难以获得资金实体的青睐。从合作的项目对象上可以看出,资金合作的理想状态与资金实体的实践理性存在巨大反差。

三、国际气候资金法律制度的完善阶段(2007至今)

2007年后,随着国际社会对《京都议定书》二期谈判的启动,对哪些国家承担强制减排(特别是中国等新兴国家是否加入减排行列)的问题产生了激烈争议,发展中国家普遍对1992年以来的发达国家供资义务履行情况及实际效果不满。发达国家要求发展中国家进行更大力度的减排,与后者要求前者履行已有承诺并在2012年后提供更多资金技术的主张,成为气候谈判中一对难以消解的矛盾。在公约体系下资金制度艰难推进,同时,在发达国家主导下各种类型的气候资金实体快速建立,作用异常活跃。

(一)公约体系下资金合作制度的发展

一是,"巴厘路线图"将"资金"问题独立为公约体系下五大支柱之一,并提出了公共、私营资金协同的思路。2007年第13次公约缔约国大会通过的"巴厘路线图"是资金合作制度的一个转折点,它在勾勒国际社会2012年后气候变化国际制度的过程中,对之前十余年国际气候资金法律制度做出了反思,并为其设计了今后的改进路径。一是,注意到发达国家的官方资金、其他优惠资金和私营资金参与供资时法律性质的差别,在路线图第1条第(e)款对未来资金行动的规定中,将供资和投资区别开来。在该次大会的另一决议《对资金机制的第四次审查》(6/CP.13)的附件中,修改了大会对资金机制的审查指南,有意识地将国际基金、国际金融机构、私营资金参与资助发展中国家的信息提供及效果评估加以区分。二是,在路线图的第1条第(b)款第(二)项中对发达国家提供的减缓行动资金提出了"三可"原则,即可衡量、可报告、

---

① Janis Sarra. The Anthropocene in the Time of Trump, Financial Markets, Climate Change Risk, and Vulnerability [J]. 51 U. B. C. L. Rev. 489 (2018).

可核实（MRV），发达国家供资义务履行的透明度受到重视。虽然树立了评价出资情况的标准，但缺乏细节，符合这一原则的制度细节、资金范围和机构保障问题需要进一步明确①。三是，路线图的第 1 条第（b）款第（二）项将公约与多边机构、公共和私营部门、民间社会间减缓资金的关系定位于催化与被催化关系，第（c）款第（五）项对适应资金也做了同样的定位。

二是，"哥本哈根"在减排义务协定失败的同时在气候资金领域获得了两个成果，成为维系脆弱的国际法关系的"救命稻草"。2009 年第 15 次缔约国大会——哥本哈根大会是 2012 年后减排协定的最后期限，其未能如期完成任务，不过《哥本哈根协定》就国际气候资金形成了两大成果，即"快速启动资金"和"长期合作资金"。"快速启动资金"是发达国家集体承诺，在 2010—2012 年期间通过国际机构提供金额接近 300 亿美元的新的和额外的资源，包括林业和投资；"长期合作资金"即是在 2020 年之前，为解决发展中国家的需要，每年共同调动 1000 亿美元。在该两项承诺基础上，2012 年多哈会议进一步提出鼓励发达国家缔约方在 2013—2015 年间长期资金提供的额度保持在快速启动财务期的平均年度水平。这些资金将有各种不同来源，其中既有公共来源也有私人来源，既有双边来源也有多边来源，也包括替代型的资金来源。这是国际气候资金法律制度确立以来，首次就发达国家的供资形成了一个明确的数额约定。同时协定成立哥本哈根绿色气候基金作为公约资金机制的经营实体，负责对发展中国家缓解、适应、能力建设、技术开发和转让有关的项目、方案、政策和其他活动给予资助，并约定"快速启动资金"和"长期合作资金"的很大一部分应通过该基金来提供，可见国际社会已开始警惕气候资金确立标准混乱和经营主导权旁落的问题。"在联合国气候变化谈判中发达国家首次给出明确的资金支持数额，这还是第一次。却未明确各个发达国家将出资多少以及这些资金的具体来源"②，发达国家的资金分配和使用问题还需要进一步澄清。

三是，坎昆会议特别是"德班加强平台"建立后，正式成立了绿色气候基金、公约大会下"资金常设委员会"来加强公约体系对气候资金

---

① Remi Moncel, Hilary McMahon, Kirsten Stasio. Counting the Cash: Elements of a Framework for the Measurement, Reporting and Verification of Climate Finance [R]. Washington: World Resources Institute, 2009: 15.

② 曾文革.《哥本哈根协议》的国际法解析 [J]. 重庆大学学报（社会科学版），2010 (1)：24–30.

的组织力量，增加了从供资渠道上辨明特定资金的法定气候属性的制度措施。2010年公约缔约国大会通过《坎昆协议:〈公约〉之下的长期合作问题特设工作组的工作结果》(1/CP. 16)，继续坚持"巴厘路线图"第1条第 (e) 款确定的资金来自公共与私人、双边与多边包括替代型资金来源，以及《哥本哈根协定》成立公约体系下新资金实体、"快速启动资金"和"长期合作资金"承诺的基础上，在公约体系的资金实体方面做出了两个突破。一是，正式在公约下成立绿色气候基金（GCF），作为发达国家向发展中国家履行"快速启动资金""长期合作资金"的主要渠道，约文详细规定了该基金董事会组成，成立了独立的秘书处，并指定世界银行为受托管理人。该基金根据2011年德班会议《启动绿色气候基金》(3/CP. 17) 决议正式运行，在2012年多哈会议《绿色气候基金提交缔约方会议的报告和对绿色气候基金的指导》(6/CP. 18)、《缔约方会议与绿色气候基金之间的安排》(7/CP. 18) 两个决议中达成基金运行的指导性意见及其与大会关系的制度安排。从中可见，公约大会在保障资金来源多元化前提下开始收紧对资金渠道的控制，有以供资渠道确定供资法律性质的特质。二是协议在缔约国大会下成立资金常设委员会，协助大会履行公约体系的资金机制职能，使公约体系下资金合作有了一个统一、专门的管理机构。

四是，2015年巴黎气候大会决议及其通过的《巴黎协定》，对公约体系之前的"气候资金"含义、缔约国地位及供资方式上形成了制度创新。首先，决议第54段以2009年《哥本哈根协定》每年提供1000亿美元长期资金为基础，要求《巴黎协定》缔约国大会在2025年设定一个新的、不低于每年1000亿美元的气候资金额度。其次，在《巴黎协定》第9条关于资金方面的约文第2款中，在第1款规定的"发达国家"与"发展中国家"两种缔约国身份基础上，增加了自愿捐助的"其他国家"的规定。同时在该条第4款有关资金平衡使用的规定中，进一步强调"最不发达国家""小岛屿发展中国家"获资的特别需求，结合该条两款规定可以看到公约体系固有的国家二分法开始出现新变化。再次，在第9条第3款中，着重强调了发达国家公共资金的重要性，且要求依该协定提供的资金应当是既有努力之外的进步（progression beyond previous efforts）。可见，在肯定公私资金中更加倾向于"公共资金"的作用，结合该协定对公约体系下绿色气候基金、全球气候基金作为专门性资金机构的安排，"气候资金"的含义已经超越了仅以资金效果涉气候为据的意义，更强调法律性质与供资渠道的气候专门性。最后，在协定第13条建立旨在监督各国"国家自主贡献"履行情况的"行动与支持的透明度加强框架"（enhanced transparency framework for action and support）中涉及了大量气候资金规则，不仅要求发达国家提供资助总体情况（第5款）、具体的资金提供情况（第9款），发展中国家也自主减排贡献中做出了一定的减排承诺，但均设定了以获得资金等为前提[①]；为此，在《巴黎协定》中明确了其资金需要和已获资金的信息（第10款），并设定了技术专家复核的机制（第11款），公约体系对供资国与受资国的资金信息获取及其真实性、适格性审核力度大大加强。且在协定第14条新创的"全球盘点"机制下，将气候资金作为盘点内容之一，定期审核供资履行情况。同时，受2020年后减排规则达成的积极影响，德班会议成立的绿色气候基金的业务规程也逐步明晰，将对公约体系下资金机制实效不足，甚至可能被国际金融机构边缘化的态势，产生根本性扭转。

（二）气候资金实体更加多元化

在公约体系下成立的最不发达国家基金、气候变化特别基金和适应基金之外，美国等重要排放国游离于2005年生效的《京都议定书》之外，发达国家对履行包括提供气候资金在内的条约义务的方式，没有完全达成国际共识，国际气候资金借助非公约体系资金渠道进行的趋势越发明显，气候资金实体朝着更加多元化的方向前进。

一方面，出资国与受资国开始成立自己的气候基金。在国际气候资金中比较活跃的发达国家，改变以前在世界银行下设立碳基金的做法，英国、日本、德国、挪威等国都设立本国用于对外气候资金提供的专门基金，作为由其相关政府部门管理或监督的资金实体，通过这些基金直接资助发展中国家的减缓、适应项目，并向公约体系下的资金实体和其他多边基金供资。部分发展中国家也设立服务本国接受气候资金的专门基金，根据本国应对气候变化的行动计划设立若干项目，而向发达国家公开吸纳资金，如印尼。

另一方面，国际金融机构成为这一时期新设资金实体的主力军。世界银行相关基金，英、德、日等发达国家纷纷在其下建立了许多碳基

[①] Samuel H. Eckland. Two Birds with One F－16: How Economic Offsets from Foreign Defense Transactions Can Close Gaps in International Climate Finance [J]. 29 Geo. Int'l Envtl. L. Rev. 185 (2016).

金[1]。世界银行于 2008 年设立了两个气候投资基金：清洁技术基金（CTF）和战略气候基金（SCF），而后者又由 3 个子基金组成，即森林投资计划（FIP）、低收入国家可再生能源扩大计划（SREP）抵御气候变化先锋计划（PPCR），它们或向世界银行、区域性地区性多边开发银行的投资项目注资，或直接投资发展中国家的气候项目，是当前以投融资方式参与支持发展中国家最活跃的资金实体。此外，世界银行于 2008 年成立了森林碳伙伴基金（FCPF），作为以赠款方式资助发展中国家"REDD+"项目的专门基金。区域性地区性多边开发银行也根据本地区内各国应对气候的状况，成立了专门的气候资金，如巴西发展银行成立的亚马逊基金（Amazon Fund）、非洲发展银行成立的刚果盆地基金（Congo Basin Forest Fund），它们向发达国家吸纳资金用于符合基金用途的气候项目。成立这些资金实体的国际金融机构还广泛地吸纳私营资金，将其与吸纳来的官方资金融合并向发展中国家以项目投资的方式发放，成为许多发达国家用于供资的重要途径。

（三）本阶段的特征

国际气候资金法律制度萌芽和起步阶段形成的资金法律关系和理想的履行模式，在这一阶段经历了国际实践的严峻考验，资金来源、经营渠道和实际效果与公约体系预期间的差距是这一阶段的主要特征。

第一，本阶段中公约体系开始对气候资金法律性质进行反思，并逐步完善符合公约体系宗旨的资金实体设计。《京都议定书》以定额的方式为发达国家规定了强制减排义务，但它们在公约体系下的供资义务弹性较大，"巴厘路线图"以及随后的多份法律文件均确认资金来源、合作渠道可采取多种方式进行。但是，南北国家就公约义务的履行相互指责，使国际社会必须审视发达国家通过哪一资金实体提供的资金是合格的义务履行，这其中有多少资金具备"新的、额外的"属性，一言以蔽之，什么是"气候资金"？它的确立标准为何？这些问题并未理清。公约体系在承认资金合作方式多元化的基础上，形成了发达国家在 2010—2012 年和 2020 年前短期和长期供资的额度，并设立公约体系内经营大部分气候资金的法定机构，昭示着国际社会在本阶段内开始探索以供资途径为判断供资义务标准的制度自觉，这较反复争论"新的、额外的"这些语词的书面含义更有意义。

---

[1] 章升东，宋维明，何宇. 国际碳基金发展概述［J］. 林业经济，2007（7）：47-49.

第二，公约体系外多种资金实体纷纷设立，为国际气候资金法律制度添注了活力，也增加了挑战。本阶段内成立的各种国际基金既接受发达国家的官方捐助，也接受私人资本的捐助和投资；既直接向发展中国家项目注资，也向其他资金实体注资或向国际金融机构的贷款业务注资。国际金融机构也用吸收来的气候资金，加上自有资金或新的私营资金来投资项目，或根据发展中国家的气候项目申请发达国家、气候国际基金发售证券来进行气候融资。碳基金集合投资者资金来购买碳指标，或直接投资 CDM 和 JI 项目，形成了政府全资（芬兰、奥地利）、政府和企业共同出资（最常用的方式，凡世界银行参与建立的碳基金都采用这种方式）、政府征税出资（英国）、企业自行募集等多种碳基金。它们多作为中间人将资金用于交易碳项目所产生的碳信用。但随着私人机构投资者的增加，直接融资的方式将资金投资于碳项目的开发，多为经验丰富的机构采用[①]。这些实体及其经营方式的出现，刺激了公共、私营资金参与发展中国家气候项目的热情，丰富了气候资金来源并逐步形成公私合营的合作模式。但是，这其中有许多是商业性投资，或者是获利丰厚的项目合作，发达国家却以此为履行公约资金义务的重要手段，加剧了资金合作实践偏离公约体系下国家义务的风险。

第三，南北国家资金合作的分流效果逐步明显，南南国家的国际气候资金问题变得突出。该阶段中不同发展中国家吸引气候资金的能力差异更加明显，新兴经济体的能源、交通、森林投资项目吸引了大多数的气候资金，而有利于最易受气候变化影响国家的适应资金却未得到重视。发展中国家内部就资金获取也产生了较大的争论，而已在应对气候变化方面取得领先的发展中国家，向那些比自己更欠发达的国家提供资金支持的合作模式开始出现，南北合作与南南合作开始成为国际气候资金法律制度的两个分支。

第四节　国际气候资金法律制度的基本框架

国际气候资金法律制度可以被认为是调整南北国家及其所属相关主体间直接提供与接受气候资金，以及通过中介实体完成这一行为的规范总和。从国际法律制度的角度来看，不同国际法主体的价值导向、利益

[①] 黄海沧. 国际碳基金运行模式研究[J]. 广西财经学院学报，2010 (5)：95–98.

诉求有所不同，国际气候资金本身具有跨国因素、多元的气候相关产业，并涉及众多人群。经历20余年的发展，国际气候资金法律制度初具雏形，虽然存在诸多不足，但制度的价值目标、基本原则、实体内容和实施机制等构成因素基本确立起来，形成了国际社会对气候资金从发达国家流至发展中国家的基本行为规范。

一、国际气候资金法律制度的价值导向

围绕如何分担发展中国家应对成本的国际制度需求，各国已经按照气候资金内在要求及其国际性的要求，形成了以公约体系为中心的相关法律制度，体现了全球各国就气候资金问题达成的国际共识。

一方面，树立了保持国际气候资金法律关系同人类与大气系统客观联系同构性的价值追求。国际社会对气候变化问题的认识，来自对温室气体在大气系统中过度积聚，从而造成气候变暖等不良效应的观察上，改变大气系统对人类生存条件的作用效应，是各国携手建立公约体系的基本出发点。在《框架公约》及其《京都议定书》的前言和相关条文中，都以"将大气中温室气体的浓度稳定在防止气候系统受到危险的人为干扰水平上"为目标。人与大气系统就温室气体排放上的紧张关系是否得到缓解，是检验国际社会气候资金合作成效的最终标准，国际社会关系与由国际社会构成的人类整体与大气系统间关系，在国际法层面具有同构性，国际气候资金的供资效果不以任何国家的单边意志为转移，而要视其是否改善温室气体的积聚规模。这对自然关系与人类社会关系的同构性，通过政府间气候变化谈判委员会（IPCC）的科学报告，确立2050年将全球气候上升控制在2℃以内（或者说温室气体浓度450ppm单位以下）为共用标准。资金关系之上的获资权与供资义务，据此共识来加以明确，具备共同的规模约定、计量标准和时间框架，既要强调供资足额与充分性，也要明确发展中国家获资权的范围和界限，否则会削弱发达国家的供资意愿。

另一方面，公约体系进一步将上述价值目标解构为两项基本原则："共同但有区别原则"和"各自能力原则"。前者所包含的"区别原则"构成了国际气候资金提供与获得的法律基础，在"共同原则"要求各国根据自身能力和情况共同减排的前提下，"区别原则"确立了气候资金从发达国家单向地为发展中国家提供资金的基本模式。公约体系既针对发达国家历史排放的责任，要求发达国家提供适应资金，作为其历史排放对发展中国家损害气候利益的赔偿；又针对发展中国家削减未来排放对

经济社会发展带来的增加费用，要求发达国家基于生态补偿的理念提供减缓、增汇（库）行动的资金。特别是"区别原则"对供资义务形成了两项约束性要求：一是，供资义务是发达国家强制减排义务之外的国际义务，其必须首先足额履行自身减排义务，如可以在其本国履行或者通过 JI、CDM 机制在他国履行，也可以通过 ET 机制在国际碳市场中购买额度。在此之外向发展中国家提供的气候资金才是合格的供资行为。二是，发达国家供资必须是在正常的商业投资、发展援助和其他环境供资外的专门资金，即便气候资金与这些资金产生混合，或者共同资助相同的计划、项目，在资金口径上也应当加以划分，确保气候资金具备独立于已存在的国际资金流之外的额外性。

二、国际气候资金法律制度的内容框架

虽然是由公约体系将国际气候资金关系作为调整对象，但国际气候资金法律制度的内容不限于公约体系中的约文和决议等法律文件中，而是以整个气候资金链条为载体的所有行为规范，因此它们构成了一个复杂的制度体系。

第一，公约体系建立的国际气候资金法律关系，形成了该制度的基础性内容。

一是，公约体系建立的国际气候资金法律关系中，发达国家供资义务、发展中的获资权是基本要素，南北国家间存在着气候资金提供与请求的相对关系，所形成的效果应当是"资金主导权掌握在发展中国家手中，但其应用于产生全球性效益"[①]。并且，公约体系将发达国家提供气候资金，作为发展中国家减排的前提条件，据此可见，分担发展中国家应对成本，是发达国家在公约体系下承担的一项国际义务，且前置于发展中国家履行的减排义务。公约体系规则中的内容虽然具体程度不高，但其性质上属于国际条约法，根据"条约必须信守"的原则，发达国家必须善意、充分地履行供资义务。二是，南北国家的资金权利义务是与其减排义务密切联系的。公约体系对发达国家规定的义务包括三类：信息汇集与通报、强制减排、向发展中国家提供资金技术等援助，必须明确的是供资义务是减排义务之外的国际法义务。"碳抵销措施让污染者换

---

① Athena Ballesteros. Power, Responsibility and Accountability Re－Thinking the Legitimacy of Institutions for Climate Finance [R]. Washington: World Resources Institute, 2010: 53.

了个地方排放即可得利，并没有形成实质性的减排。必须确保低销量的'额外性'，才能获得成功的减排"[1]，因此，严格说来，发达国家此时履行的并非供资义务，而是通过支付代履行资金而履行的自身强制减排义务（CDM 机制是典型代表）。公约规定发展中国家的义务包括两类：信息汇集与通报、自愿减排义务，其从发达国家获取的气候资金是用于履行这些固有义务，还是履行额外的义务比较关键。根据《框架公约》第4条第3、7款对资金用途，以及发展中国家履行公约承诺取决于发达国家供资承诺兑现程度的规定，可以看出，发展中国家在公约体系下承担的固有义务，也在受资范围之内，实践中有的发展中国家编制国家排放清单的费用也是由发达国家供资来完成。可见，发展中国家受资无须以承担额外减排义务为对价。三是，确立了供资义务履行的合格标准。基本法律关系在解决了要不要供资，谁向谁提供资金后，还规定了气候资金可以来自公私资金，可以通过公约体系下资金机制[2]和公约体系外的双边、区域、多边渠道来提供，必须符合"新的，额外性""可预测，可量化"等标准。

第二，在建立基础性法律关系之外，公约体系针对供资义务的实施，制定了开放性较大的授权条款，公约体系的基础制度和体系之外的实施制度，构成了整个制度实体内容的全貌。"国际环境条约为国际社会管控全球环境恶化、开展全球环境治理提供了基本的框架。然而，正是这种框架性给环境条约的实施带来了'模糊不清'的缺点"[3]，是故，确定法律制度内容不拘于探求"形式上的法"，而要针对具体调整对象而剖析对其发生效力的"实质上的法"，国际气候资金法律制度也是如此。公约体系主要是建立起供资、获资的基本法律关系，规定其实施的法定标准，具体的实施行动则授权给各类资金实体来进行。除通过谅解备忘录等方式委托 GEF 作为公约体系资金经营实体外，为扩大资金体量，公约体系还一般性地授予其他双边、区域、多边渠道的供资资格。获得公约体系

---

[1] Juan Arturo Iluminado C. de Castro. Is It Really a Huge Mistake? Choosing Between Carbon Fees and Cap–and–Trade: A Commentary on "The Huge Mistake—Climate Change Solutions 2009" [J]. Ecology Law Currents, 2009, vol 36: 246–254.

[2] 公约体系下的资金机制，指的是在《框架公约》《京都议定书》建立的气候资金，以及受托成为公约体系资金管理机构所设的专门基金，包括 GEF 信托基金、《框架公约》下的气候特别基金和最不发达国家基金、《京都议定书》下的适应基金，前三个基金都是由 GEF 管理，适应基金设有独立的理事会加以管理。

[3] 季华.《巴黎协定》实施机制与 2020 年后全球气候治理 [J]. 江汉学术，2020 (2): 46–53.

授权的资金实体往往是具有独立法律人格的国际组织（如 GEF），或者是独立于公约体系国际组织的下属实体（如世界银行下属的气候投资基金），它们按照其自身治理规则运营所管理的资金，在满足公约体系设定的供资行为、效果标准时，这些组织的自有规则都是实际发生效力的国际气候资金法律制度。在形成实施制度辅助本体制度实现公约体系的价值目标后，要保障公约体系外国际组织的资金规则对基础法律关系的效果服从性，还需要作为母体制度的公约体系建立监督机制，除相关组织与公约体系建立了委托关系外（如 GEF），公约体系必须将这些组织体视为发达国家供资义务履行的代理人，通过监督发达国家履行的机制，来对公约体系外资金实体的供资行为，给予公允的国际法评价。

三、国际气候资金法律制度的形式渊源

由于国际气候资金的实体性内容是基本制度与实施制度的结合，其在形式渊源上具有明显的二元性，属于典型国际法渊源与非典型国际法渊源并行发挥效力的状态。调整南北国家气候资金法律关系的典型法律渊源，是指《框架公约》及其《京都议定书》《巴黎协定》和历次缔约国大会就资金问题做出的决议文件，它们性质上属于国际条约法的约文及其补充性规定，是必须遵守的国际法规则。

但是，由于气候变化广泛涉及经济社会发展的许多产业和领域，资金性质在国际流动中又具有较大的动态性，故而在供资过程中的所有细节问题都在公约体系下解决是不现实的。公约体系对其他国家组织的授权性条款，使这些国际组织的业务规程、组织规则、决议等法律文件，获得了产生国际法效果的机会。究其本质，国际组织的内部治理规则只对成员国、在成立文件授权范围内发生效力，一般认为其不属于《国际法院规约》第 38 条明列的国际法渊源，许多学者也认为它具有国际法意义，对国际关系能产生实质性影响，但却鲜有证据证明它能直接产生法律效果。

"国际法渊源已经不能完全限于规约所规定的那几项了。至少，国际组织在国际造法过程中所起的作用已经引起普遍的注意。一些专门机构所制定的'标准''建议做法'等实际上可能具有规范的性质"[①]，获得公约体系的授权后，发达国家通过这些资金实体提供的气候资金，可视为对公约体系下法律义务的履行行为，气候资金实体的运营规则虽本身

---

① 邓正来. 王铁崖文选［M］. 北京：中国政法大学出版社，2003：36.

不是国际法规则，但却通过条约法（即公约体系）获得国际法效果。有的学者将其称为"软法"，不论如何，它与条约法、国际习惯法、一般性法律规则是有区别的，笔者将其认定为在气候资金领域能产生实际效果的制度性渊源。这样的话，国际气候资金法律制度就是公约体系（条约法）和国际组织立法的总和。从气候资金链的分布状态看，国际组织主要从发达国家获取资金，再根据其气候运营制度向发展中国家提供，其效力发生于资金从发达国家达到国际组织之后，相关工作内容包括根据组织目标设定资金用途、明确合格资助对象的确定条件、确立发展中国家获资程序等，并对资助对象的用资情况及效果加以追踪监测。

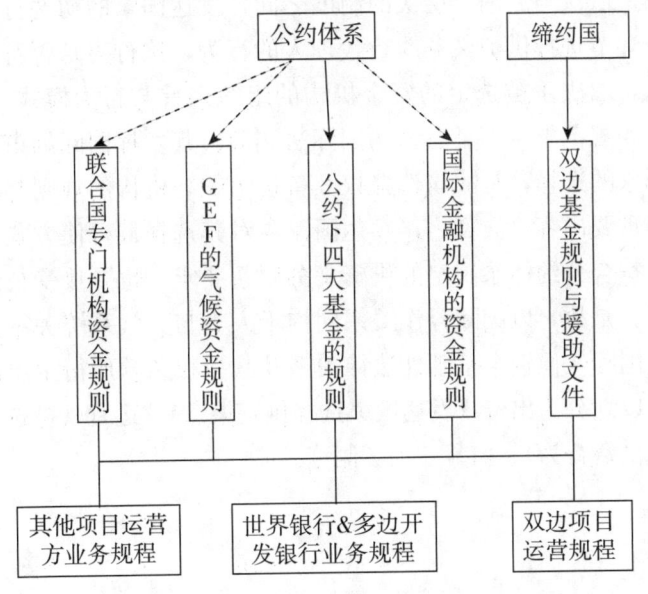

图 1-1　国际气候资金法律制度渊源示意图

注：实线代表能发挥实际影响，虚线代表是通过合作关系发挥间接影响

根据图 1-1 对国际气候资金法律制度渊源的展示，制度体系总体可分为三个层次：第一层次，公约体系与缔约国间的连接点乃是公约体系的"授权条款"，在公约体系未限定合格组织的范围时，供资国可以在公约所属的资金机构及其他渠道间进行选择，而适用具体资金的制度类型就是发达国家选择的结果。第二层次，多元且受公约体系影响程度不同的国际组织及其所属资金机构，可以作为供发达国家备选的供资义务履行的中间实体，从整体上看形成了对发达国家气候资金的竞争局面，其内部治理规则形成的供资成本——收益情况，决定了入选可能性的高低，如果被发达国家选择为供资渠道则其自治规则将被"激活"为实质上的

国际法规范。第三层次，虽然不同国际组织的资金运营规范是公开而为发达国家明知的，但第二层次上相关组织、机构往往接受出资人委托担任信托人，但其自身并无运营具体气候应对项目的能力和资源，往往再通过业务合作关系来选定具体项目的运营者。当前，国际金融机构（含世界银行及其分支机构、地区性多边开发银行）是多边渠道供资的主要项目运营者，其项目申报条件、遴选机制、合同文本条款及限制条件等业务规程，是气候资金"落地"最末端的制度触角。此外，通过双边渠道提供的资金主要以双边气候基金（包括上游基金、下游基金）的业务规程，或者直接依具体项目的规程文件为执行依据。

在第一层次与后两个层次的制度之间，发达国家的初选行为实质上是在出资环节选择供资义务履行代理人的行为，该行为是否符合履约的法定要求，取决于被选定的资金机构的组织宗旨与行为模式。由第二、三层次上的规范本身不是典型的国际法渊源，其发挥国际约束力的根源是发达国家的选择，是故该选择权及备选组织、机构的规则都应当是本书研究的重要内容。质言之，发达国家要对其选择权行使方式与结果负责，需要符合公约体系制定的供资义务履行要求，也要接受公约体系的法定监督。是故，以国际合作关系同构于人类与大气系统关系为价值目标指导，国际气候资金基础性法律关系及其授权条款所衍生出的实施性制度，可以划分为出资（发达国家选择供资渠道）、运营（被选定的国际组织实施供资行为）、监督三项子制度。

第二章　国际气候资金权利义务的理论阐释

　　国际气候资金法律制度的形成和发展，不是应对需求的无序集合，而是按照人类利用大气系统的客观规律，对全球合作中的事实需要加以法益表达的结果。指导这一客观利益向法律利益进行科学、准确的转换的原理，有着一个深刻的理论演变和推进过程。供资国不可能在无价值坐标的基础上向受资国单向地、优惠地提供大量资金，国际气候资金法律关系需要从终极意义上回答国际气候资金法律制度为什么会产生，为什么会呈现出现在的状况，特别是发达国家供资义务、发展中国家获资权得以形成的哲学基础和伦理道德根源。

　　寻求理论基础不是学理性的研究偏好，而是在总结国际气候资金法律现象基础上的科学提炼，揭示公约体系下气候资金立法的理论正当性。在2015年巴黎气候大会通过的《巴黎协定》前言第13段中，明确提出"气候正义"是气候变化应对行动应当秉承的重要理念，这是在《框架公约》《京都议定书》及其多哈修正案等法律文件基础上，形成的制度创新。这说明理论基础的问题已构成今后制度运行的直接指导元素，从上文对国际气候资金法律制度发展历程梳理来看，这一创举也是各国在反思"京都二期"谈判失败、气候资金定义争议等法律问题后做出的理念调适。

　　从国际气候资金法律制度出发进行分析，可发现其中也蕴含着明确的理论逻辑。首先是在气候变化成为全球性危机的时代背景下，"从温室气体排放中获益的分配，与从中受害的分布之间，存在着国际不平衡"[1]，不同国家工农业体系所受影响是不同的，对处于落后地位的发展中国家而言，气候变化及减缓、适应成本都构成了对其人民基本生存的威胁。所以国际气候资金法律制度根本上指向基本人权，特别是发展中

---

[1] Benoit Mayer. Environmental Migration: Prospects for a Regional Governance in the Asia-Pacific Region [J]. 16 Asia Pacific Journal of Environmental Law, 77 (2013).

国家的发展权。其次,以保护人权为终极目标,需要多元主体最有效地组合起来、共同治理气候问题,在利益关系方面形成符合人与自然、人类社会内部关系的权利义务共识,使非管制性、非主权性、去政治化的趋势成为国际气候法治中的强势话语,国际气候资金法律关系也必然体现全球治理的理念精神。最后,在实现基本人权这一终极关怀时,主权国家与非国家主体的协同合作已成为一个世界性趋势,它们间的互动关系也是制度产生发展的重要导向,而以何种价值理念作为互动中的指导,关系载体上承受哪些内容才能达到集全球之力应对气候变化的效果,其中也涉及"正义"在气候资金问题上的体现。

于此,笔者认为引导国际气候资金法律制度生成和实现,进而构建南北国家的权利——义务关系的理论,主要有人权、全球治理、气候正义,并且三者内在关联、相互强化,形成回应国际气候资金事实需求与制度构建的体系性理论支撑。其中,人权理念体现国际气候资金法律制度的目的和本位,全球治理理论证成其形式合理性,而气候正义说明其实质合理性。下面章节将在对三个理论的基本逻辑进行阐释之后,考量其各自对国际气候资金法律制度的理论解释力。

第一节 人权理论观照下的国际气候资金法律制度

"人权"原是一个政治术语,发轫于近代资产阶级革命,并在法国大革命固定化为宪政内容,是指"某些无论被承认与否都属于任何时代和任何地方的全体人类的权利。人们仅凭其作为人就享有这些权利,而不论其在种族、宗教、性别、社会地位、职业、财富或其他任何身体、文化或社会特性方面的差异"[①]。起源上,人权承载的是革命新生国家与其公民间的宪法关系,是国家影响公民的行为与义务体现,在由主权国家替代教会国家的时代背景下,"人权"具备了私人性的理论底色,其所防御的危害因素是教会与封建王权带来的生存发展禁锢,关系载体在于国内政治关系之间。但进入20世纪后,由于两次世界大战及全球环境、气候危机的原因,对个体生存与发展的威胁因素发生重大变化,虽然"人权"之于个人的保障功能照常,但其所防御的对象及其所存续的社会关

---

① [英]A. J. M. 米内尔. 关于人权的观念[J]. 夏勇,译. 环球法律评论,1991(5):1.

系载体已发生根本变化，人权理论的构造与逻辑已不能与其起源时的状态同日而语。

当从国际关系及国际法的角度审视人权理论时，则不得不言及《联合国宪章》前言中对"重申基本人权，人格尊严与价值"的申明，也必须将《世界人权宣言》第一条规定作为论述的基础，其言人权即为"人人生而自由，在尊严和权利上一律平等。他们富有理性和良心，并应以兄弟关系的精神相对待"，人权已经在国际法上得以反复伸张，并形成了一套较为完整的人权理论。其产生、发展到最终上升为全世界的法律确信，确是经历了长期的过程，这其中所蕴藏的"人权"一词与社会关系互动规律，是我们将其用于分析国际气候资金问题时必须抓住的主线。当前对人权理论的研究成果已汗牛充栋，为探求其对国际气候资金法律制度的理论解释能力，笔者在解析相关研究之后，将从其纵向发展的理论本原的递进角度加以阐释，并将其发展的过程分为理性主义、自然主义与国际主义三个主要阶段，最后展示其理论对本书主题的支撑。

一、理性主义下的人权理论

《联合国宪章》《世界人权宣言》等法律文件中对人权的必要性、基本内容和保障诸方面的不断重复，乃是对两次世界大战的重大灾难加以反思的成果，但其理论内核与主要理念深植于自然法和资产阶级革命的成果中。人权始自对个人利益的关怀，潜在地以"个人"作为国家、社会的基本组成单元为前提，故而人权在西方文化传统下有深厚的根基。"个人"具有不依赖于外在因素而独立认识、改造世界的能力是理性的生命力所在，"外在因素"所指代的内容变化构成了理性含义转换的自变量。个人具备理性归于古希腊、古罗马传统，这一时期的哲学命题和立法成果都浸透了个人如何安身于城邦的思考，将人与灵长类生物同伴进行社会性区分，寻求区分并高于兽性的人性是个人理性得以安存的源点。因此，以理性来申言人权问题是从人的本体、人性思考中析出的政治性命题，它是属人的，是私人的，是认定个人在所属群体——城邦中应有地位的言说。

肇始于古希腊、古罗马的对"理性"的原初认识，是在城邦国家的背景下形成的。在其中，人的应有权利是以人具有区别于自然物的理性为基础。古希腊的思想家在对人的本质进行哲学思考时，人的理性是其中的一个核心问题，人缘何获得理性、它对城邦关系的基础性作用得到了较为全面的诠释。这一时期具有代表性的斯多葛学派认为："人人都是上帝的儿子,因而彼此之间都是兄弟。人有共同的人性,它同自然规律是基本一致的。上帝有理性,因而人也具有理性,理性也就是自然法则。"[1] 其所呈现的人权逻辑是:上帝赋予所有人理性(当然是指城邦公民,奴隶不在其中),城邦的法必须遵从这种理性,因此人拥有的由大自然赐予的理性对城邦制定法具有先在性,也就具有逻辑上的优先适用性,可以作为审查实定法合法性的高级法。只要是城邦的"人",其应有的权利就在于理性中,实在法必须对其加以全部承认,否则就是"恶法"。

而古罗马则将此哲学上对人本质的思考转化为发达的罗马法,其中的人法、物法无不以人的理性作为逻辑起点。所以,在古希腊、古罗马时期,人权就是理性的背影,他们对人权的看法就是基于对理性的认识而形成的制度镜像。这一时期的人权理论具有理性主义色彩。只不过,此时的人权具备与我们通常理解的人权具备有两点不同:一是,人权的主体范围非常有限。古希腊哲学逻辑与古罗马法上拥有"人权"的主体限于本邦人,奴隶、外邦人、禁治产人等特殊类型没有合法的人权。反过来理解,只要获得法律主体地位的资格,特定人的应有权利范围就能覆盖个人生活的方方面面。二是,人权的存续形态不是宪法性的,而是在具体公法、私法规则意义上而言的,典型例子是罗马的市民法,其主要功能不主要是对国家对私人生活的干预——或者说那时的国家干预个人权利还未成为日常生活的经常状态,而是在于区分本邦人与外邦人的法律地位,基本上类同于当前的"权利能力"。

虽然理性主义下的人权理论与现代人权的内容与理论品质大异其趣,但其对人权本原和内容认识比较全面,所提出的人的本体性问题仍然是当前我们人权理论中的核心问题,只不过随着时代推进妨害人权实现的因素多元化后,人权体系更庞大、人类关注点更聚焦于具体人权事项和个案上。可以说,理性主义下的人权理论确立了人权是镶嵌于人的本质的,是在纯粹意义上对个人应有权利内容的阐释,而没有色彩过浓的功利计算和折中妥协的利益权变。

其特色也是其不足的来源,理性主义下的人权理论也存在三点局限性:第一,未形成确定的、独立的人权思考,而是被彼时的思想和法律制度分解为各种各样的法律权利,形成的是散见于具体规则中体现特定人地位的条款所综合而成的理论景观。第二,此间对人权理解是建于地理范围有限、社会关系简单的城邦国家基础上,利益关系的跨度较短,

---

[1] 李步云. 论人权的本原[J]. 政法论坛(中国政法大学学报),2004(2):10.

权利义务享有和承担的效果能即时地为主体所感知，仅希冀将之作为特定地理范围内政治共同体成员与其他自然因素、生理人的区分，其逻辑的必然结果是对拥有人权者提出生活的道德伦理约束性要求。第三，确定法律内容的人权被视为神性与理性的一脉相承，神性与人性、自然与法律是同质同构的关系，则后者当然地服从前者。不过这主要存在于哲学意义上，就实体制度而言的人权，只能说"任何相对地超越了这种'自然血缘关系和统治服从关系'，摆脱了这种'地方性联系'的权利，就可以看作人权的萌芽"①。总体来看，在宗教、道德、政治、法律高度统一的状态下，理性主义下的人权理论是以浓缩状态显现出来的。

二、自然法理念下的人权理论

继古希腊罗马之后的中世纪时期，人权所赖以存在的社会环境发生了重大变化，宗教与政治的张力开始出现，围绕之前的理性所形成的文化体系一致性发生了破裂。宗教战争、宗教凌驾于政治、教会尊崇地位至上所形成的时代特色，造成个人在世俗社会中实际生存状态倍受教会"边缘化"。在基督教经典《圣经》中，上帝派自己的独生子耶稣到人间拯救具有"原罪"的人类，并以耶稣之死换来人类获救，要求所有世俗国家、个人及社会共同体应信奉上帝，并确立了教会作为沟通人与上帝的法定中间体，从而形成了个人信仰上帝的前提下，个人对教会在物质财产、精神上的服从性，个人从之前具备理性的自信状态转变为上帝面前"迷失的羔羊"。

但是，中世纪史实清晰地呈现出教会以上帝之名行专制之实，通过对财产、教育文化等方面的垄断和专制，教会对那种仅区分于动物性的原生人性给予了残酷的压制，个人身体的安全、言论与思想自由都受到了严重的破坏。从法权的角度看，希腊哲学中对人性本质的思考和罗马法对市民的法律主体定位（后来授予外邦人公民资格后也包括非罗马城邦人）消失殆尽，在神权的面前，人权处于罪人的道德劣势和规则上的弱势地位，更为严重的情况是受教士把握的教会可以任意解释神意，实质上形成了教会将个人客体化的现象。而首先打破这一局势的关键性理论出人意料地来自教会内部的神学家托马斯·阿奎那。他在《神学大全》中"提出了一个问题：如果堕落不曾发生，人类仍然保持其原初的无罪

---

① 夏勇．人权概念的起源——权利的历史哲学［M］．北京：中国政法大学出版社，2001：75．

状态，是不是还会存在着一些人对另外一些人的服从"①，这一"假如上帝不存在"的理论预设彰显出返回人类自然天性的理论萌芽。

随后，欧洲文艺复兴与宗教改革正是顺着阿奎那在神权统治中剖开的一丝裂隙向下深入的，在面对个性张扬、人权外张与教会控制间的矛盾时，出现了哲学、文学、艺术等方面的一系列新主张，核心是"使个人重新成为终极关怀的基本单元"。而压倒骆驼的最后一根稻草是新教宣称个人可以直接与上帝沟通，使固有作为人与神沟通必需中介地位的教权开始式微。与教会地位动摇同步发生的是世俗君主对最高政治权力的声张，王权与教权持续发生冲突，最终国家政治主权终以资产阶级革命的形式确立了，从而结束了宗教高于政治的社会结构。在这一宏大的历史叙事之下，欧洲启蒙运动推动世俗权力恢复的新社会阶层所秉持的自由、公正等价值理念的树立，其对特定个人的意义在于：个人重新作为自己生命的主人。这破除了宗教对人权的强制，也瓦解了神性作为人性的理性主义基础。人权的本原需要重新定义，古典自然法学家们做出了不懈努力，与希腊罗马时期区分人与自然不同，此间人权理论针对的是教权对人权的压制问题，神权统治是其主要需突破的理论阻碍。

古典自然法下人权的理论原点从以往的上帝意志、神性，转换到人类社会内部的某种因素，此时的"上帝"已不是超验的不可知域，而是理性化、符号化、可计算、可通过人类认知所感受的，从而不再具有中世纪时期的神秘主义色彩，且正是自然法学潜在地以人的理性自足替代神的搭救，才导致了后来尼采宣称："上帝死了！"纵观人权元素在自然法理论脉络的发展轨迹，发现其与希腊——罗马文化、中世纪时期人权的品质完全不同，其所需要解决的问题和针对的对象已经转变为个人对政治国家干预的谨小慎微了，这是对为避免新生政治国家重蹈中世纪教会覆辙的必然逻辑结果。

古典自然法奠基人胡果·格劳秀斯认为自然法源于上帝的意志和人类理性，这虽然与理性主义存在相似，但他的理论重心更加转向市民社会内部规则与结构。他认为存在一些人需要遵循的基本规则，他们是不证自明的自然法规则，只能从性质上指向上帝意志，但从其内容上确实有关人类社会存续规律的内在认识，而没有去杜撰神的意志是什么。格劳秀斯将人在自然法规则中享有的权利视为是天赋的，而不去追问赋予

---

① ［爱尔兰］J. M 凯利. 西方法律思想简史［M］. 王笑红，译. 北京：法律出版社，2002：116.

者与被赋予者应当承担怎样的服从关系，将天赋权利作为既定的逻辑起点，理论视野转向赋予后如何在社会关系中运行的问题。可见，古典自然法下人权更多地以人类社会共同道德为基础，而非人类社会之外某种神秘意志，实质上神意已经被置换为符号化的人类需求了。个人权利从神权中分离而形成了自足而自在的状态，宗教从政教合一的地位被削弱为政治平行的文化部门。对于格劳秀斯所认为的那些不证自明的自然规则是如何生成的问题，古典自然法的后继者给予了进一步研究，主要有两种看法：一是霍布斯为代表"性恶论"，他认为人天生是自私、利己的，对自己的利益精于计算是个人参与社会交往的第一状态。为了抑制"一切人对一切人的战争"状态、维持社会整体安全，每个人必须让渡一部分自然权利给国家，由其作为共同认可的暴力集体性拥有主体，防止个人对社会安全的破坏行为。在霍布斯那里，自然法的首要原则就是要实现人际的和平，限制个人对自然权利的非理性使用，因此放弃部分自然权利也是自然法的要求。不证自明的自然法规则的形成动力，是对个性恶的抑制需求而引致的，它的内容来自个人权利让渡，人权在本原上体现为自然状态下的本初性权利，数量上体现为在保持社会安全程度内向国家让渡的剩余部分。二是以洛克为代表的"性善论"，他提出天赋人权，在自然状态下人是完全自由的，只是该状态缺乏协调自由间冲突的机制。故而，基于自然权利主体的同意而缔结社会契约，建立协调个人自由的中间性实体——政府。而政府本身要以保障自由、个人权利为目的，否则个人就有权利推翻它。洛克的自然法就是人们享受自然权利、天赋人权的规则，社会契约、国家建构都是补强自然法的手段而已，因此人权是自然状态下人的自然权利总和。

洛克所提倡的天赋人权成为资产阶级革命的政治口号，美国1787年宪法、法国大革命中的《人权宣言》，是将人权思想法制化的重大创举。但是，这并不意味着人权在早期的资本主义国家得到了良好的遵守，美国建国后仍然广泛存在奴隶制，而法国大革命并未遵从《人权宣言》的精神，革命派别之间残酷屠杀、军人政变的现象层出不穷。反而，随着启蒙思想影响范围扩大，国家绝对主权的强调让各国的统治者更加青睐霍布斯所倡的自然法理念，随着边沁提出功利主义思想，天赋人权逐渐被新崛起的统治者异化为法律赋予的权利。

不论自然法理念下的人权理论是基于性善还是性恶的理论潜设，都是在新兴阶级联手社会大众推翻教会统治后，在其内部形成的市民社会与政治国家的分权方案，形式上体现为"宪政""社会契约"，内容上体现为限制国家公权。虽然其自然法在实证主义的冲击下开始式微，人权理论在法学领域仍然取得了长足的进步，典型体现有二：(1)劳动者权利的保障，19世纪后半期欧洲兴起了此起彼伏的工人运动，迫使统治者在实体法中制定了劳动保护、最低工资等有利于劳动权利保护的制度，不论其是出于保护自身利益还是关注劳工问题，在个人被抽象为一种客体化的生产要素——劳动力后，劳动权保障成为这一时期人权理论的突出成果。(2)武装冲突法中的人道主义内容，西方主要资本主义国家在其统一战争(如德国统一战争)、殖民主义争霸等武装冲突中，形成了大量的战争法规特别是保护非战斗人员、战俘的人道主义规范，并在第一次世界大战后缔结了非战公约，这构成了国际人权法得以形成的规范资料。

三、国际主义下的人权理论

前两个阶段的人权理论均主要居于内国法的视域中，要么针对自然界、要么针对神权、要么针对新兴政治国家，虽然后两个阶段在欧洲史语境下具有一定的国际共性，但只是表明各国在人权事项上多存在同质性与共时性，而没有在主权国家间形成严格的以人权为客体的国际法关系。虽然在国际武装冲突法中有相关的人权保护条款，但其立法规模与保护力度都是有限的，至为关键的是在当时主权国家形成并逐步走向殖民体系、帝国主义的背景下，国际关系总体处于对抗和角力的状态，相应地，国际法律关系中居于主导地位的势必是国家利益，而不可能过多承容限制主权的人权关注。

(一)国际主义视野下人权理念的两大脉络

两次世界大战改变了国际关系的基本构造，各国反思战争教训后在人权理论上形成的主要成果就是在《联合国宪章》《世界人权宣言》中对人权作了如前的规定，这些条文具有明显的"天赋人权"色彩。人权理论再一次回到了洛克所提倡的自由主义人权理论框架下，但在关系范畴上大大超越了以往以国家对国民负保护义务的模式，在主权国家间构筑起了直接的人权性法律关系。因此，国际主义下的人权理论就势必形成两条发展主线：国家——国民间的人权关系、国家——国家间的人权关系，而后一对关系范畴则是以工业革命后，一部分国家压榨和掠夺另一部分国家为事实基础。

一方面，在国家——国民关系之上，全球共识性的人权理论已具备条约法的明确规定。各国除在联合国成立文件及《人权宣言》之外，还相继缔结了《公民与政治权利公约》《社会、经济与文化权利》公约，在国家如何保护国民基本人权、人权类型与范围、违反保护人权义务所承负的国际法责任等方面形成的国际通行规则，甚至当前主要的国际强行法、国际性罪名均指向侵犯人权的行为（如种族隔离），这筑成了国际人权法的主体框架。特别是在20世纪60年代发展中国家大量独立的背景下，"增加的国际法主体远远超出欧洲的范围，以欧洲为中心的国际法律秩序改变了"①，这形成了人权理论发展的新动力。

另一方面，在国家——国家关系上，由于工业革命后国家间发展的历史，发展中国家的集体人权、先进国家的法定性援助义务等问题成为人权理论新推进的体现。新独立国家意欲矫正殖民时期的后遗症，自然主义下的个人人权开始向注重南北国家利益平衡的集体人权发展。本质上就是将特定发展中国家作为一个人权主体加以审视，在公民政治权利、经济社会文化权利基础上，形成了发展中国家的集体人权——"发展权"。在此之前，人权所潜含的义务对象主要指特定人所属的国家，其政治、经济、文化、社会方面的权利是需要所在国家及其政府通过积极作为或消极不作为，给予保护或避免干预。但在"欧洲中心主义"的世界格局中，这种人权的特定语境被打破了，广大亚非拉美国家成为西方国家的殖民地，成为欧洲国际法所形成的国际秩序的牺牲品，殖民地国家的经济资源被组织化地抽取到发达国家那里。"二次世界大战后纷纷独立的国家，其人民所具有的人权绝不是从新国家那儿获得的，而是在新国家出现之前已具有的"②，新政权已经没有满足其人民生存、发展需要的物质基础，人权保护条件的匮乏根源于旧国际秩序下发达国家的暴力掠夺。因此，发展中国家人民就要以国家为单元，以所属国主权者为代表，向发达国家索回本属于自己生存发展所赖以存续的资源，并要求其补偿既往破坏对未来可得利益造成的损失。理性主义、自然主义时代个人对所属国家当政者的人权保护主张外，增加了发展中国家通过所属国在国际关系上对发达国家提出人权保护的诉求，形成了国际主义下的人权保护理论。它在继承前有人权理论基础上，发展出了集体人权——发展权的内容与保障方式，联合国大会（34/46号决议）于1979年确立了发展权作为一项人权的法律地位，1986年联大通过的《发展权利宣言》（41/

---

① 邓正来．王铁崖文选[M]．北京：中国政法大学出版社，2003：31-32．
② 徐显明．人权的体系与分类[J]．中国社会科学，2000（6）：96．

128号决议）对其各方面的内容进行了细致的诠释。

（二）国际主义下人权理念的新内容

全球化时代的到来呼吁在人权保护上形成全球伦理，即"对一些有约束性的价值观、一些不可取消的标准和人格态度的一种基本共识。没有这样一种在伦理上的基本共识，社会或迟或早都会受到混乱或独裁的威胁，而个人或迟或早也会绝望"[①]，人权理论因而具有了三方面的新内容：

一是，人权的主体和客体都极大扩张，人权内容也不再限于个人的人身、财产利益，而向着更大范围延伸。之所以人权理论会在国际合作与全球化阶段获得新发展，是因为促成国际化的动力中，夹杂着工业革命后国家间不平衡发展的特定背景，既有先进国家对发展中国家的制度影响，也有前者对后者过往伤害。而在此背景下，一方面，人权的主体获得了极大扩张，对拥有政治和经济社会文化权利的个人范围方面，不再限于具有特定身份个人才能获得权利保障，在财产、社会地位、教育水平等条件方面处于劣势地位的人也取得了平等的人权地位，如有色人种，且不再限于对个人人权的保障，除了在内国视角下国家保护公民的政治、经济社会文化权利之外，个人所组成的群体、国家也成为集体人权的新主体，既包括国内的特殊群体（如少数族裔、土著社区等），也包括发展中国家整体作为集体人权的权利主体。另一方面，人权的客体也获得了极大扩张，不再限于私权的保护，而对那些公共性问题，对无法界定产权边界的共有资源也形成了人权保护的国际规则，特别是全球性环境危机下对自然资源与生态环境的保护成为新的人权法律客体。这样的扩张是对理性主义、自然法观下人权的延展与重构，是基于个人、群体、国家基本需求而强硬回击不公平国际法秩序的产物。

二是，国际主义的视域形成了新的人权保护义务主体类型。理性主义下的人权理论侧重于提出人际交往的道德律令，相应的人权保护势必指向与权利人群体生活的同伴，要求彼此之间互相不攻击而保持克制。而自然法理念下的人权制度的基本理念是防止国家的"恶"，限制公权力、责成权力者提供诸如"守夜人"等国家服务，或者在随后的发展中，要求提升国家保护的范围与力度，但其义务主体主要为个人所属之国家。

---

① 孔汉思．库舍尔．全球伦理——世界宗教议会宣言［M］．何光沪，译．成都：四川人民出版社，1997：12.

国际主义下的人权保护者不再限于个人所属的主权国家，其保护模式超越了主权者对国民的保护，呈现出一国对他国国民、一国对他国等多样态的保护关系，人权义务人负担的范围已经跨越国家的地理范围，既形成了每个国家都必须加以保护的人权事项（如反击恐怖主义），也形成了部分负有历史责任的国家对之前的行为，承担补偿性保护责任方式（如官方发展援助）。

三是，人权保护关系成为国家间的法律关系，而非道义上的国际关系，相关的人权理论已为条约法、国际习惯、国际判例等渊源正式确认。以经合组织的成立为标志，正式形成的南北国家间稳定的保护与被保护关系，也可以称为国际法权利义务关系。虽然将《公民政治权利公约》和《经济社会文化权利公约》的既有规定，直接运用于气候变化存在一定的困难，但由于后一公约和《联合国宪章》中规定的国际合作义务，为国际人权法运用于气候变化领域提供了主要依据[①]。本书所研究的国际气候资金关系，正是在这种国家的合作义务框架下，探索资金问题上具体合作方式的科学建构问题。确切说来，发展中国家及其国民的人权受损或受阻并非由自然原因或者其自身原因所致，而是殖民体系为代表的旧国际经济政治秩序的产物，是该体系下对发展中国家经济资源的掠夺、发展机遇的挤压而形成的，不仅直接造成了发展中国家的损害，更重要的是破坏了其发展的潜力和机会，使其丧失了应有的发展空间。至今，发展中国家为满足本国人民生存发展需要，要求发达国家提供经济援助，要求其在应对共同的外部威胁时（如气候变化）首先采取行动，并承担更大的责任，这是今世人权保护理论在现实中的必然要求。这样一来，人权以个人基本生活关系为纽带，扩展到了在个人、群体、国家间关系上综合发挥效应的模式上。

四、人权理论对国际气候资金法律制度的理论指导意义

人权理论三个主要发展阶段是递进发展的，希腊——罗马文化中的人权理论提出的是终极性问题，而后两个阶段是随着时代的发展对这一终极问题的全新解答，它们的共性在于围绕人（包括个体的、群体的、国家的三种组织形式）的生存发展需求展开。而迄今为止，对人类影响层次最高、影响的综合性最强、牵涉面最广的就是全球气候变化问题，

[①] John H. Knox. Climate Change and Human Rights Law [J]. 50 Va. J. Int'l L. 163 (2009).

它涉及所有国家的个人、群体及国家生存发展基本环境条件,但人权的国际保护又面临主体与客体不对称的问题。人权保护的基本单元是主权国家,而气候系统则全球一体,任一损害行为的后果都具备全域性,气候变化对国家安全、人道主义、健康权都造成了冲击[①]。

人权理论对应对气候资金问题的理论解释力在于:国家应当保护国民的人权,先进国家应当保护发展中国家的集体人权,是故出于人权保护的目的,主权国家间应按照一定的结构联合为气候行动共同体,气候资金就是其中最强的"粘合剂"。从不同国家受气候变化影响及应对能力的差异性来看,气候变化之上全人类形成的生存连带关系中,发展中国家是薄弱环节,国家间的不平等也是共同性气候行动应当克服的主要矛盾。由于气候效应正使人类社会遭受严重的人道主义危机,在可预见的未来这种危机只会加重,而不会自然地减轻,因此保障处于最贫困、受气候效应最严重、抵御气候变化能力最弱地区的人群的生存和发展,不论其国籍、身份、性别、宗教信仰等个体因素,是人权理论对国际气候资金法律制度的客观要求。

一方面,人权理论是国际气候资金法律制度得以产生和发展的根本动因。发展中国家通过消除贫困、推动经济社会发展来保障国民人权时,逐步构建完善的产业体系和创造有力的生产方式是关键,自然资源的使用特别是能源利用是核心问题。但在历史上这些国家不仅工业材料和能源被掠夺,且发达国家使用掠夺来的资源时无节制地排放了大量温室气体,致使气候变化的出现,造成了发展中国家发展时继续排放的环境容量不足,急需获得少消耗、不消耗环境空间的清洁能源,提高对化石能源的利用效率,增加森林、草地等具有固碳、吸碳功能的汇(库),改变农业生产对土地的利用方式,才能有利于缓解气候危机,同时也避免陷入气候变化破坏效应最大受害者的命运。显然获得这些能力是超越现阶段发展中国家的固有能力的,也增加了其当前为满足本国人民基本生存、发展需要的时代任务,客观需要与主观能力间差距与发达国家历史掠夺、排放行为存在因果关系。发展中国家以气候友好方式推动发展来保护本国人权,发达国家提供其实施气候友好发展模式的增加费用也是必须的,获资权是在气候变化背景下发展中国家集体人权的构成内容,它是人权理论在气候领域的发展成果。

另一方面,国际气候资金法律制度的设定与运行,要始终围绕保护

---

① 杨泽伟. 国际法析论(第三版)[M]. 北京:中国人民大学出版社,2012:129.

人权为主轴来展开。发达国家向发展中国家提供的气候资金，终极目的是通过保护其国家发展权来结成气候利益共同体，在国际法律制度层面赋予发展中国家获资权，是人权保护对国际气候资金法律制度定下的逻辑原点。只有保持获资权在基础性法律关系上得到发达国家在供资全过程的切实尊重，才能在结果意义上满足发展中国家减缓、适应气候变化行动最为急迫的资源需求。但是，气候资金链是建立在近200个不同国家之间的，在整个资金传递和运营环节产生法律性质扭曲、供资效果偏离的影响因素繁多，因此不仅需要国际法对获资权做出一般性的规定，还要求其建立起对发达国家供资义务履行的信息、行为标准的法定监督机制，对其违反供资义务的行为给予否定性评价。否则，搭建南北国家间应对能力差异的气候资金法律制度，就徒具纸文之形式而无实际法效之功。

第二节　全球治理理论观照下的国际气候资金法律制度

以法律手段保障人权最终要实现于特定主体的行为之中，参与国际问题解决的主体传统上主要是主权国家，国际法从产生那刻起即旨在缓和战争紧张、实现国际和平。这种威斯特伐利亚和约形成的国家体系传统，在全球化来临的时代发生了重大的变化，因为此时和平的钥匙已不仅是掌握在国家手中，而需要各国的社会各阶层共同参与方可达成。"全球化是一种政治、经济、环境、文化、法制等各个方面的趋同化，趋同化的结果是使结构涣散、处于无政府状态的国际体系朝有序化的方向发展，从而使国际社会的'社会化'程度不断提高"[1]，固有的以地理界分形成的国际性理念必然上升为地理与历史认知的全球化认识，主权国家内部涉及国际化的因素将会跨过政治主权而进行一定程度的重整。所以，全球性问题不能单纯通过国家意志间相互协调得到充分解决，面对气候变化威胁时，在行为关系与利益追求上，调动资金对之加以应对时必然从地理上的界分跨越到"你中有我，我中有你"的高度融合的全球化状态中。20世纪八九十年代起兴起的全球治理理论，为认识当前全球问题及其破解路径提供了新的理论武器。

---

[1] 刘志云. 论全球治理与国际法 [J]. 厦门大学学报（哲学社会科学版），2013（5）：90.

一、全球治理理论的生成原理

全球治理由以"华沙之跪"而闻名全球的西德前总理维利·勃兰特（Willy Brandt）在 1990 年提出，尔后 20 多名各国前政要发起建立的联合国全球治理委员会在 1995 年发布了报告《天涯成比邻》（Our Global Neighborhood），在其中对全球治理进行的全面阐释被公认为是该理论产生的标志。该报告将"治理"定义为"是各种公共的或私人的个人和机构管理其共同事务的诸多方式的总和"[1]，全球治理则是针对各类全球事务而形成的治理格局，指的是"通过具有约束力的国际规制（regimes）解决全球性的冲突、生态、人权、移民、毒品、走私、传染病等问题，以维持正常的国际政治经济秩序，包括价值、规制、主体或基本单元、对象或客体、结果五个方面的要素"[2]，从这样的定义中可以看到，相较传统的以国家主权的主体性为逻辑起点来定义国际法关系的模式而言，全球治理更倾向以国际法客体——即各类国际事务——为定义的原点，倡导围绕特定客体来组织所有主体资源，促进所有规则形式的有效实现。之后，2000 年联合国千年会议通过的《联合国千年宣言》提出在"确保全球化成为一股有利于全世界所有人民的积极力量"时，保持全球团结等方面的决定和安排，在行动计划上进一步地将全球治理思想与各国行动通过联合国这一最广泛的国际合作机制结合起来。

虽然全球治理理论是晚近形成的新思想成果，但它并不是无本之木，而有着丰富的理论和实践渊源。全球治理首先是国际政治学上对国家关系的新认识，是指导各国在全球化时代缓解冲突、保持和平的思想，在理论精髓上接续了国际法维护国际和平的一贯价值追求，与之前的所有国际法理论追求相同，都是针对当时当地的国际事务中冲突摩擦的特征而形成的，目标都在于缓释导致冲突的因素而达至和平，可以说全球治理理论是"维护和平""国际治理"的当下表达，但是该理论的创生也有其产生的事实基础，体现在三个方面。

---

[1] ［瑞典］英瓦尔·卡尔松，［圭］什里达特·兰法尔. 天涯成比邻——全球治理委员会报告［M］. 北京：中国对外翻译出版公司，1995：2.
[2] 俞可平. 全球治理引论［J］. 马克思主义与现实，2002（1）：25.

（一）全球治理理论兴起的国际关系基础

全球化进程导致了全球性问题出现，是全球治理理论得以存续的现实基础。商品、人员、资本的流动规模扩大和频率加快，放大了固有国际关系的负面因素，并出现了许多新形态的国际问题，超出了特定国家能力，主权者间的协调无法适应全球化背景下面临的共同问题。较以往的国际问题而言，全球性问题的形成源、作用力流向、影响范围（如气候变化、海洋污染等）等无法归于特定国家及其国内主体，其破坏力直接及于全球整体利益。这在传统国际关系行为准则中无法归责，也就不能做出有力的应对，因此国家主权垄断国际事务处理的旧模式需要改变。

这就意味着需要全球治理理论协调的国际关系类型更为复杂，不仅包括固有的主体国家间关系，而且涵括了与特定全球性事务相关的亚国家实体、民间团体、私人间的利益关系；不仅是国际主体间的关系，而且其关系协调的结果要符合人类与气候系统间关系稳定的需要，人与人、人与自然的关系都可能纳入该范畴。

前全球化时代的国际法，主要是维护主权国家间的和平关系，其难点在于国家间冲突事务的多元性，特别是在战争冲突、冷战时期国家间关系特别脆弱，并掺杂着政治集团、宗教因素等的干扰，但可以肯定的是此时的国际法关系必定仅存在于国家之间。国际社会主要依靠威斯伐利亚合约形成的国家体系得以实现，针对特定国家自己无法单独解决的问题，只需能代表国家的机构、个人通过国际合作机制协调国家意志即可，无需亚国家实体和超国家主体以国际法主体身份直接参与，国家意志是形成全球秩序的动力原点。该模式的自足性及其调整国际问题的有效性，乃是因为此时造成国家关系紧张的事实（诸如武装冲突等）多产生于国家的交互关系中，一国利益受损往往直接源于彼国行为。当然，矛盾的破解方法也就居于主权者意志与能力之下，故而主权者之间的协调则能保证所有国家间的和平。

（二）全球治理理念兴起的法律客体基础

需要纳入全球治理所协调的事务——国际法中的客体因素——具有远超越于主权国家间事务的广泛性、多样性，且形成了全球治理理论在协调手段上的创新特征，但这些手段不能是无章之举，而是要在多元参与基础上形成新的治理秩序。这是源于在经济全球化带动下，特定国际事务的解决大大地超出了主权国家可完全操控的范围。国家应对这些全球性问题的乏力与局限，反过来又使这些问题积累起来，形成更为严重甚至变成巨大的全局性危机。

因此，主权国家之外的其他主体参与特定事务是不二选择。例如针对诸如气候变化、全球网络安全等国际性公共问题的应对方案，主权者能力与和平危害因素间的平衡关系已被打破。但在国际组织、国家、亚国家实体、民间团体、企业、个人围绕特定客体形成的利益格局下，应进一步理清由谁来主导、各自在其中怎样分工的问题，否则非国家主体一拥而上地参与会形成新的失序现象。这就需要全球治理理论在多元主体之间形成合理的法治秩序，对不同主体行为的法律性质、行为模式、行为后果做出法定性评价，如在气候资金提供的渠道上，公约体系下气候基金的供资与世界银行下碳基金的资金在性质上就存在不同，而私人企业在新能源行业进行的国际商业性投资则很难认定为国际法上的气候资金。虽然应对气候变化行动需要公私资金通过各种渠道参与，但是如果全球治理理论不能在国际法层面上根据不同资金的内容与形式依法规制，气候资金的法律框架将毁于一旦。所以，全球治理理论不仅要激活非国家主体的参与热情，还要对非国家主体与国家间、非国家主体内部间的国际法规范进行整合，才能形成治理型国际法律秩序。

（三）全球治理理论兴起的主体能力基础

全球化时代的技术、交往行为模式带来的全球意识，使个人具有了关注全球的视野和参与全球事务主动性，成为推动全球治理理论的形成动力。现代技术特别是信息技术的不断创新及其在全球范围内的扩散，使个人能更加充分认识世界上各方面的信息，主权国家主导信息流的模式被修正，处于国界之上的信息隔离墙轰然倒塌。罗尔斯的"无知之幕"被刺破，处于世界每个角落的人开始感受到自己在世界、所属国家中所占据的地位，对自己归属于哪个社群、在其他国家是否有类似群体存在，具有了更加充分的认识。这改变了个人对自己行为后果的基本预期，从而改变其基本的行为模式。

在此基础上，个人具备了参与到日常生活之外的交往关系的能力，其行为也会主动地模仿全球范围内其他人的行为模式，去评判它国范围内事务的正确与错误，并据此对自己所属国家、社群在其中能发挥的建构作用提出设想。更为重要的是，认识视野的扩大能让个人更加清晰地认识到全球性问题中的因果联系，辨识危机出现的自然、人为原因及二者间相互关系。特别是认识到人类自己滥用科学技术、无节制消费行为，导致的"自作恶"式危机，个人对全球化、现代化条件下的"风险社会"的由来和破解路径形成了全面认识，由是形成了以己之力融入组织体，参与应对全球性问题的主动性。个人参与全球性问题解决的可能性和内在动力汇集为"全球意识"，针对国际性问题而全球动员的多主体参与模式突破了国家主权体系，多层次的参与途径超越了国家间主权意志协调解决所有国际问题的模式，化解问题的具体手段也就会呈现出新特征，国际关系、国家内主体间关系都呈现出新形态和新面貌。

二、全球治理的价值目标与效力机制

"治理指的是一种由共同的目标支持的活动，这些管理活动的主体未必是政府，也无须依靠国家的强制力量来实现"[①]，全球治理与国家主权体系相似，也要通过达成化解国家间冲突、保持国际和平关系的目标，来形构合理的国际秩序的基本价值，这是所有人类管理自身事务的行为范式的共性所在。全球治理意欲维持某种秩序的价值目标，于满足国际关系主体的需要而言，它与主权者缔结条约所达成的效果是同质的，也与格劳秀斯将国际法视为自然法的思想一脉相承。它的思想渊源可追溯到古罗马斯多葛学派的世界国家主张那里，它"反映了人们对治理世界的最初设想，试图通过自然法则来规范世界秩序，或者建立一个强有力的世界帝国来统治世界，以实现人们所期望的和平和正义"[②]。但是，全球治理的价值目标也具有特殊性，这是源于全球化背景下影响人类秩序的因素在质和量方面都趋于复杂化。全球秩序所力图形成的和平关系，不仅存在于主权者之间，也存在于亚国家主体、超国家主体相互之间。全球治理价值目标的特殊性表现于如下两方面。

（一）多元治理主体的互补与冲突

非国家主体成为独立的价值评价主体，它既可能补充主权者不及之处，也可能与主权者产生价值抵牾与行动紧张。许多全球性问题处于主权者能力不及之处，如全球性的环境危机，各国政府所掌控的公共资源不足以既满足本国需求，又兼顾全球需求，任何国家应对不力都会瓦解应对得力国家的行动效果。这需要主权者间更加高度一致的行动，防止少数国家在应对全球性问题时"搭便车"，通过国际援助弥补部分国家自

[①] 俞可平. 治理与善治 [M]. 北京：社会科学文献出版社，2000：2.
[②] 邵鹏. 全球治理理论与实践 [M]. 长春：吉林出版集团有限责任公司，2010：57.

身能力的不足，才能保持整体一致性的效果，更要调动国内的个人、企业、其他组织和国际实体所掌握的资源，将其与主权者力量合并起来共同解决问题。

从这个意义上讲，非国家主体的价值目标能够补充主权者在经济资源、信息和行动能力方面的不足，作为全球性问题解决中与主权者并行的主体力量，一定程度上具有了国际行为的独立主体地位。

但是，非国家主体从国家主权体系中分离出来后，也可能反过来制约国家主权，因为主权者的行为标准——国家利益可能不被非国家主体接受。对个人、企业和国内其他组织等非国家主体而言，辨别自身在全球化时代利益的标准可能具有更大的自足性，并且会与其他国家同类保护行为的实施情况及其效果相比较，一旦其认定本国主权者没有完全达到自己的期望，或者与其他国家的做法存在差距，则可能会做出与政府行动相悖逆的行为，如1999年WTO的西雅图部长会议就因为美国国内反自由贸易者的示威而草草收场。超国家主体（包括政府间国际组织、跨国性公民组织）多按照自身成立的宗旨和治理规则行事，协调成员国间的相互行为，同时也对它们的主权形成一定程度的限制，甚至在个别情形下对非成员国也形成一定的限制，如消除臭氧层消耗物质的《蒙特利尔议定书》中要求不得与非成员国就限制性物质、相关技术和原料进行国际贸易。此外，也有许多全球性问题纯属跨国性的私人事务，行为的实施与效果的呈现无需主权者具体介入，但主权者行使对内最高管辖权势必就会与非国家主体的自在性要求发生冲突。

（二）主权者"默许"是治理主体间效力的链接因素

主权国家对非国家主体行为的"默许"，成为多元治理主体合作关系的枢纽点。特别是在国际气候资金法律制度中，虽然多元主体均可成为供资主体或参与供资合作，但其最终是否达到为发展中国家提出"新的、额外的"资金的效果，则是发达国家义务履行的评价问题，其国家的亚国家实体、民间团体、企业、私人等的行为是否可归于所属国家的行为，如果可以，是否符合公约体系对气候资金的限定条件，如果部分符合时又如何评价？这就取决于在全球治理的宏观框架之下，国家与非国家主体行为在效力上如何链接的问题，主权者对其所属非国家主体行为的默许是核心因素。

全球治理的出现并非取代了国家主权体系的作用，而应当是加强后者在全球化时代对国际关系新格局的适应性，非国家主体、非主权者协调路径、非国家性行为的治理工具的出现，是建立在主权国家关系本身运行效果不减退的前提之下。"全球市场和跨国组织在本质上与传统的国家领土观念是相冲突的，资本的全球流动和跨国公司的全球活动客观上都要求冲破领土的束缚。当经济全球化与国家的领土发生冲突时，传统的领土观念正在越来越多地让位于经济全球化的要求"[1]，但是应当铭记的是：非国家主体数量增加、活动范围和影响力扩大，得益于媒体和信息技术革命，早期参与国际法的非国家主体主要是地中海政治实体、宗教机构和商业企业，如东印度公司和其他典型的殖民地建立参与机构[2]，是殖民主义开启了非国家主体参与国际关系的大幕。

全球化时代新治理主体、渠道、手段等出现，最终也要接受国际法对行为效果的检测，也要得到一个确定的国际法评价，在多数具备行为评价效力的国际法渊源上，主权国家仍然是主要的受评价者、最重要的责任者。例如 WTO 规则虽然大量规定了企业、个人等贸易主体的权利义务，但其最具约束力的贸易政策审查机制与争端解决机制都最终由主权国家来承担制度负担。因此，非国家主体治理格局下不能脱离与主权国家间的关系，这种关系表现有两种：（1）非国家主体能否参与治理、参与程度及其效果，取决于所属国家（亚国家实体）、成员国（超国家实体）的默许及为其提供的参与平台、创造参与条件。也就是说，主权者在面临纷繁复杂的全球性问题时出现无需亲身参与、无力应对的情况时，是否会授权、放任其所属的非国家主体积极作为，而不对其加以干预。于此，当该国家这些行为与自身履行国际法义务联系起来时，其要保证此类非国家行为达到相关国际法对履约行为的法定要求。所以，主权国家要为默示非国家主体行为承担责任。（2）全球治理的成功在于公私主体达成合作关系，主权国家间法律秩序是非国家主体参与治理的前提。全球国家间法律关系良好运转，为其他事务的治理提供了安全的公共产品，而非国家主体治理的主要阵地应当是"非主权性事务"，主权者充分履行其国际义务、在国际关系中发挥主导作用是全球治理秩序中的"干货"。如果主权者以全球治理为由，将自己的固有义务推卸给非国家主体，或者在其出现后降低其国际义务履行程度，则全球治理就会失灵。

---

[1] 俞可平. 经济全球化与治理的变迁 [J]. 哲学研究，2000 (10)：19.
[2] Jolene Lin, Charlotte Streck. Mobilising Finance for Climate Change Mitigation: Private Sector Involvement in International Carbon Finance Mechanisms [J]. Melbourne Journal of International Law, 2009, vol 10 (1)：70—101.

因此，全球治理要充分发挥作用，必须明确非国家主体作用领域在于补足主权者的不足，将这种视野落实到民族国家之间，应当注意到当前亚国家实体主要来自发达国家，超国家实体也主要由发达国家主导。全球治理作为对威斯特伐利亚体系的超越，在于其打破所谓的国家主权的形式平等，弥补发展中国家在全球意识、全球行动参与能力的不足。若大国以全球治理为由退到幕后而将非国家主体推到前台，就是全球治理被用于推卸发达国家责任、削弱发展中国家获资权利的手段。

三、全球治理对国际气候资金法律制度的理论指导意义

国际气候资金是全球治理理论运用于国际法实践的典型领域，在其之上形成了由主权国家、环保性政府间国际组织、非政府间国际组织、民间团体、私人企业等构成的多重治理关系。这些互不隶属的主体关系，围绕着一个核心问题：如何为发展中国家形成减排的动力，在未来几十年间，全球排放增长量的80%将由这些国家带来，缺少其积极参与气候问题的治理是无法取得实效的[①]。因此，公私主体间多重关系相互促进，是促成资金纽带联结南北国家的减排行动不可或缺的要素。

（一）全球治理对资金关系建构的理论指导

由于公约体系对资金来源、供资关系渠道采取了宽泛的"授权条款"，形成了当前在国家间蔚为壮观的气候资金流，同时也形成了内容不一、权利义务约束力差异化的复杂法律关系结构。所有供资关系上所传送的资金都是为应对气候变化行动，但哪些资金属于公约体系认可的气候资金，哪些是以气候之名进行的商业性投资而未对发展中国家形成"新的、额外的"资金增量，是需要仔细甄别的，只有通过全球治理理论才能解释供资关系百花齐放但紧扣资金法律属性的问题。全球治理对公约体系下建构复杂的国际气候资金法律关系的理论指导体现为四方面：

第一，对多元治理主体地位及其互动关系的理论指导。公约体系认可的供资主体包括但不限于各国政府、私人主体以及公私合作伙伴关系实体，官方性主体与私人性主体也存在互动关系。主权国家承负的供资义务还包括发展援助与贸易援助等经济性援助义务，臭氧层与生物多样性等其他国际环境法框架下的供资义务，气候资金只是其中的一种，且

[①] Michael P. Vandenbergh, Mark A. Cohen. Climate Change Governance: Boundaries and Leakage [J]. 18 N. Y. U. Envtl. L. J. 221 (2010).

与其他减困、环境治理用途存在配合、重合的可能；非国家实体也运营着商业性国际投资以及其与援助相结合、慈善捐助等不同资金，如世界银行下国际金融公司等吸收私营资金进行气候方面的投资活动。所以，公约体系下合格供资主体也可能实施法律性质不明的资金行为，隶属于其他国际法体系的资金关系与气候资金可能交叉叠合、无法分离。

但是值得注意的是，供资义务是发达国家承担的国际法义务，全球治理的适用虽能使非国家主体参与，但也要鉴明其参与行为、参与程度在何种条件下才能视为发达国家法律义务的履行。换句话说，发达国家通过"默示"而与非国家主体形成治理合作关系，这种超越威斯特伐利亚合约的国际机制所形成的治理效果，怎样才能归功于发达国家，这就需要全球治理理论对气候资金法律关系中的要素给予进一步阐明。

根据全球治理理论，国家与非国家主体都是参与应对行动的适格主体，而不同主体行为离治理目标的达成有所差异，各自行为效果对发展中国家资助贡献也大为不同，是故治理性国际气候资金法律关系在目的、效果上可以得到分别的说明，下面章节在阐释供资渠道时将对大量利用该理论的方法进行展开。

第二，对供资方式的适格给予理论指导。当前各类主体提供气候资金的方式包括赠款、优惠贷款、项目投资、金融担保、特殊贸易措施等，各类供资工具的成本、对价、资金可获得性等方面都大相径庭。特别是那些部分性优惠、基于项目成果为基础的资金提供，是否是由履行公约而形成的增益性资金流，存在严重的法律合理危机。

全球治理的理论可从资金规模扩展与资金性质甄别两方面，对其加以理论性说明，在公约体系"授权条款"的范围之内，扩大用于发展中国家应对气候变化行动资金流动规模，无疑是首位的，其所对应的是公约体系产生前无专门气候资金流的情势，多元主体首先加入治理的全球行动中，显然是该理论对气候资金关系的先导性要求。在资金规模、运营经验、项目管理方面取得初步成果后，再从治理的内部关系层面解读不同主体行为的不同效果，才能既不违反资金运营的经济规律，又能体现国际法拘束力的规制策略。可见，全球治理理论既从内容上，又从实施策略上对国际气候资金关系的构架与落地提供理论指导。

第三，对供资渠道的合规性加以理论指导。当前，参与到气候供资行动的资金机构包括公约体系下四大专门基金、世界银行集团、全球环境基金、联合国开发计划署与环境署等，已形成了多元的气候资金供资渠道。从主体对资金决策的影响力来看，由于资金源起点主要是发达国家，其在这些资金机构中的组织地位各有差异，如世界银行集团中发达国家对其所供资金的利用主导权更重，而在公约体系下的专门基金决策机制中发展中国家的意志体现得更为突出。从国际组织设立文件中的授权情况看，几类主要供资渠道的气候属性均不相同，其主营业务对发展中国家的供资在单向性上区别不大，但在是否具有优惠性及其程度上则大相径庭。

以全球治理理论的视角观之，它们都是公约体系授权的适格渠道，其所经手的资金存在程度不同的气候属性，因而以居于治理目标中心的公约体系约文及其所属专门资金机构为逻辑起点，由内而外地厘清公约体系与其直接授权机构、直接受委托机构与其再授权机构、最末端一层资金机构与发展中国家间所构成的资金法律关系传导过程，审视由各对关系间合作文件形成的供资链条来认定其法律属性，方可形成对渠道合规性的清晰认识。总体上看，全球治理对供资渠道的理论指导主要体现于治理目标确定后，不同渠道中的国际机构间承递关系，由核心机构向外部机构逐层分解，在某一分解步骤上供资行为与治理目标的违逆，合规与不合规的界限就能厘定。

第四，对资金去向的有效性加以理论指导。气候资金最终的"落地"体现为资金注入发展中国家内的新能源领域、能力建设、森林管理等气候变化减缓、适应行动等若干行动计划及项目之中。一方面，由于减缓是面向未来排放的削减，其所实施的领域必然系于工业体系下诸领域，它们同时也是经济利益集中的部门；并且，有约束的减排要求基数的合理设定，根据配额分配"祖父条款"的做法，主要排放国、排放源企业必然在未来会获得更多的排放指标，特别是在2020年国际减排协定尚未生效的背景下，可能出现做大基数的情形，这也是从多国将《京都议定书》之前以1990年为基数年修正为"2005年为自身减排任务基数年"现象中得到的启示。所以，基数设定与额度控制方面减缓领域都存在巨大的经济利益，它们同时也是一国或可操纵或可单边能动干预国际法实施的领域，资金活跃度高。

另一方面，针对过去排放已造成气候危害的适应行动而言，需要气候资金的领域多为防灾减灾、农业基础设施等投入多、回报低的公益性项目，公共产品或公共服务的特征突出，正外部性强；同时资助对象多具备明显的地方性特征，资金使用易受当地因素影响，且受资项目的市场流动性不高，资金使用的刚性较强。因而与减缓资金相比，适用计划与项目对气候资金的吸引度处于劣势也就不令人吃惊了。但是，适应行动更为贴近当前已受气候影响情势下的迫近需要，且今日的适应就是昨日的减缓残余问题，是阻止继续性排放积累为未来危机的"防火墙"。某种意义上讲适应是为减缓善后的环节，以人权保障位阶的顺位，气候资金应当优先用于适应行动，但供资实践却呈现出相反的趋势。

以全球治理理论视角审视减缓与适应两大资金去向，二者间所占资金比例协调、地区分布均匀，才能确保资金利用后能有效地减少已有温室气候的负面效应，改善预期排放形成的未来性破坏效应。因此，该理论对发达国家及其所借以供资的资金机构在减缓、适应间进行经济回报的比较持否定的态度，其必然要求这些主体以全球气候利益的实际需求出发调配资金的供给。相应地，以此理念为指导的国际气候资金法律制度体系应当减缓过度倾向，限制在能源、交通等行业内以气候资金为名而进行的商业性投资，归属于公约体系的定性时使用严苛的标准；对流向适应行动领域的相关资金——不论公共或私人性质——在法律性质确定上适用更宽松的标准。对两个领域内资金是否属于发达国家履行供资义务行为，适用不同的认定标准和原则，以全球治理指导具体资金对气候问题解决有效性的方法，发挥其对资金去向的理论解释力。

（二）全球治理对扩展资金制度效力范围的理论推进

全球治理理论对指导国际社会在扩大资金量、丰富资金关系内容与层次方面具有重大的意义，特别是调动私人、国际组织力量弥补主权国家不足的效果尤其明显。在涉及重大政治事务、国家利益冲突时，非国家主体在信息占有、能力保障条件上，具有独立于主权国家的特性，甚至在某些方面具有超越性。

私人性主体参与全球气候治理时，自身占有大量资金资源，特别是养老金运营实体等机构投资者。赋予其利用已有资金运用于气候相关领域的行为以国际法效果，给予其在经济利益关系之外一定的国际环境法律地位，既是弥补主权者资源有限的手段，更是构建气候利益共同体的必然一环。私人性主体特别是能源等行业的跨国企业，是密切接触减缓、适应经济活动的具体主体，他们较主权者更了解应对行动与经济发展关系中主体行为的利益盈亏点，国家的任何应对行动最终要分解为私人性主体的各类行为。使私人性主体直接参与国际法关系中来，直接赋予其私人行为一定的国际法效果，是国际气候资金法律制度中重要组成部分，也是越发倚重的方面。

此外，发挥国际组织在资金链中的筹资运营功能也是全球治理的重要指向，发达国家的供资要切实注入发展中国家具体项目运行中，需要有联通南北国家意志的中间主体。发达国家供资谨慎且意欲保持资金主导权，发展中国家用资需求旺盛且希望供资围绕本国的减缓、适应国家行动计划进行，二者在具体执行国际气候资金法律关系内容时利益错位严重，因此由公约体系及其他国际性运营实体来经手资金，是二者都可以接受的途径。发挥国际组织的作用是协调南北国家资金利益，将应然的法律关系建构付诸实践的重要步骤。

（三）全球治理理论对资金制度稳定性的理论保障

全球治理理论中也潜含着可能损害国家间法律关系稳定性、内容明确性的因素，必须对其加以抑制和防控。不管形成了多么复杂多元的全球治理关系结构，资金的最终权利和义务都是指向主权国家的，供资义务未能履行的责任也是需要国家来承担的，发达国家是全球治理的主导性力量。

全球治理中参与主体和治理行为可以是多元的，但评价特定全球性问题下所有治理行为的最终效果，必须存在统一的标准尺度和评价体系，否则非国家主体治理行为形成的社会效果就处于模糊的状态。如果不同主体的治理行为不加以区分，则主权者可能规避其所承担的国际法义务，非国家主体的兴起反而对全球秩序的形成起到了负面作用。非国家实体在参与全球治理中，其自利导向可能甚于为发达国家履行供资义务的偏爱，治理行为更多地作为其牟取更大经济利益的新模式而已。超国家实体按照其成立文件而行事，其治理行为在方向上与发达国家义务履行相一致，但在效果上可能与其义务的应有程度相差甚远。而发达国家以本国政府、非国家实体，以及其通过国际组织进行的所有行为，均列为自己的履行国际义务的行为，这是需要警惕的。非国家主体的治理行为与发达国家将其声称为自己履行义务间，不存在必然的因果联系，声称者必须证明归属关系成立，且符合国际法的规定。是故，将全球治理理论运用于国际气候资金问题上时，必须从正反两面考虑治理主体各种行为对全球秩序的作用，警惕全球治理被滥用而存在失灵的可能性。不过，法律全球化观念在其产生初期有法律霸权主义之嫌，但随着实践的发展，人们越来越认识到真正的法律全球化与法律霸权主义和世界法幻想有着严格的区别[①]。

---

① 严存生.西方法哲学问题史研究［M］.北京：中国法制出版社，2013：198.

（四）全球治理对资金制度渊源多样化的理论支撑

确保非国家主体参与气候资金事务的方式，可能是出资或参与运营，也可能是提供中介性服务，其行为本身即便跨越国界也首先是私人行为而非国家行为，但其行为效果要接受国际法的评价而认定为是否属于发达国家履约行为。质言之，对私人行为也要进行公法性评价。但非国家主体实施气候资金行为过程中通常不直接以公约体系下规则为依据，而多利用其资金所投向的资金机构、民间团体等组织的治理规则，依这些公约体系外的行为规范而进行供资及资金运营等行为的法律性质，必然涉及此类规范的制度性质问题。

从1992年框架公约及其随后两个议定书（《京都议定书》《巴黎协定》）、一个修正案（《京都议定书》多哈修正案）的制度发展，主权国家、国际组织设立的各类资金机构运营实践，以及私营资金参与公共资金平台，或私营资金机构直接参与气候融资的实践来看，气候资金全链条的最长状态[①]呈现出：公约体系授权给资金机构，该资金机构又通过组织间合作关系授权其他组织，最后到达发展中国家的情形。调整特定资金的制度类型呈现出图2-1的状况：

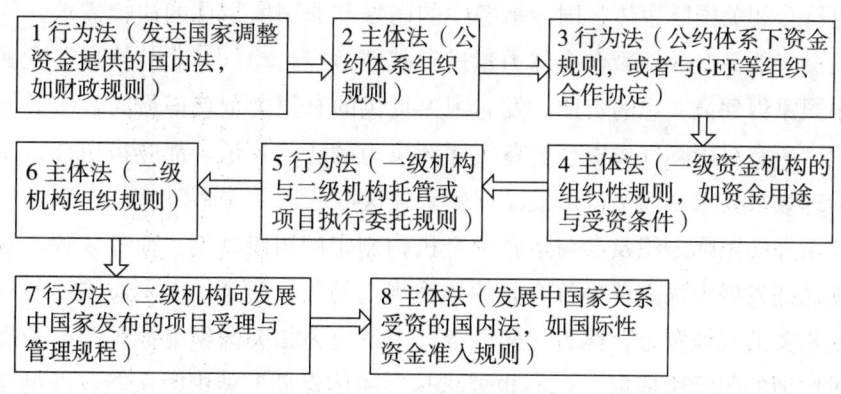

图2-1 国际气候资金渊源的传导过程分析图

据此，国际气候资金法律制度的诸类形式渊源间形成"资金行为—主体人格"的递延过程，通过成员关系、组织间合作框架下的授权形成

[①] 由于气候资金也采取双边援助的方式，此时的资金链中未涉及中间性资金机构的治理规则、业务规则；而有的资金在出资方（特定发达国家）与受资方（特定发展中国家）间只有一个中间性资金机构，也存在有多个中间性资金机构的情况。此处的最长状态专指存在两个以上中间性资金机构的情形，以期将所有可能出现的制度渊源类型与效力情况做出完整的说明。

一个长链条的传导过程。考察每个环节上规范的性质，图2-1中1、2、8环节的国内、国际法规则可归入传统意义的法律渊源之列，但它们只规制是否提供资金、资金总规模、用途与去向等抽象事项。对特定资金的运营、特定项目的合格性审查，都是由受托的一级、二级资金机构进行。其决策机制等内部治理规则、资金使用及项目申报条件等对外规范，才是确保资金由供方向受方成功移转的桥梁。因此，从实质上的法角度看，图2-1中3~7环节中存续的资金机构组织规则、业务规程实质上决定着资金关系的内容，多以指导意见、导则、建议等"软法"性规范体现出来。既要承认其约束力，又要保障其运营效果不能违逆第1、2环节中典型渊源对资金关系的"硬约束"，同时不能阻碍第8环节中发展中国家受资权利被杠杆性过滤。笔者认为当前这一传导过程中存在的缺陷造成了发达国家脱责的问题，而发展中国家被"合法"地剥夺气候资金的获得机会。此外需要指出的是该困境的纾解应当坚持全球治理的理论指导，平衡传导过程中授权者与受委托者依据自有制度资源进行供资的利益平衡关系。

具体说来，全球治理理论超越传统地认为主权国家关系为单一对象的国际法理论，由其指导进行的治理型法律关系能发挥更好的实现效果，更符合相关国际主体、国际事务中的国家与非国家主体的法律需求。气候资金能最有效地凝合全球力量进行减缓适应行动，其效果体现在发展中国家得到最实惠的资助、发达国家提供的有限资金获得最高效率的使用，所有对国际气候资金具备实际约束力的法律规范，都应当切合这一治理效果要求，而不得形成减损效果。这可从三个方面理解：（1）公约体系外的国际组织及参与运营资金机构制定的组织规则、业务规程，必须保证发展中国家获得符合公约体系规定的气候资金，而不应将"与气候相关的其他资金"称为气候资金，也不应为相关国家虚报履约行为提供所谓的国际法依据。（2）也要求这些主体保证发展中国家能获得足额的气候资金，对发达国家提供的合格资金不应以其内部决策程序、项目受理条件等为限制，变相提高受资的难度。（3）在供资过程中应当尊重受资国家自主制订的减缓与适应行动计划、优先事项等，不附加除保障资金利用效率之外的其他不合理条件。因此，全球治理理论可以指导我们以气候资金治理效果，来审视作用于气候资金的特定规范哪些属于"真"规则、哪些是"伪"规则，依其可判定资金不同供资环节对公约体系的符合性，评价发达国家履约程度和资金机构供资效果。

第三节 气候正义理论观照下的国际气候资金法律制度

正义是法律制度的基本价值之一，也是从古至今探求人类社会规范存续规律的一个坐标点，不同时代对正义价值内容的阐述形成了许多人类共存方式的共同指向，各时代间对正义的理解前后继承、学说纷呈，并体现出高度的贯穿力和一致性。这使得正义不仅具备从过往经验总结出来、并适用于现行法律的实证价值，更是建构未来制度的一项指导性理论。气候资金的提出及制度发展历程，向我们展现了其是在经过特定时代后、在特定国家及非国家组织间，在国家主权平等得到广泛承认的时代背景下建构的一种向部分国家倾斜的制度安排。从形式上看，制度内容的倾斜与主体地位形式平等存在张力，其实不然，这其中的中转原理就在于：应对气候行动需要在国际关系的形式平等前提下实现实质的公平，从发展中国家角度看是人权问题，从整个过程的主体参与类型及其行为依据看是全球治理模式，而其价值的发源点与最终运行的效果要达到正义状态，即气候正义。在国际关系中，气候正义已然达到理论形态，其不仅继承了法律正义的主体内容，更在气候领域中有了新的发展，对全球应对气候变化行动中善用资金纽带作用提出了相应的要求。

气候正义理论是正义在应对气候变化行动领域的延伸和发展，其基本内容与法律意义，深植于正义理论的土壤之中。由此，必须考察正义理论的本然内容，特别是其中可能为理解全球生态危机背景下国际关系应然建构方案的部分，从正义理论的源头活水中寻求国际气候资金法律制度层面的脉络与基本走向。正义理论的发展过程经历了从源头上的本体论，向现代社会体系下认识论，以及后现代主义背景下的解构与重构过程，正义对实证制度所欲达成的指导目标是坚定未移的，但由于不同思想背景下社会关系的建构原理不同，其所呈现出的具体理论解释方案也有所不同。下面章节对三个主要发展过程中正义理论的要义加以诠释，继而为国际气候资金制度如何承受其理论指导厘清源头。

一、本体哲学观下的正义理论

"本体"哲学起源时期的核心命题，不论是中西方哲学体系的起初均是以人的本体、群体或社会的本体为思考对象的，最终要获得的就是对社会生活中个体生命给予形而上的终极说明，为人的生存形成稳定基础。

正义理论也是如此，作为本体哲学的重要命题，西方先哲的思想中涉及了"城邦的善""人的美德"等对个体人、群体人应当如何生存的理论解释；在中国古代先哲的思想体系中，也有"大道""礼""仁""兼爱""天人合一"等人类生存与社会生活组织方式应然状态的理论声张。它们都是植入人性本质，未过多考虑功用、意义等形式价值问题，与之后由科学主义推动下以"认识世界的方式"为核心命题的认识论哲学品格不同，至今我们思考正义的问题范畴也未能超越本体哲学的终极关怀，只不过是提问与回答的方式经时代而有所易变，因而有必要澄清正义理论对社会关系——特别是作为其中重要构成的国际与国内法律关系——的理论规定性。由于当前国际法由欧洲中心主义时期的法律体系流变而来，且我国自清末修法也采纳了西方法统，下面章节对正义理念的分析主要针对西方哲学的内容展开。

正义的理论源起于古希腊和古罗马中的哲学思考。具有代表性的是柏拉图的正义观——"正义就是有自己的东西干自己的事情"[1]，"然而它不是关于外在的'各做各的事'，而是关于内在的，及关于真正本身，真正本身的事情。这就是说，正义的人不许可自己灵魂里的各个部分相互干涉，起别的部分的作用"[2]。似乎其与我们对正义的看法相近，但柏拉图的正义观是将雅典城邦所有人分为由金、银、铜、铁不同材料做成，从而存在严格等级区分前提下形成的，虽然该正义理论所形成的社会效果是一种"各得其所"的理想状态，不可否认其前提存在过于武断之虞。因此，柏拉图的正义观对法律知识体系能形成的贡献更多的是外在形式的美感。不过，柏拉图勾勒的"正义"对社会关系的"有序性"形式表征是为后世留下的宝贵财富，能被明确或潜在地借用，但需要对其前提进行修正。

在其之后，亚里士多德则将法律作为维持社会秩序的基本工具，已经走出了其老师柏拉图对人进行严格等级划分的窠臼。亚里士多德认为，法律应当遵循自然正义，如果违背则就是"不正义的法律"，是"恶法"。亚里士多德将正义划分为"分配的正义"和"矫正的正义"的理论为我们熟知。"在分配的含义来看，他要求按照比例平等原则把这个世界上的

---

[1] [古希腊]柏拉图. 理想国[M]. 郭斌和, 张竹明, 译. 北京: 商务印书馆, 2002: 155.

[2] [古希腊]柏拉图. 理想国[M]. 郭斌和, 张竹明, 译. 北京: 商务印书馆, 2002: 172.

事物公平地分配给社会成员，衡量标准是价值与公民美德，但是他却愿意容忍社会结构中广泛存在的不平等现象。"[1] 可见，比例原则和社会分层是亚里士多德正义观的两个支柱，但这又与柏拉图将人的先天差异视为正义的先在条件不同，按亚里士多德的正义理论则社会内不平等的原因既可能取决于先天条件，又可能取决于后天积累，主体间平等性及不同阶层间的流动是其内在之义。因此，亚里士多德的正义理论必然导向一种更具备普遍性的制度类型，在其中社会内不同人都可能通过正义的方法向社会地位高处前行，这就比柏拉图的正义理论具有更强的开放性。

古罗马时期著名法学家西塞罗将人类理性视为宇宙的主宰力量，将智者的理性和思想视为衡量正义与不正义的标准，按照理性给予每个人应得的东西，正义是自然所固有的（被理解为人性）[2]。但是，西塞罗所言之"理性"与近代资产阶级启蒙运动的"理性"有本质差异，前者是来自于神的创造，是上天给每个人先天的恩赐。故而在社会关系中，由于每个人都从其造物主那里获得了相同的资质，在利益配置上就处于相同的起跑线上，应当遵循源于神的人类理性要求，与之相对立而违反人类理性的制度就是不正义的，性质上属于反抗神性泯灭人性的行为。"人类理性约等于神性"是西塞罗提出其正义理论的内在观照，这样的思想决定了其与亚里士多德的正义理论既相同又不同，相同之处在于二者都肯定人类理性对正义的关键性，而不同的是亚里士多德所称"理性"为人类的自然理性，可以说是生理意义上的理性；而西塞罗的"理性"来源是神，神性是不可知、非实体的，所以以人类社会的角度出发，西塞罗的正义理论仍然是本体论意义上而非认识论意义上的。

在本体哲学的正义理论上，上述三位先贤都对正义的本质做出了深刻的阐释。亚里士多德和西塞罗对柏拉图的超越体现于他们将正义形成动力加以客观化、明确化，但对"各得其所"的形式表征仍然是默示接受的。笔者认为，从正义理论的源头上，本体哲学为我们留下两个主要的精神遗产：（1）内在方面，正义应当有一个实在的根源作为逻辑起点，柏拉图那里是人的先天素质，亚里士多德那里是人作为特殊生物类型而获得的自然理性，而西塞罗那里则体现为基于神授的人类理性。不论怎

---

[1] ［美］E. 博登海默. 法理学法律哲学与法律方法［M］. 邓正来，译. 北京：中国政法大学出版社，2004：262-263.

[2] ［美］E. 博登海默. 法理学法律哲学与法律方法［M］. 邓正来，译. 北京：中国政法大学出版社，2004：18-19.

样，正义应当有根。(2) 外观方面，正义都要形成全体的有序状态，要关照至特定社会实体内的所有成员，形成"各得其所"的规制外观，而基于特定的正义之"根"而宣示正义的人，就决定正义在外观与内在间是否匹配。两点启示与本书主题也高度契合，所有国家、非国家主体参与的气候治理最终指向全球正义，也需要有"形"与"根"及二者间的一致性。但必须注意的是本体论的正义理论是存在于一定语境中的，他们所言说的对象是地理范围有限的城邦，他们所言及的"人"不是当时所有的人类，而是其城邦中拥有公民身份的那部分，奴隶不在其中。

二、政治哲学观下的正义理论

经过中世纪神权至上的时代后，文艺复兴和宗教改革让人文关怀的思潮成为主流，正义的关注点从上帝、神之处重新回归到了社会内部。但关于什么是人类生活中的正义观，仍主要存在三类观点[①]，它们的差异体现在是将自由、平等还是安全作为与正义直接相关的法律价值。一派观点认为将平等作为衡量法律正义的标准，这继承了亚里士多德的"比例平等"的思想，意在实现社会平等，主张消除人际存在的位阶极差关系，以莱斯德·沃德、卡尔·马克思为代表。另一派观点以是否实现自由为衡量法律正义的标准，主张每个人都可以干自己想干的事情，只要没有侵犯与之相同的自由即可，实质上就是主张以个人自由为逻辑起点，只能因他人自由或更大的自由之故而限制自由，以斯宾塞、康德为代表。还有一派观点将社会安全、秩序作为衡量正义的标准，正义的法律是要实现和平、组织防御和进行有效的社会控制，这以霍布斯、边沁为代表，显然这是"人性恶"假设下阻止"一切人对抗一切人"的追求。这是资本主义萌芽和起步阶段的法律正义观，作为政治哲学的一部分而呈现出一定的工具主义倾向，这是基于世俗政治与教会势力、资产阶级与西欧封建统治间存在着制度张力，是新兴阶级寄予重望的建政工具。它们更多的是为政治新结构寻找自然法哲学基础，将自己认为的自然法最高准则认作是现世之圭臬，而构成了各自正义观的来源，不似古希腊罗马正义观对人与社会给予终极关怀。但不论哪种政治哲学性的正义观都以主权国家内人与人的关系作为论述的基本范畴，超越了以往正义观以"小国寡民"为视界的局限性，正义、国家、立宪之间形成了连贯的

---

① [美] E. 博登海默. 法理学法律哲学与法律方法 [M]. 邓正来，译. 北京：中国政法大学出版社，2004：263-268.

理论逻辑。

自由资本主义走向垄断资本主义，国家危机与世界大战的爆发促成了新自然主义的兴起，以国家作为基本语境的正义观被罗尔斯表述为著名的"正义二原则"：(1) 基本自由原则：每个人对与其他人所享有的类似自由一致的最广泛的基本自由都应有一种平等的权利。(2) 社会和经济的不平等将被安排得是人们能够合理地期待它们对每个人都有利，并使它们所依系的地位与职务向所有人开放①。其中，第一个原则优先于第二个原则，前者调和了自由、平等等价值间的矛盾，并力图将其纳入一个连贯协调的正义体系中，这是正义理论发展到20世纪最为耀眼的成果。不过，罗尔斯的正义二原则是建立在一定的假设之上，一是"无知之幕"的假设，也就是特定个人对自己属于哪个社会群体是无知的，所以他会采取一种等同的观念来看待同类；二是以存在单一合作关系为语境，实际上就是以国家边界作为讨论正义的客观限制，虽然人们处于"无知之幕"之下，但这个幕布最大可及之处就是国家范围，否则就没有存在合作关系的社会群体。换句话说，罗尔斯没有将其正义二原则直接用于国际事务中，"就全球经济秩序来说，罗尔斯并不承认这一抱负②，甚至是要把差别原则当作一个不可接受的东西"③，在其理念中，彼国之事应有其自己的基本自由、差别原则给予调整，这不能适应全球化时代对国际秩序的建构需求。

三、全球环境观下的正义理论

全球化潮流下经济资源极大流动、国际分工更加细化，形成了各国经济社会发展中"你中有我，我中有你"的状态。各国法律必须更多地关注外国人、外国资源对本国的影响，以便形成协同发展和危机应对共同体。在促成积极发展的方面，正义理论内容必然从以往国内关系、国家关系，扩展到由国家、个人、国际组织构成的多元全球关系上，形成应对共同危机共同体的需要，在全球关系的经济利益维度上，增加了环境利益的因素。因此，正义理论在新的时代背景下，将呈现出全球正义、

---

① [美] E. 博登海默. 法理学法律哲学与法律方法 [M]. 邓正来，译. 北京：中国政法大学出版社，2004：266.

② 此处的"这一抱负"是指罗尔斯将"差别原则"视作国家性经济体制中正义的最高抱负之一，参见涛慕思·博格在《道德普遍主义和全球经济正义》一文中对语境论道德普遍主义的分析.

③ 徐向东. 全球正义 [M]. 杭州：浙江大学出版社，2011：173.

环境正义的新内容。

一方面，全球正义问题是"和平与发展"成为时代主题后，国家间贫富差距成为世界性问题而出现的。"全球正义问题首先是随着贫困和剥夺而出现的"①，发展失衡造成发展中国家极度贫困，其人民缺乏基本生存条件，这不是国际公平竞争下形成的自发状态，而是弱肉强食、殖民体系的旧秩序下形成的力量对比，"在这种传统框架中，我们通常对另一个国家的民众所遭受的种种暴力与贫穷不承担任何责任，原因在于，这些暴力与贫穷本身是由该国政府的黑箱操作而带来的"②。而当共同发展取代战争对抗成为全球共同利益时，发展中国家分享世界发展成果是它们作为全球共同命运体系的应有含义，"共同命运促进国际立法，国际立法将共同命运客观化"③。这样一来，就既要发达国家对外提供援助，又要对其规避义务的行为给予国际法上的否定性评价，从而区别于人道主义援助，"全球正义这一概念打破了国家内部关系与国家间关系这二者之间在传统上所存在的分割状态，从而将制度性的道德分析延伸至所有领域"④。早期倡导全球正义理论的学者们"继承了西方传统中的自我反思和自我批评的精神，认识到全球的不平等并不仅仅是一个人道主义关怀的问题，从根本上说是一个正义问题"，它有两层含义：一是现有贫富差距已构成严重的人道主义危机，需要制度性安排来调动资源加以克服；二是既有差距是传统不公平国际秩序的后果，富国发展与穷国落后具有因果关系，发达国家承担援助义务不是可有可无的"施惠"，而是"应为"的正义性要求。全球正义以个人为终极关怀对象，超越了传统以国家为构成因子的国际关系；要求发达国家对历史侵夺承担现世义务，超越了传统国家传统主权的固有性；要求给予全球正义的国际义务要指向发展中国家的未来发展需求，超越国际义务的现实性。

另一方面，全球环境的系统性需要保护行为的共同性，但贫富差距造成享有环境利益、应对环境破坏能力的失衡，因此要重构国家间环境利益关系来理顺人类与自然的关系，要求正义理论要从单纯的人类社会内部扩展到人类与环境的关系上来，形成"环境正义"。环境正义由美国环境正义运动提出，指"所有人在环境法律、制度、政策的制定、执行、

---

① 徐向东. 全球正义 [M]. 杭州：浙江大学出版社，2011：1.
② [美] 波吉. 何谓全球正义 [J]. 李小科，译. 世界哲学，2004 (2)：7.
③ 刘志云. "世界秩序理论"视野下的国际法 [J]. 甘肃政法学院学报，2010 (2)：87—93.
④ [美] 波吉. 何谓全球正义 [J]. 李小科，译. 世界哲学，2004 (2)：6.

适用中，都享有平等的资格及实质参与的机会，不论其种族、肤色、国籍与收入水平"①。将其置于全球正义情势下的社会关系结构中，环境正义既指发展中国家与先进国家，也指所有国家内个人、实体、社区，都应当具有制定全球环境保护规则的机会和权利。但是，"环境正义并不是与环境有关的自由主义正义，而是一种崭新的正义理论"②，它欲形成的不是在坚持环境资源利用方式下来在各国人民间重新分配环境利益，而是在所有人、国家在共同保护环境的前提下公平地利用环境资源满足各方需要。

国际环境法中的环境正义体现为四原则：代际公平、共区原则、污染者付费、可持续发展，实现路径包括给予最贫困群体以特殊考虑，抑制奢侈性排放的增长，减排成本必须按照共区原则在所有行为者间分担，按照污染者付费的原则对适应气候变化行动给予帮助，技术援助必须与资金援助如影随形以防其陷于无效③。只有阻止国家间继续存在不公平的分配才能视为有效。与全球正义相比它增加了保护先于利用的条件，全球正义下富国和穷国要在共同接受环境资源约束的限制下，形成新的利益平衡，既实现经济社会共荣又达成全人类与自然环境和谐。而发达国家能力方面的优势，使其本身在一定程度上就形成了一种布坎南所认为的"自然的正义义务"，"在这一义务之下，每个人都负有一定程度的道德责任去令所有人都有机会享受到能够保障其基本人权的机制"④。所以，环境正义是所有国家、所有人的利他主义，而全球正义则是发达国家利他主义与发展中国家利己主义的结合，二者的侧重有所不同。

在多种多样的全球环境危机中，气候变化超过了其他环境问题，需在既有能力水平上达成人类最高程度的团结和行为一致性。要在主权国家间形构气候利益共同体，则应立足于人类与大气系统的关系，形成国家气候义务分配及其履行的正义模式，是为"气候正义"。它是人类在共同面临气候变化危机时，形成的正当合理的国际、国内关系价值理念和原则要求，是传统正义理论、全球正义、环境正义与气候问题特殊性相

---

① EPA. What is Environmental Justice? ［EB－OL］. http://www.epa.gov/environmentaljustice/. 2014－03－26.

② 刘卫先. 环境正义新探——以自由主义正义理论的局限性和环境保护为视角 ［J］. 南京大学法律评论，2011（秋）：322.

③ Tom E. R. B. West. Environmental Justice and International Climate Change Legislation: A Cosmopolitan Perspective ［J］. Georgetown International Environmental Law Review，2012，vol（25）：147－159.

④ 罗国强. 论自然国际法的基本原则 ［M］. 武汉：武汉大学出版社，2011：54.

交织而成的理论主张。

四、气候正义对国际气候资金法律制度的理论指导意义

气候正义理论具有在自然、社会层面形成双重正义的价值理念。第一，气候正义具有超人类利益的价值导向。它超越了人类社会内部的利益计算和一般性人道主义关注的关系，将人类制度安排定位于所有人、所有国家行为对温室气体过度积聚的影响之上，本着自然正义的态度调适人为排放行为与大气系统"碳容量"的平衡关系。并以此为逻辑起点，按照不同国家就气候变化的历史责任、应对能力等因素，分配在集体性应对行动中的应有份额。第二，气候正义具有超越现实利益的价值导向。它所关注的不仅是当世人与大气系统间的利用与保护关系，更着眼于今后世世代代的气候利益，不以当前世界各国及其人民的即期需要为唯一坐标，而将其价值主体扩展到后世各代人。它要求人类改变行为模式的程度，会超出应对眼前危机的需要。第三，气候正义具有超越、打破传统的"国家间正义"价值导向，破除国际关系中的"零和博弈"。它将大气系统保护行动对人类的整体性需求，按照正义的标准解构为不同国家的保护性义务，实现国际社会正义。

基于人际公平原则，为更好地保障发展权，应当对奢侈的、高额的"碳排放"行为征税来补贴低排放的贫困群体，"引发经济危机的人，也就是掌控着我们的大气、土地、森林、高山、水流的同一批人，他们是那些从碳市场中赚取十亿百亿美元，又盗走多数人土地和资源的那些少数精英"。"这里存在着一种广泛的气候正义问题，基于气候利益的种族隔离，存在着商业界利益与人权保护间的平衡问题。"[①] 同时发达国家也应补偿历史排放而给发展中国家所造成的损失[②]。这就意味着所有国家即便是发展中国家也要接受一定程度的约束，在今后经济社会发展中遵循气候友好的准则；又要基于发展水平、资源禀赋的国别差异而要求南北国家承担差别义务，并形成差别性的正当基础和衡量差别程度的正当标准。气候正义理论的价值理念，对应对气候变化的行动提出公平与效率结合的行为原则和实施要求。在相互依赖日益紧密的国际社会中，如果要实现主权国家之间有关政治、经济、环保、生态、文化、教育等领

---

① Brandon Barclay Derman, Contesting Climate Injustice during COP17 [J]. 29 S. Afr. J. on Hum. Rts. 170 (2013).

② 杨泽伟. 国际法析论（第三版）[M]. 北京：中国人民大学出版社，2012：130.

域的公平交往与互利合作,不仅要遵循"自由原则",建立或维持能够促进自由与竞争的规则体系,而且对于起点较低的广大发展中国家,必须充分考虑"公平的机会平等原则"与"差别原则"[①]。

一方面,气候正义要求在环境主权的形式平等基础上,实现国际关系实质平等的原则。在适应历史性排放造成气候条件时,气候正义理论要求发达国家遵守"污染者付费原则",对本国在工业化、现代化过程中的排放对发展中国家生存发展条件的破坏,承担应有的赔偿责任;而削减未来排放的关键是能源问题,包括能源结构清洁化、能源利用效率提高两方面,气候正义要求发达国家坚持"共同但有区别责任",在承担固有减排义务外,弥补其因历史掠夺对发展中国家获得清洁能源能力的破坏,使南北国家能在相同水平上具有获得清洁能源的机会。"当发达国家在运用效率的话语术时,发展中国家坚持气候正义,当问题涉及谁应当为应对行动付费时,发达国家的人民将发现发展中国家的主张是正确的"[②],因此,南北国家间形成"有区别的责任"具有正当性,具体体现为两个方面:第一个方面是把国家责任与国家造成环境损害的大小联系起来。第二个方面则是各国在应对严重的环境威胁时的能力不同。在实践中,这两个方面结合在一起,提供了在环境和发展领域采取协调行动的一种新方法论[③]。

另一方面,气候正义要求要以效率最高的方式形构全球气候利益共同体,达到效率最高有三个方面要求。一是,发展中国家本身发展能力就不足,在气候正义下又承担以气候友好方式发展经济社会的义务,进一步降低了其满足人民生存发展需要的能力。要使其加入全球气候利益共同体就须以存在外部资源输入为前提,作为放弃经济社会高碳型发展方式的补偿,它对迫使其放弃发展机会的历史损害及其放弃后而获益其他国家,享有获得资助的正当权利——气候资金获资权。相应地,那些负有历史责任和享受现世惠益的发达国家,则负有提供资助的义务——气候资金供资义务,资金机制不是发达国家的道德义务,而是发展中

---

① 刘志云. 直面正义纷争:全球化背景下国际法的价值定位与发展路径——以赫德利·布尔的正义理论为分析起点 [J]. 国际关系与国际法学刊,2011,vol 2:136.

② Amy Sinden. Allocating the Costs of the Climate Crisis Efficiency versus Justice [J]. 85 Wash. L. Rev. 293 (2010).

③ 张小平. 全球环境治理的法律框架 [M]. 北京:法律出版社,2008:203.

家的法律权利[1]，也是南北国家结成气候利益共同体时弥合意愿、能力差距最具效率的方法。二是，"造血"胜于"输血"，气候正义要求对发展中国家的资助要尽力，以促成其掌握先进低碳技术、形成国内经济社会低碳发展模式；但是，发达国家承担费用无可争议，而使其以最优的方式帮助分布于全球各地的弱势人群，仍然是个问题[2]，所以受资国与被资助人群，也要对外部资源产生应激能力、积极主动地产生造血能力。这是对大气系统保护、增强共同体向心力最具效率的手段。三是，在发展中国家群体中，最易受气候变化影响国家、最不发达国家、小岛屿国家拥有优先获资，它们是国力最弱但受气候效应冲击最深的国家，是气候利益共同体中最矮的"短板"，优先对其资助可以直接减少气候变化对人类冲击最直接、严重的领域，这是保持气候利益共同体最需要关注的薄弱环节，对维护全球团结而言是最具效率的途径。

---

[1] 谷德近. 共同但有区别责任的重塑——京都模式的困境与蒙特利尔模式的回归[J]. 中国地质大学学报（社会科学版），2011（6）：8—17.

[2] Eric A. Posner, Cass R. Sunstein, Climate Change Justice [J]. 96 Geo. L. J. 1565 (2008).

第三章　国际气候资金出资法律制度

出资法律制度是发达国家向发展中国家履行供资义务时必须遵守的行为规范，发达国家根据公约体系对出资方式的授权条款，可在多边、双边等多元供资渠道之间进行选择。该选择权的行使不但具有现实意义，也具有重大的法律意义，当发达国家选择公约体系外渠道出资时，出资行为也会具体适用该渠道归属的国际组织、资金实体对出资的具体要求，适用的法律渊源就离开了公约体系的固有范围。由此可见，国际气候资金的出资法律制度不仅包括公约体系下的明确规定，还包括发达国家在供资实践中选用的实施性制度，是多类型规范的集合体。特别是，发达国家还依据其他国际法渊源，向发展中国家提供其他性质的资金，在国际社会中流动的这些种类繁多的资金中，也不乏以气候之名流动的国际资金，判定其出资是否符合公约体系的法定要求，也是极富挑战的法律问题。

由是观之，出资法律制度调整范围不限于发达国家的出资选择，还要研判渠道选择背后的制度渊源选择，是否符合公约体系对供资义务的内在要求。这就要考察发达国家的出资关系类型，探析各类关系下的气候资金来源、提供方式及其权利义务内容，并依循公约体系对供资义务的规定性内容加以评析。概而言之，气候资金的来源方面可分为私人性和公共性资金两大类型，也有学者认为，"气候资金三大渠道包括股票、债券和政府支出"[①]，这与笔者观点相合。私营资金主要适用国际投资行为规则，而公共资金部分根据参与主体不同，可分为双边性、多边性气候资金两类。通过分析发达国家提交的气候资金信息通报内容，资金实践大致状况为：2011—2016 年间 36 个出资国（地区）共提供公共性气候资金约 1860.69 亿美元，双边和区域性供资占 61.19%，多边性供资仅

---

① Brianna Baily. An Institutional Truth: Increasing Institutional Investor Involvement in Climate Finance [J]. 27 Geo. Int'l Envtl. L. Rev. 447 (2015).

占 38.81%（包括向国际金融机构供资 26.78%，向联合国专门机构供资 5.77%，公约体系下六基金供资 6.26%[①]）。这样的资金流动方向特征，在法律意义上就表现为公约体系设定的出资义务，事实上是由外部制度予以实施的，气候资金链条的出资、受资两个端点在公约体系的调整范围内，但资金链的中间环节却敞露于外部制度中。为展示出资环节发达国家行为要素的详细内容，本书将从多边、双边、单边三个层次，阐释规制出资行为的制度规范。

第一节 多边性气候资金的出资法律制度

一、公约体系设定的出资规则

资金权利义务源出于公约体系，其所设定的发达国家出资义务，对所有公约与非公约体系机构均具有统摄性作用，是检验所有渠道资金属性与气候效应的基本标准。公约体系内的出资规则主要体现在对气候资金目标和用途等方面的总体性规范，具体内容可做如下分解：

其一，气候资金出资主体的规定。自 1992 年《框架公约》缔结以来，约文和公约机构形成的法律文件均设定了发达国家为出资主体的基本模式，特别是出资主体与强制性额定减排义务者均是发达国家，《框架公约》和《京都议定书》甚至采取了列明国家的方式，以"自上而下"模式确定了 36 个国家作为资金提供国的出资义务。但从 2009 年哥本哈根大会开始，以及随后坎昆会议形成的相关决议，发达国家与发展中国家间二元区分的防火墙开始打破[②]。2015 年所通过的《巴黎协定》第 9 条第 1 段规定"发达国家缔约方"仍是法定出资义务人，这与之前规定无异，但也对出资主体的规定做出了两方面调整：(1) 发达国家的出资主体功能表述有所变化。虽然重申其义务地位，但对《巴黎协定》第 9 条第 3 段将其作用归于应当"继续带头调动"（continue to take the

---

[①] 以上数据系作者分析 36 国向公约体系提交的三轮"两年期信息报告"，对其中货币单位和异常数据与该国"国家信息通报"对比后获得，相关信息详见：https://www4.unfccc.int/sites/br-di/Pages/FinancialSupportSummary.aspx，访问时间：2019-07-17。

[②] Daniel Bodansky. The Paris Climate Change Agreement: A New Hope [J]. 110 Am. J. Int'l L. 288 (2016): 299.

lead），一则用"mobilize"替代了"provide"①，折射出对其出资要求有所宽缓；再则"应当"二字在英文版本里使用的是"should"，这相较《框架公约》第 4 条第 3 段直接规定应"提供"（provide），且"应当"使用了更具强制意味的"shall"有所不同。这就意味着，发达国家至少其政府并非唯一的出资主体，其带头调动行为应当有其他类型主体广泛参与，且其行为的应为性有所弱化②。（2）部分发展中国家也逐渐被赋予出资者角色。《巴黎协定》第 9 条第 2 段规定："鼓励其他缔约方自愿提供或继续提供这种资助"，对比《框架公约》第 4 条第 3 段限定出资者为"发达国家缔约方及其他发达缔约方"，《巴黎协定》规定的继续提供支助者当指"其他发达缔约方"（即《框架公约》附件一中的"正在朝市场经济过渡的国家"）；而《巴黎协定》鼓励出资的"其他缔约方"显然是指发展中国家中自愿供资者，结合该条第 4 段中对"最不发达国家""小岛屿发展中国家"受资权的专门提及，鼓励出资者意指除二者外的其他发展中国家，特别是金砖国家等新兴经济实体。当然，发达国家作为出资者的义务地位并没有变，只是在此基础上增加了自愿性出资主体，不过如果后者响应，则其支助也应符合公约体系的资金规则。

其二，对出资客体所应具有的气候属性的规则。如上面章节所言，公约体系认为的合格气候资金，要符合《框架公约》《京都议定书》《巴黎协定》以及大会相关的决议内容，一方面，在出资的内容方面需按公约允许的方式和优惠性条件，资金去向上要旨在解决发展中国家在能源、交通、工农业、林业等领域内削减温室气体排放，适应既有气候效应等方面的增加费用或全部费用。不管是向公约体系的资金体制（GEF 信托基金、最不发达国家基金、气候变化特别基金、适应基金）出资，还是以当前主要采取的公约体系之外的双边援助、国际性运营实体来出资，都要符合这一总体性要求。出资规模上还要满足"可预测""新的、额外

---

① Beatriz Felipe Perez, Jane A. Hofbauer, Monika Mayrhofer, Paola Villavicencio Calzadilla. Rethinking the Role of Development Banks in Climate Finance: Panama's Barro Blanco CDM Project and Human Rights [J]. 12 Law Env't & Dev. J. (2016): 3.

② 有论者分析：《巴黎协定》约文弱化资金义务强度的为了换取美国同意而做出的让步，美国代表团提出，如约文采用"shall"这样强调国家义务的用语，按美国宪法即需要通过国会立法程序加以批准，如弱化其义务属于则可由奥巴马总统签署"行政协定"即使之生效，为协助解决其国内批准问题，巴黎大会对此要求进行了迁就。［Margaretha Wewerinke-Singh; Curtis Doebbler, The Paris Agreement: Some Critical Reflections on Process and Substance [J]. 39 U. N. S. W. L. J. 1486 (2016): 1496］。但不论如何，从规范分析角度看《巴黎协定》确实降低了发达国家出资义务的约束性强度。

的"等条件约束，以与其他国际性资金的法律关系相区分。另一方面，气候资金是相对于已有的发达国家向发展中国家所提供资金之外的专门资金。相对于已在生物多样性保护、臭氧层保护等已形成的资金机制，气候资金应当是在其之外形成的新的资金流。且从性质上体现发达国家对发展中国家减缓、适应气候变化的某种补偿，根据其支付可能要求的对价来看，针对发展中国家实施减缓气候变化行动的资金，更多地体现出"气候生态补偿"的特征，是对尊重这些国家继续发展前提下，对其放弃高碳型排放行为的一种对应性补偿；而对其做出适应气候变化行动的资金，应理解为对历史性排放阻挠后发展中国家可使用环境容量，及对其在防御灾难气候中增加支出的一种赔偿，是面对过去损害的一种补救性机制，从法理上理解为"气候损害赔偿"才合理。可见，气候资金从出资这个源头开始，就应当与国际投资、非气候援助性资金相区别，否则会造成评价出资者义务履行情况时模糊不清之弊。

其三，关于出资时可选渠道的规定。为扩大气候资金流，公约体系在可用的资金渠道方面做出了一定的让步，在《框架公约》第11条第5段以及后续相关法律文件中，均对发达国家供资的渠道采取了开放立法模式，既包括公约体系内设定的五大基金，也包括其他多边性气候基金，还包括世界银行为主的国际金融机构、联合国环境规范署等专门工作机构；此外，区域性国际组织和地区性开发银行，以及出资国与具体受资国间直接供资的双边渠道，都是为公约体系所认可的出资方式。从激发发达国家供资积极性、调动发达国家内民间资金、吸收用于其他领域资金向气候领域倾斜等方面，具有积极的作用。但也因此降低了公约体系规定的供资义务的法律强制性和可监督性，为公约体系外实施性规范削弱公约效力，甚至某种意义上过滤、替代公约的实体要求，创造了制度便利条件。

二、联合国体系内其他气候筹资制度

第二次世界大战后，联合国在协调各国发展问题方面，一直发挥着主导作用，协调向发展中国家提供各类援助是联合国的一项重要工作。应当说，公约体系也由联合国多年来的发展援助和协调国际环境保护行动中衍生而来，除上述公约体系下气候出资制度外，联合国体系中还存在着许多相关制度，大致可分为如下两类：

一是，关于发展中国家气候获资权利的综合性规范。这是在总结两次世界大战经验以合作而非对抗的方式、以尊重人权而非以邻为壑的模式形构的全球秩序。具体说来，包括：(1) 确立发达国家历史责任和发展中国家发展权的规范。《联合国人权宣言》《发展权利宣言》《人类环境宣言》等重要的法律文件，虽然多以非条约性的宣言方式发布，但由于其中部分内容已深入各国国内法和国际实践，加之联合国的权威地位及其掌握的国际资源，这些政治性宣言已然引领着国际法实践，虽意旨宏观但在效力上具备国际习惯法身份。在战后秩序和国际经济新秩序营造中，此类宣言面对贫富国家发展阶段不一的情势，在内容方面已形成了发达国家向发展中国家提供资金援助的行为定式，使发展中国家的国家发展权衍生出国际援助资金获取权的面向。应对气候问题继经济合作等问题后上升为合作议题时，此类政治性宣言形成的资金援助关系框架便延伸于南北国家应对行动的协调中来。(2) 全球可持续发展合作制度中的资金规范。就减少贫困等关键性发展议题，各国在联合国主持下于2000年缔结了《联合国千年宣言》，致力于到2015年将全球贫困减少到1990年一半的水平，并依此而设定了2015年八大"千年发展目标"。其间虽未直接涉及气候变化问题，仅在目标7"确保环境的可持续能力"中概括地提及将可持续发展融入国家政策以扭转环境资源流失，在目标8"全球合作促进发展"中论及向最不发达国家提供更为慷慨的官方发展援助，并关注内陆国家、小岛屿国家的特殊需要[①]。但在2015年发布的《2030可持续发展议程》设定的17个"可持续发展目标"中，目标7"现代能源"、目标9"抵御灾害能力的基础设施"和目标11"抵御能力建设"、目标12"可持续消费和生产模式"、目标14"海洋生态系统可持续管理"、目标15"森林可持续管理"都与气候应对相关。而目标13"采取紧急行动应对气候变化及其影响"一改《千年发展目标》的间接规制模式，直接将气候问题设定为一个单独的议题。该目标下设置了四个子目标，其中目标13.a直接言明发达国家的出资责任；目标17"全球伙伴关系"的第一个子目标即为"筹资"，为包括气候资金在内的发展中国家可持续发展资金需求，设定了五个方面（即目标17下的17.1～17.5五项）的义务内容[②]。特别是，可持续发展目标与《亚的斯亚贝巴宣言》

[①] 详见联合国"千年发展目标及2015后行动进程"专页 https://www.un.org/zh/millenniumgoals/bkgd.shtml，访问时间：2019-07-19。

[②] 联合国大会. 变革我们的世界：2030年可持续发展议程［EB-OL］. https://www.un.org/zh/documents/treaty/files/A-RES-70-1.shtml，访问时间：2019-07-19。

和《巴黎协定》同时于2015年通过[①]，两类综合性规范接续了之前各类人权性国际制度设定的发达国家对发展中国家的法律责任规定，并使该模式在相当长的时间里得以延续。

二是，关于为发展中国家可持续发展筹资的专门性规范。在联合国框架内所召开的重要国际会议，形成了规制包括双边性援助在内的发展援助的宣言文件，2003年在罗马开启的"援助协调高层论坛"所通过的宣言是最为主要的制度来源，2005年第二届论坛发布的《援助实效性巴黎宣言》、第三届论坛发布的《阿克拉宣言》、第四届论坛发布的《釜山宣言》中，围绕保障"援助实效性"形成了审查发达国家援助行动实际效果的国际共识，并增加了许多具体的评估指标，要求援助资金主导权归于发展中国家一方。迄今，在联合国主持下还进行了三次专门的联合国筹资大会，作为千年发展目标、2030年可持续发展议程等的资金落实环节，为双边性援助、联合国专门机构用资、国际性资金运营实体能力扩充等，创造了宽阔的国际空间。同时，为了兼顾出资方对资金使用效率、要求受资者做出实质对价的利益关切，联合国的筹资规则也逐步在南北国家间找到就资金授受关系的最佳平衡点，除坚持援助的单向性、优惠性等原则外，也发展出基于绩效的援助、援助项目评估、国际中介性机构管理等多种措施，确保有限资金的效果最大化。这几个宣言虽不是典型的条约法渊源，但由于援助国、受援国参与者众多，也是发展援助领域最为权威的国际会议成果，故而其制度成果成为发达国家实施援助行为需要遵守的行为规则，也是OECD考察其成员国义务履行的行为标准。

三、多边性国家集团的气候资金合作规则

作为出资方的发达国家集团方面，OECD的气候援助规则是典型方式。该组织脱胎于第二次世界大战后恢复重建时的美国与西欧集团，加上后来通过美欧援助而发展起来的发达经济体，其对资金援助与使用具有一套相对完善的规则。发展中国家获取气候资金虽然是以非交易性方式进行，但并非完全是赠予性的，也要受到相应的义务约束，包括在资金性质保持、资金使用透明度、资金绩效使用评价等方面的全过程监控。而OECD的出现，正是源于在美国援助欧洲的"马歇尔计划"中，对援

[①] Beate Sjafjell. Beyond Climate Risk: Integrating Sustainability into the Duties of the Corporate Bond [J]. 23 Deakin L. Rev. 41 (2018).

助对象的选择、资金主动权维持等成熟的运作规范。除向国际组织的部分捐款外，发达国家普遍沿用 OECD 内部对外援助的方案，通过双边性援助的方式向发展中国家输出气候资金。OECD 作为出资国家集团，也在其治理规则中形成了诸多调整援助行为的规则，主要包括理事会的建议（Recommendation）、发展援助委员会的建议（DAC Recommendation）、宣言（Declaration）三大类①。根据国际社会对援助实效性的总体要求，OECD 的部长会议也发布了《发展政策一致性宣言》[C/MIN（2008）2/FINAL]、《将适应气候变化融入发展合作的宣言》[C（2006）94] 等法律文件，在援助国与受援国间形成国内发展政策可比性框架，将涉及气候变化方面行动纳入发展援助中。OECD 的理事会也发布了《关于促进发展政策一致性的机构性良好行为的建议》[C（2010）41]，援助委员会发布了《良好承诺行为建议》[DCD/DAC（2011）12/REV1] 等，具体指导发达国家在援助机构建设、援助承诺做出与兑现问题，规范其在 OECD 基础文件中的成员国义务和保障特定援助有效性。同时，最主要发达国家组成的七国集团也就气候合作形成了一些重要协议，将"自上而下"的京都模式修改为"自下而上"的自主减排承诺模式，最开始即是 G7 集团峰会中提出的，将全球气候上升控制在 2℃ 的目标，该目标也是始于 2009 年的八国峰会决议②，这些小范围内的国家集团决议，代表着发达国家在气候谈判中的共同立场。

　　在主要出资国与主要受资国的南北国家集团中，G20 的合作是解决包括资金议题在内的气候谈判核心矛盾的重要机制。作为全球主要发达国家与发展中国家的国际合作论坛，G20 自 2008 年开始运行来，一直对包括气候领域在内的国际关系热点难点问题展开政策性对话，许多谈判中的核心矛盾其实在气候大会之前已由该机制得以协调和解决。由于 2009 年哥本哈根大会上未能达成 2012 年后减排协定，《京都议定书》"自上而下"减排和出资模式也就无法延续。自 2010 年坎昆大会后，所有缔约国同时做出自主减排承诺的"自下而上"模式成为主流意见，发达国家出资换取的增加减排，必须是发展中国家减排承诺基准之外的额外贡献，由此带来京都模式的重构趋向一度使气候谈判前景一度暗淡，

---

① OECD. Decisions, Recommendations and other Instruments of the Organisation for Economic Co-Operation and Development [EB-OL]. http://webnet.oecd.org/OECDACTS/Instruments/ListBySubjectView.aspx. 2014-04-03.

② Stephen Sewalk. Designing a Better Carbon Tax: Only with Reinvestment [J]. 40 Wm. & Mary Envtl. L. & Pol'y Rev. 769 (2016).

而 G20 作为解决南北国家关键矛盾的对话平台作用得以凸现。

首先，G20 延续成果、促成谈判，督促发达国家继续遵守已做出的关于出资方面的承诺，并与发展中国家共同致力形成具体约束力的气候谈判成果。在哥本哈根大会刚失利时，G20 各国共同承诺："以《联合国气候变化框架公约》目标规定及共同但有区别的责任和各自能力等原则为基础，参与《公约》下的谈判。"① 特别是在利马气候大会形成的《利马气候行动倡议》基本勾勒出了后续谈判成果的轮廓，G20 各国承诺"共同努力，在 2015 年巴黎联合国气候变化框架公约大会第 21 次缔约方会议上，形成一份在公约框架下适用于所有缔约方的议定书、其他形式的法律文书或具有法律效力的商定成果"，鼓励会前通报国家自主决定，并重申支持为减缓和适应气候变化动员资金，如绿色气候基金②。而在巴黎气候大会临近召开前，G20 成员共同确认"决心通过一项在《联合国气候变化框架公约》下具有法律效力并适用于各方的议定书、法律文件或达成一致的成果"，鼓励公约所有缔约国会前提交"国家自主贡献"，并指示谈判代表直面出资及透明度等关键问题，以便在巴黎大会形成有效的解决方案③。其次，G20 细化协定内容，促使《巴黎协定》尽早付诸实践。巴黎大会后 G20 各国即号召尽早实施《巴黎协定》，特别是在 2016 年杭州峰会上制订的《二十国集团落实 2030 年可持续发展议程行动计划》，专门就"气候资金和绿色金融"议题达成一致。关于出资的约定包括：（1）重申发达国家和国际组织就气候资金做出的承诺和其他国家的声明，以 2012 年开始工作的 G20 气候资金研究小组为平台，讨论有效提供和动员公共和私营资金以推动气候适应和减缓行动。（2）挖掘绿色金融的制度潜力，着力通过可持续金融工作来动员私人投资参与应对气候变化行动，并由 G20 气候资金研究小组制定了供各国自愿参与的政策选项；号召多边开发银行和发展融资机构将应对气候变化的行动纳入发展战略，鼓励多边开发银行提交应对气候变化的行动计划。（3）强调

---

① 外交部. 二十国集团多伦多峰会宣言［EB-OL］. https：//www. fmprc. gov. cn/web/gjhdq_676201/gjhdqzz_681964/ershiguojituan_682134/zywj_682146/t717828. shtml，2019-07-25.

② 外交部. 二十国集团领导人布里斯班峰会公报［EB-OL］. https：//www. fmprc. gov. cn/web/gjhdq_676201/gjhdqzz_681964/ershiguojituan_682134/zywj_682146/t1211589. shtml，2019-07-25.

③ 外交部. 二十国集团领导人安塔利亚峰会公报［EB-OL］. https：//www. fmprc. gov. cn/web/gjhdq_676201/gjhdqzz_681964/ershiguojituan_682134/zywj_682146/t1315499. shtml，2019-07-26.

发达国家所提供和动员的资金的有效性和透明度，并强调绿色气候基金的关键性作用，在扩大资金体量的同时也鼓励资金流向低温室气体排放和具有气候韧性的发展领域[①]。在细化《巴黎协定》内容时，签订《巴黎协定》的G20成员制订了《G20促进增长的气候和能源汉堡行动计划》，并承诺在"塔拉诺阿对话"等合作平台中推进《巴黎协定》实施手册的成功形成[②]，落实协定中出资约定的具体进程得以实质性推进。特别是《巴黎协定》打破了出资义务的原有模式，将缔约国作"发达—发展中"国家绝对二分的做法，并结合2018年IPCC发布的全球温暖升高1.5℃报告内容，强调实施《巴黎协定》出资规则下受支助发展中国家，"尤其是在那些最容易受到气候变化不利影响的国家，包括小岛屿国家和加勒比地区。我们讨论了长期低温室气体排放增长战略及引导国际气候资金流向该领域的需要"[③]，出资行为重心明确地转向发展中国家中的落后部分。

再次，作为接受气候资金的发展中国家集团，也对发达国家出资义务履行形成外部性评价规范。以"基础四国+"的气候合作模式为典型，着重强调的气候资金内容包括：（1）出资用途的平衡性问题，"敦促发达国家为发展中国家提供充足的支持，以满足他们开展适应行动的开销"[④]，可见四国不仅为自己所擅长的减缓行动而呼吁，也为最不发达国家和小岛屿国家至为重要的适应行动奔走。（2）资金额度方面，"敦促发达国家兑现到2020年提供每年1000亿美元气候资金承诺。发达国家应以每年1000亿美元为起点，在2020年后持续切实地扩大出资规模。发达国家旨在帮助发展中国家应对气候变化而对全球环境基金和绿色气候基金的注资不足"[⑤]，就《巴黎协定》获资额度及其可持续性问题重申一致性立场。（3）资金测度的方法问题，"强调制定有效的指南和方法学以

---

① 外交部. 二十国集团领导人杭州峰会公报 [EB-OL]. https://www.fmprc.gov.cn/web/gjhdq_676201/gjhdqzz_681964/ershiguojituan_682134/zywj_682146/t1394916.shtmll，2019-07-26.

② 外交部. 塑造联动世界二十国集团汉堡峰会公报 [EB-OL]. https://www.fmprc.gov.cn/web/gjhdq_676201/gjhdqzz_681964/ershiguojituan_682134/zywj_682146/t1478967.shtml，2019-07-26.

③ 外交部. 二十国集团领导人布宜诺斯艾利斯峰会宣言 [EB-OL]. https://www.fmprc.gov.cn/web/gjhdq_676201/gjhdqzz_681964/ershiguojituan_682134/zywj_682146/t1621446.shtml，2019-07-26.

④ 国家发改委. "基础四国"第二十五次气候变化部长级会议联合声明 [EB-OL]. http://www.tanjiaoyi.com/article-23016-1.html.

⑤ 生态环境部. "基础四国"第二十六次气候变化部长级会议联合声明 [EB-OL]. http://www.ccchina.org.cn/Detail.aspx?newsId=70472&TId=66，2019-07-26.

跟踪和核算发达国家出资义务的重要性,以及制定技术专家审评指南以确保关于提供支持的信息的有效性"[1],针对20世纪末出现的气候出资与其他资金混同、重复计算等问题,形成计量方法诉求上的一致立场,反对个别国家试图在向 GEF、SCF 出资时单方面提交获资标准。此类督促发达国家出资并强化受资权利立场的国家集团性合作,还广泛地存在于小岛屿国家联盟等国际组织中。

第二节 双边性气候资金的出资法律制度

一、出资国直接向受资国出资的规则

国家间双边性气候资金约定,多以联合声明、合作框架协议等双边外交文件为形式,由于公约体系仅概括地规定南北国家的出资—获资关系,但具体出资义务的发达国家有 36 个,而有获资权利的发展中国家缔约国多达 149 个,直接的双边性供资需将总体性的南北国家关系具体化为特定发达国家向特定发展中国家的出资。在气候变化这样复杂的问题上达成全球一致的法律文件是存在风险的,采用诸边、区域和双边协议形式更有可行性[2],实践数据也印证了双边性出资渠道的关键性。在笔者梳理的数据中,发达国家三分之二的公共资金通过双边渠道提供;私营资金方面,根据有的学者梳理,早在 1996 年私营资金就是公共资金的 5 倍[3],这些追求气候项目利润回报的资金除借道国际机构的资金渠道外,向发展中国家的气候投资、依附于商品服务贸易的资金,均以双边性合作规则调整。

从双边性气候合作的实践来看,各类缔约国不仅形成了复杂多样的直接合作关系,相互间还在一定程度上形成了三维性制度闭环,本书试以中国—欧盟—非洲国家为例加以说明:(1)中欧方面,在《巴黎协定》

---

[1] 生态环境部. "基础四国"第二十六次气候变化部长级会议联合声明[EB-OL]. http://www.ccchina.org.cn/Detail.aspx?newsId=70472&TId=66,2019-07-26.

[2] Penny Wong. From Copenhagen to Paris: Climate Change and the Limits of Rationality, Multilateralism, and Leadership [J]. 21 The Brown Journal of World Affairs. 267 (2015): 272.

[3] Steven Ferrey. Changing Venue of International Governance and Finance: Exercising Legal Control over the $100 Billion per Year Climate Fund [J]. 30 Wis. Int'l L. J. 26 (2012): 50.

通过前，2015年6月29日双方联合发布的《中欧气候变化联合声明》中"双方重申发达国家所承诺的目标，即在有意义的减缓行动和实施透明度背景下，到2020年每年联合动员1000亿美元以满足发展中国家的需要"[1]，这确保了发达国家总体的出资义务能在巴黎气候大会进入2020年后排放协定，中美在该年9月联合发布的声明文件亦然[2]。主要的发达国家与主要发展中国家就减排、资金等问题达成双边性协定，有利于为全球性协定排除关键矛盾点。在《巴黎协定》通过后，以中法为代表的中欧气候合作关系进入落实协定内容的环节，"发达国家应该落实到2020年每年提供和动员1000亿美元资金的承诺""绿色气候基金成功实现富有雄心的增资十分重要，是2019年及以后气候融资的关键时刻"等内容得到重申，并就"基于自然的解决方案"和"气候融资和碳价"领域联合努力等议题形成新的共识[3]。（2）欧非方面，通过欧盟—非洲峰会、欧盟—非洲气候变化部长会议声明等合作文件中，对非洲国家重申发达国家于2020年前将每年调动1000亿美元气候资金，特别承诺了其对外援助预算的20%将专用于气候相关项目。同时，也对非洲统一气象战略、撒哈拉和萨赫勒的绿墙等非洲国家和地区性项目做出了支助承诺[4]。此外，由于南非担任了中国—77国集团的主席国，且其在非洲气候变化部长会议中重要作用，欧盟通过"南非—欧盟峰会"联合公报等平台，重申了欧盟全体成员国对发达国家整体资金义务的承诺，并对南非在气候资金特别需要形成了针对性的约定内容[5]，据此与之形成了格外紧密的合作关系，并循此关系向南非的水源管理提高项目、城市低排放战略项目和公共建筑能效管理项目等提供了支助[6]。（3）中非方面，虽然中

---

[1] 外交部. 中欧气候变化联合声明 [EB-OL]. https://www.fmprc.gov.cn/web/ziliao_674904/1179_674909/t1277066.shtml, 2019-07-21.

[2] 特别是在该联合声明中美国重申将向绿色气候基金捐资30亿美元的许诺，参见：外交部. 中美元首气候变化联合声明 [EB-OL]. https://www.fmprc.gov.cn/web/ziliao_674904/1179_674909/t1300787.shtml, 2019-07-21.

[3] 外交部. 中国国务委员兼外长、法国外长、联合国秘书长气候变化会议新闻公报 [EB-OL]. https://www.fmprc.gov.cn/web/ziliao_674904/1179_674909/t1676858.shtml, 2019-07-20.

[4] European Commission. EU-Africa Ministerial Statement on Climate Change [EB-OL]. http://europa.eu/rapid/press-release_STATEMENT-14-97_en.htm, 2019-07-22.

[5] Council of the EuropeaUnion. Sixth South Africa-European Union Summit Joint Communiqué [EB-OL]. http://eeas.europa.eu/archives/docs/south_africa/docs/6th_joint_communique_pretoria_18072013_en.pdf, 2019-07-22.

[6] European Commission. Examples of joint projects [EB-OL]. https://ec.europa.eu/clima/policies/international/cooperation/south-africa_en#tab-0-0, 2019-07-22.

国不是公约体系下法定的出资国，但中国对非援助源远流长，能源等行业的减缓项目、基础设施建设等方面的适应项目都是中非合作中的重点领域，并且在要求发达国家履行出资义务方面中非具有高度一致的立场。一是，中非携力"敦促发达国家按时足额兑现对发展中国家特别是非洲国家的官方发展援助承诺，提供资金、技术和能力建设等更多支持，确保联合国2030年可持续发展议程得到全面落实"，要求发达国家充分履行发展援助类出资义务；并"呼吁发达国家尽快落实承诺，在资金、技术转让、加强能力建设方面支持非洲国家应对气候变化和保护环境"[①]，要求发达国家兑现公约体系下做出的资金承诺。两类资金分段设置，体现出中非双方均认为二者属于相互独立法律义务的基本立场，并呈现出联合协作的态势。二是，中国极力支持非盟《2063年议程》及相关合作框架，承诺"中非将探讨加强在人道主义响应、早期预警、应对气候变化、干旱和沙漠化、灾害管理与应对等领域的合作"，行文虽未直接提及中方出资义务及数额，但笔者认为这是我国作为非法定的气候出资国而提供的自愿援助，但亦可认定为《巴黎协定》所鼓励的"其他缔约国"出资行为[②]。中—欧—非间三维型双边政治合作关系在拉美加勒比国家、南亚国家间也是广泛存在的，特别是欧盟还为与拉美加勒比国家双边合作专门设立了EUROCLIMA（2010—2016）、EUROCLIMA+（2016—2019）项目[③]。从欧盟与中国、非洲国家的双边合作关系来看，可以说虽然政治性声明文件本身内容比较抽象，但其在特定南北国家间牵起了一根气候合作之藤，顺此藤才结出无数资助项目之果。

不过，国家间双边供资关系也呈现出值得注意的特征：一方面，发达国家通过双边合作关系对出资对象国有较大的选择权。从实际情况来看，有的国家的出资受其历史原因影响较大，主要资助前殖民地国家；有的发达国家对援助的项目有一定的倾向性，如有的国家对印尼、亚马逊的热带雨林用资甚多，而有的国家则对清洁能源项目更为偏爱。公约体系下的"出资义务—获资权"仅是整体上的抽象对应关系，落实到具体国家之间时，发达国家具有广泛的对象选择权。另一方面，由于气候问题既是公益也是产业与能源结构问题，传统经济部门低碳化改造与新

---

① 外交部. 关于构建更加紧密的中非命运共同体的北京宣言 [EB-OL]. https://www. fmprc. gov. cn/web/ziliao_674904/1179_674909/t1591910. shtml0，2019—07—22.

② 外交部. 关于构建更加紧密的中非命运共同体的北京宣言 [EB-OL]. https://www. fmprc. gov. cn/web/ziliao_674904/1179_674909/t1591910. shtml0，2019—07—22.

③ 具体内容详见欧盟EUROCLIMA项目专页http://euroclimaplus.org/en/.

兴低碳产业促进须同时进行，双边合作并非全部采用赠款、慈善的无对价方式，而是融合了赠予、部分优惠、完全商业行为等复合形式而进行，制度渊源形式上包括双边投资协定、双边性联合宣言、援助协议、合作伙伴关系、谅解备忘录等，不一而足。值得注意的是，双边渠道是当前发达国家供资的主要方式，故此类双边性规范非常重要，以主要发达国家 2010—2012 提供的"快速启动资金"为例，美国提供的 75 亿美元资金中有 63 亿左右（占比 84%）、欧盟 26.5 亿欧元的资金中有 17.4 亿欧元（占比 65.6%）通过双边渠道提供，日本报告的 135 亿美元中只有 10 亿左右以非双边渠道进行[1]，这些资金广泛涉及气候领域联合行为，如气候科学研究、应用技术推广、知识经验交流、信息数据共享与通报等方面。

二、发达国家向国际气候资金机构出资的规则

除直接向特定发展中国家出资外，向各类国际气候资金机构提供资金借其业务网络向特定发展中国家输送资金，也是履行出资义务的重要手段；即使直接向特定国家出资时，具体项目运行过程中出资国也大量委托此类机构担任项目管理人或资金监督人等，可见出资国与该类机构间的双边关系是非常重要的。当发达国家面临各类国际性资金机构时，该类机构的组织文件和内部治理中的融资规范，就成为调整通过此渠道输送气候资金的实在规则。通过笔者对供资量前三的发达国家（日本、英国、美国）[2] 资金信息通报的分析，并参酌其他发达国家的气候资金信息，接受出资国提供气候资金的国际机构主要可分为三类：多边性气候基金、国际金融机构和联合国专门工作机构。根据笔者对 35 个发达国家以及欧盟的两年期报告中公共资金信息分析，多边渠道输送资金近四成；在所有多边资金中三类机构的比例为：国际金融机构（69.01%）、多边性气候基金（16.14%）和联合国专门工作机构（14.85%）；而在 2011—2016 年度供资量排名前三的发达国家的国别信息显示，三者比例则为国际金融机构（72.18%）、多边性气候基金（19.72%）和联合国专

---

[1] UNFCCC secretariat. Submissions on information from developed country Parties on the resources provided to fulfill the commitment referred to in decision 1/CP. 16，paragraph 95 [EB/OL]. http://unfccc.int/cooperation_support/financial_mechanism/fast_start_finance/items/5646.php. 2014—03—21.

[2] 在 UNFCCC 公布的发达国家三轮两年期资金信息报告中，欧盟（28 国）总额排名第三，但 2011—2014 年联盟层次的公共资金全部利用双边、区域性渠道输送，2015 和 2016 两年仅向联合国开发计划署、环境规划署供资，其数据对国别观察无参考意义，本书选用日、英、美三国数据为样本；但美国仅提交前两轮两年期报告，无 2015、2016 的资金数据，特此说明。

门工作机构（8.10%）。两相对比，国际金融机构无论在总体上还是针对主要供资国而言，都最重要的资金机构。并且，在多边性气候基金中还包括世界银行管理的气候投资基金等公约体系外机构，从资金控制力判断，近八成的国际气候资金实际上由国际金融机构控制，其出资规则和后续的运营规则，才是公约体系下出资义务最终落地的决定性规则。

（一）出资国向国际金融机构出资的规则

国际金融机构是多边渠道获资最多的主体，根本原因在于向该类机构在出资环节及后续运营过程中具有制度优势。以世界银行最大的分支机构——国际复兴开发银行为例。根据该银行章程第二条第5、7两部分之规定：各成员国仅在认购股份时实缴2%的股金，另18%股金应银行要求以美元方式上缴，剩余80%仅应银行要求在成员国内市场内提供或参与提供贷款时［章程第4条第1部分（a）（ii）段］、通过常规投资渠道为私人投资者提供担保或提供贷款时［章程第4条第1部分（a）（iii）段］，以黄金、美元或其他要求的货币提缴。截至2019年7月，世界银行高达2747亿美元的总资本金中，各国仅实际缴付164亿美元，剩余2583亿美元为应银行要求才缴纳的备付资本金，而世界银行运行70余年来，其从未向成员国发出过缴付要求[①]。根据IBRD2018年报告，截至2018年其总资产4030亿美元，各类借入款项共计2136亿美元[②]，可见资本金仅是其中微乎其微的部分，其主要资金来源于债券、票据等工具在国际金融市场融资，发达国家气候资金即是其中一部分。

根据IBRD公布的信息，其融资工具主要包括四类债券和两类票据工具，其中一类债券为"绿色债券"，是发达国家提供的气候资金时主要运用的工具。在其具体运行中，由IBRD与项目申请国签订意向性框架协议，项目文件提交后由独立的技术专家组织进行评审，后纳入本年度的融资计划中，银行再根据该计划的项目资金需求在国际金融市场或特定国家的国内金融市场中投放融资工具，将融得的资金用于计划所含项

---

① World Bank. Debt Products FAQs Characteristics of World Bank Debt Instruments [EB-OL]. https://treasury.worldbank.org/en/about/unit/treasury/impact/faqs/debt-products-faqs, 2019-07-27.

② 世界银行集团. 世界银行2018年年度报告 [EB-OL]. https://www.shihang.org/zh/about/annual-report, 2019-07-27.

目的设计文件所定用途①。针对发达国家所提供的气候资金部分而言，其出资规则的主要包括可归纳为：（1）先申请后出资。该模式能让项目产生减缓、适应气候变化效果的可靠性有较高保障，是由发展中国家先行申请并由奥斯陆大学国际气候与环境研究中心（CICERO：Center for International Climate and Environmental Research at the University of Oslo）作为独立第三方进行专门评估，且由银行董事会进行程序把关，纳入计划后其项目用资内容还接受国家金融市场规则的遴选，与多边气候基金先出资后遴选的机制大相径庭。（2）出资以债券等标准化的金融合约为载体。IBRD主要采取债券融资的方式从发达国家获得气候资金，由于有189个成员国主权信用的联合背书，其债券在穆迪和标普500评级中均为最高信用等级——3A级。对出资者而言，其以债券融资的方式向银行出资，虽利率不高但仍保持着对资金的最终获取权，出资成本也大大低于向多边气候基金提供赠款；程序上该模式有专业的管理机构和专业第三方机构保障，资金使用的效率和气候效果能得以保障，出资的程序成本和行政管理负担方面具有明显优势。（3）出资者与银行治理规则中主要的表决权人重合度高，形成了出资的强大控制力。IBRD专业化管理机制作为依托。发行债券的国际、国内金融市场都有清晰明确的发行条件和信息披露制度，且价格水平依市场供求关系加以调节；运用过程遵循银行的各类技术标准和政策框架，且在决策机制中通常以股权占比为决定因素，主要出资者也是银行较大股东，通过掌控银行内部治理机制，降低了出资支配权旁落的风险。

与世界银行相似，亚洲开发银行、泛美开发银行等地区性多边开发银行，也是主要通过市场化的债券、融资担保等方式，吸收来自发达国家的气候资金，只不过在出资来源和资助对象方面地区性特征更强罢了，制度逻辑和规则内容与世界银行相近，此处不赘。

（二）出资国—多边性气候基金间的双边规则

由于多边基金又可细分为公约体系内基金②和公约体系外基金两类，

---

① World Bank. Green Bond Process Implementation Guidelines ［EB－OL］. http://pubdocs.worldbank.org/en/217301525116707964/Green－Bond－Implementation－Guidelines.pdf，2019－07－27.

② 迄今，公约体系内包括五大基金：作为公约气候资金受托方的全球环境基金、最不发达国家基金、气候变化特别基金、适应基金、绿色基金，以及《框架公约》信托基金补充行动，本书将以受资量最大的全球环境基金为例进行说明。

从统计数据来看，2011—2016 年发达国家向二者提供的资金比约为 53%：47%；同时，根据本书选择的英、美、日为例，向公约体系内六基金的供资中约 60% 投向 GEF，即便是 2011 年即开始运行并被国际社会寄予厚望的绿色气候基金获资比例也仅有 29% 左右，不及 GEF 的一半；而向公约外其他基金提供的气候资金则有 85% 集中于世界银行所属的气候投资基金，这种反差很大程度上源于出资条件及后续运营中对出资国权益保障的不同。

公约体系下气候基金方面，以 GEF 为例，其出资规则内容主要包括：（1）出资成本问题。根据全球环境基金 2015 年 3 月修改的《建立重组后全球环境基金协议》（以下简称《协议》）第 1 款的规定，各国的出资方式为赠款和其他允许的方式①。正在协商中的第七轮融资协议中，第 4（b）款规定的其他方式包括成员国对 GEF 试行项目的联合融资、平行融资额度，均被视为"与赠款等同"的其他允许方式②。（2）出资的控制权问题。根据《协议》第 16 款，GEF 理事会包括 32 位理事，其中发展中国家理事 16 位、发达国家理事 14 位、2 位来自中东欧国家和苏联，在主体数量构成上南北国家基本平衡且略倾向于发展中国家；但在《协议》第 25（b）款规定的决策规则中，一般情况以"一致同意"方式决定，但对实体性问题在理事会及其主席全力努力仍不能达成一致时，则进入"正式投票"程序，采双重加权多数（代表参加国总数 60% 和认缴资金总额 60%）决议规则③。可见，39 个认缴资金国除个别国家外均是发达国家，这就意味着其对所出资金保持着否决权。（3）出资透明度问题。《协议》第 22 款指定了联合国开发计划署、环境规划署和世界银行作为基金项目执行人，《协议》附件 D 规定的"执行机构合作原则"将三大执行人的作用具体划分为：能力建设规划以及技术援助项目（开发计划署）、促进科学技术方面分析与全球环境基金资助项目（环境规划署）、投资项目（世界银行）的规划、开发和管理，并明确授权基于其过

---

① GEF. Instrument for the Establishment of the Restructured GEF [EB-OL]. http://www.thegef.org/documents/instrument-establishment-restructured-gef，2019-07-24.

② GEF Trustee. Draft GEF-7 Replenishment Resolution for Approval by the World Bank Executive Directors [EB-OL]. http://www.thegef.org/council-meeting-documents/gef-7-draft-replenishment-resolution，2019-07-24.

③ GEF. Instrument for the Establishment of the Restructured GEF [EB-OL]. http://www.thegef.org/documents/instrument-establishment-restructured-gef，2019-07-24.

往的工作经验并充分利用其已有的工作网络①。三者都是发达国家提供发展援助时多年利用的工作渠道，其决议主导权和业务透明度都受到发达国家青睐，这或许也是公约体系内五大基金中 GEF 受资远超其他机构的关键原因。同时，《协议》附件 B 就资金管理事务指定世界银行担任信托基金（基金）的受托人，授权其管理和使用所获资金并向三大执行人拨付资金并负责监督。值得注意的是：一方面，GEF 的资金认缴国不限于公约体系下的发达国家，还包括中国、南非、印度、巴西、巴基斯坦等发展中国家，认缴的发达国家出资行为属性是否符合公约设定的要求，抑或认缴的发展中国家是否可划入《巴黎协定》鼓励出资的"其他缔约国"，尚无定论；另一方面，GEF 是包括公约体系等五个多边环境公约的资金机构，各国缴付的资金通常未区分具体用于哪个多边公约的支助。在 GEF 近三轮融资中用于气候变化的分别占出资总额的 32.0%、28.4%、19.8%②，但发达国家向公约体系提交资金信息却将 GEF 的资金全额计入气候资金，仅在出资形式上标注为"Core/general"（即未指定专用于气候）。发达国家与公约体系内其他四个基金的出资规则，在出资的成本、控制权和透明度方面存在差异，相对而言，针对最不发达国家、小岛屿国家适应行动且成本高，出资国控制力弱的最不发达国家基金、战略气候基金，GEF 在上述三方面更有利于出资方利益，因而获得了更多出资。

公约体系外气候基金方面，世界银行下设的气候投资基金、六大碳市场基金处于主导地位，此外还包括与气候问题相关的其他多边性基金：其他多边环境协议下的资金机构（如消耗臭氧层物质蒙特利尔多边基金，Montreal Protocol Multilateral Fund）、联合国下设的专门性资金机构（如 IFAD）、主要排放国联合设立的多边性基金（如落实 G8/G20 承诺的 GAFSP），不一而足。本书以融资量最大、发达国家使用范围最广的世界银行气候投资基金之一的气候技术基金为例说明此类基金出资规则的要义：(1) 出资的方式问题。根据其 2014 年 6 月修改的《治理规程》第 43 款规定，出资方式由各出资国与基金管理受托人（即国际复兴开发银

---

① GEF. Instrument for the Establishment of the Restructured GEF [EB-OL]. http://www.thegef.org/documents/instrument-establishment-restructured-gef，2019-07-24.

② GEF Trustee. GEF-7 Resource Allocation and Targets [EB-OL]. http://www.thegef.org/council-meeting-documents/gef-7-resource-allocation-and-targets，2019-07-24.

行）逐笔地签订出资协议①，并不统一限定使用赠款抑或其他方式，一切依协议约定办理。显然，该基金较指定使用赠款方式的 IFAD 基金等实体具体更大的吸引力。（2）出资的用途与使用手段问题。根据《治理规程》第 9 款的设定，CTE 资金主要用于电力行业、交通行业向低碳化能源转换、发展大型能效技术、工商业建筑与住房能源管理技术提升②。这些行业是市场化程度较高的领域，相关技术的推广直接产生的气候减缓效果和间接形成的技术溢出效应，是兼具经济效益与公益保护特征的全球公共产品，而资助农业发展、减困等领域的 GAFSP 一类基金，对受助者是雪中送炭，但惠益范围仅具地区性甚至个别性，相较而言缺乏渠道的成本—收益比较优势。同时，《治理规程》第 12 款规定基金可将出资通过赠款、优惠贷款、风险降低工具（如提供担保、股权投资等）方面向用资项目提供③，支助行动考虑了对出资的一定回报。（3）出资国的控制力问题。CTE 信托基金委员会由有表决权成员和观察员成员组成，前者包括 8 名出资国代表、8 名受资国代表，表决权结构分布均衡，且表决采取一致同意的方式，如有反对意见则议题取消或延迟，既尊重了出资国对资金的控制力，也虑及受资国对资金接受和使用中的相关利益。但委员会的三名无表决权成员（1 名世界银行高级代表、1 名地区性多边开放银行代表、1 名来自投资计划或项目所涉接受国代表）对决策具有较大影响，且在委员会之外还专门建立了"多边开发银行委员会"，其成员和基金受托管理人——国际复兴开发银行均是信托基金委员会的观察员，对决策具有一定影响功能。《治理规程》第 11（b）款规定拟议项目或计划向提交委员会表决的提案权由相关多边开发银行行使，委员会批准后的实施和监督事项则依该多边开发银行的规则进行。

综上，特定多边性气候基金的资金用途与资金工具是影响发达国家出资意愿的两大主要制度因素，资金如能在应对气候变化之外与经济发展、技术创新、臭氧层等其他环境领域产生协同效应，则会更受青睐；如其能沿用发达国家提供发展援助长期使用并信任的国际金融机构、联合国专门机构的业务渠道和资金工具，则会获得更大额度的出资，即使

---

① Climate Investment Funds. Governance Framework for the Clean Technology Fund [EB-OL]. https://www.climateinvestmentfunds.org/governance, 2019-07-24.

② Climate Investment Funds. Governance Framework for the Clean Technology Fund [EB-OL]. https://www.climateinvestmentfunds.org/governance, 2019-07-24.

③ Climate Investment Funds. Governance Framework for the Clean Technology Fund [EB-OL]. https://www.climateinvestmentfunds.org/governance, 2019-07-24.

在治理结构和表决规则方面向受资国做出一定让步也是可接受的。

(三) 出资国—联合国专门工作机构间的双边规则

发达国家通过多边渠道提供的资金中，约15%的资金通过联合专门机构输送，这些机构大致有四类：一是，专司于环境保护特别是气候变化的专门机构，主要是UNEP和IPCC，以及少量的向公约机构提供的机构预算性赠款；二是，致力于应对气候变化与经济社会发展协同治理问题的机构，主要是UNDP、WTO、联合国人居署、世界气象组织；三是，碳排放重要行业的国际组织，主要是国际民航组织等；四是其他机构。虽然类型众多，但联合国专门工作机构的治理规则中对发达国家的气候出资行为，基本上与上述多边气候基金的要点类似，均是在出资成本、方式、用途、表决权、项目管理与监督上进行规定，且主要通过机构自身的工作网络展开项目资助与运营。特别是在发达国家选择专门机构的方面，出资额体现出诸多与多边基金相同的倾向：其一，发达国家（地区）向专门机构提供的所有资金中，仅有11.6%的资金指定为气候用途资金（出资国在信息通报中将类型标注为"Climate-specific"），其余88.4%的资金均是包括气候用途在内的概括性出资（标注为"Core/general"），将概括出资总额全数计为气候资金的做法与GEF融资中的情形相同。其二，联合国专门机构内部的获资情况差距较大，从出资量前三的英、美、日三国信息通报来看，专门致力于环境保护的专门机构UNEP仅获得通过联合国专门机构出资额的2.53%，而最大获资机构UNDP赢得了60.33%的出资额。这再次印证：单纯的应对气候变化行动和专门的环保用途，在吸收出资的环节远逊于具有气候与其他环保议题协同保护、气候与经济社会发展协同兼顾能力的相关机构；气候资金通过专门渠道用于纯粹的减缓、适应行动存在着现实阻碍。因此，气候资金的性质问题，更多地体现为多用途资助情形中，如何界分气候与非气候性的范围。

第三节 发达国家气候出资行为的制度特征

根据公约体系及其授权条款对出资问题的规定，发达国家调动了本国国内的公共资金、私营资金，履行其在公约体系下承担的供资义务。公共资金包括来自发达国家的财政预算以及在碳市场中获得的资金收益，它们"不仅直接资助发展中国家应对行动,也能发挥'孵化功能'吸引私营资金的参与"[①];私营资金则主要来自发达国家内的企业和机构投资者,并且私营资金在实践中紧密依附于公共资金,多与其形成公私合作关系对外供资。不过,发达国家也采取了直接与间接相结合的出资方式,广泛运用了赠款、贷款等多种融资工具共同推进,"在实施诸多资金制度时,国家层面的机构设置和治理方式处于核心地位"[②],各发达国家出资行为整体上呈现出履行公约义务的共同性,但在具体出资规则上呈现出纷繁复杂的差异性。

一、发达国家气候出资的资金来源

发达国家通过多边、双边渠道提供的气候资金,既来自其公共资金,也来自私人机构的投资性财产,鉴于此类持有资金的机构性质及其利益诉求方面与公共资金大异其趣,若二者均要纳入履行公约规定的出资义务之下,需加以评价,从源头上加以厘清实为必要。

(一)公共性气候资金

以国家财政等公共资金向发展中国家提供是公共性气候资金的主要来源,不过各发达国家的具体做法有所差异,具体可分为三类:一是单边主导式,以美国为代表。由于美国在签订后又退出《京都议定书》和《巴黎协定》,坚称气候问题的科学不确定性和发展中国家应承担减排义务,出资时格外强调"以我为主"的单边主导权,其公共资金主要是政府机构和双边发展援助的资金。对于其他资金源虽有所关照,但并不倚重。二是无偿性模式,以挪威为代表,其所提供的国际气候资金直接通过上游基金,向发展中国家及其下游基金、多边气候变化基金以赠予为主的方式提供,所附条件较少。三是混合式,这是当前资金来源的主要模式,大部分发达国家都将用于向发展中国家提供的公共性气候资金划分为不同部分,有的按照无偿性模式提供,有的通过单边主导性发展援助渠道来提供,更多的是向国际金融机构赠款或融资的方式,追求既能满足发展中国家气候项目用资需求,又能使其保有资金的双重目的。各

---

① Ari Huhtala, Philippe Ambrosi. Making the Most of Public Finance for Climate Action [R]. Washington: World Bank Group, 2010: 3.

② Britta Horstmann, Achala Chandani Abeysinghe. The Adaptation Fund of the Kyoto Protocol: A Model for Financing Adaptation to Climate Change [J]. 2 Climate L, 415 (2011).

发达国家公共性气候资金来源的差异性，形成了来源不同的气候资金在出资成本、用途确定、资金使用与运营主导权、对受资国家要求的对价等方面反差明显的出资现象。但其都是履行公约体系下同一法律义务的行为，这些行为是否适当及履行效果等引起了南北国家的争论。

通常，发达国家参与应对气候变化全球行动事务和职能，多分解到多个政府机构来进行，对外供资也潜含在其主管职能中。发达国家主要通过四类机构进行供资：一是，供具有应对气候变化职能、负责开展行业性国家合作的部门预算。这些部门主要包括国家发展规划、环境保护部门，以及交通、能源和农业等主要排放行业的主管部门。它们利用自身的预算资金，在应对气候变化的相关领域中向发展中国家提供行业性帮助，如人员培训、技术支持等。二是，供对外发展援助、外交和国际贸易部门开展气候事务的用资。对外援助职能部门和上游资金实体用资是这类供资渠道的两大去向，发达国家对外援助等涉及国际气候合作的政府部门，在行使就气候问题方面的国际合作职能，如气候项目对外援助和气候外交，与发展中国家共同发起行动计划、项目等，需要专门的资金预算的作为支持；而国际贸易部门在促进贸易低碳化，对帮助发展中国家应对气候变化的产品服务、投资给予政策性支持、建立风险分散机制等，都需要耗费大量的公共资金。三是，供本国国家开发银行、出口担保等贸易促进机构履行气候资金服务的用资，发达国家的开发类金融机构较多地通过双边渠道直接向发展中国家气候项目提供支助，德国、日本的国家开发银行在此方面尤为活跃，而欧盟在联盟层面的气候出资几乎均通过其下属开发金融机构提供；同时，出口信贷、对外投资担保等公共金融服务机构，也对低碳产品、面向发展中国家低碳投资授予信用。虽然此类机构也往往通过金融市场进行一定的融资，但其国家属性非常明确，且其资本金、公共业务部分往往吸收所在国家财政性资金，属于公私合作性气候出资机构。四是，发达国家建立的上游基金①，即利用公共财政资金或主要利用公共资金并吸纳一部分私营资金，建立的专门从事发展中国家减缓、适应项目资助的资金实体，作为其气候出资

---

① 发达国家成立的专门气候资金实体对外输出气候资金时，由于这些实体处于整个资金链条的上游，故称为"上游资金实体"或上游基金，这类资金实体主要包括：德国的国际气候计划（Germany's International Climate Initiative）、挪威国际气候与森林倡议（Norway's International Climate and Forest Initiative）、澳大利亚国际森林碳倡议（International Forest Carbon Initiative）欧盟委员会建立的全球气候变化联盟（GCCA：Global Climate Change Alliance）等。

的专门性机构。

(二) 国际或国内的碳市场收益

碳市场收益构成了公共性资金的第二个来源。在各国普遍开始重视国内碳市场，CDM、JI等国际碳市场运行逐步成熟，全球范围内对碳定价的方法逐渐明晰的背景下，针对碳市场内交易的排放权指标的价格收益，提取一定比例作为公共性国际气候资金的前景比较广阔。当前，能为发展中国家提供公共资金的市场既包括发达国家的国内碳市场，也包括正在形成和发展中的国际碳市场。

1. 发达国家（地区）国内碳市场的收益

发达国家（地区）在已成立的国内碳排放交易市场中所获得相关收益，是它们获取除财政预算外气候资金的重要来源。内国碳市场收益主要有两个来源：国家拍卖排放权、对排放主体交易行为征收税费。当前，欧盟、澳大利亚、美国部分州等国家（地区）已经建立了碳排放权交易体系，日本等国的自愿性碳排放权交易体系也在建设中，并明确了向强制性模式过渡的发展方向。在这些内国碳市场中，大部分供交易的排放额度都是由国家免费分配所得，少量排放额通过拍卖方式出售给排放主体，国家通过拍卖获得的收益形成了第一种内国碳市场收益，从当前运行最为成熟的欧盟排放权交易体系发展情况来看，总排放额度在逐步降低，并且其中免费分配的比例减少，拍卖分配的比例逐渐增大。除此以外，排放主体之间达成排放额交易、接受交易场所相关服务都需要支付一定的费用。

除直接排放主体参与交易外，许多围绕排放额度展开金融服务（如提供碳期货服务）和技术咨询服务（如排放额度的第三方认证）的机构，它们出售排放额以及提供碳市场相关服务获得的收入，需要向所属国缴纳一定的税费。发达国家可通过直接出售排放额度和征收市场交易费用筹集资金，用以为发展中国家提供气候资金。值得注意的是，该资金来源有扩大之势，随着发达国家逐步建立内国碳排放交易体系，并增加排放额拍卖分配的比例，收入源必然将逐步扩大。部分国家甚至主张在国际贸易中对来自发展中国家的产品和服务采取"碳关税"，以增加收益来扩大气候资金数额，还有部分北欧国家主张将国内征收的碳税收入也作为气候资金。总体来说，国家从内国碳市场获得的收益作为国际气候资金，是符合公约精神和全球减排要求的，是一个前景广阔的公共性国际气候资金来源。

2. 国际碳市场的收益

国际碳市场是获得公共性气候资金的另一来源。《京都议定书》为发达国家履行减排义务设立了三种灵活履行机制，其中清洁发展机制（CDM）的运行效果最为顺利，《巴黎协定》也在此基础上创制了新的"联合履约"机制。发达国家在发展中国家内建成的清洁发展机制项目获得了大量"经核证排放额度"，可在国际碳市场上出售给自身额度不能满足需要的排放主体，主要是发达国家的企业，以及参与碳排放市场以获利的交易商和购买额度用于封存的环保组织等其他买受人。出售所得收益的 2% 贡献给议定书下设适应基金，作为向发展中国家提供的气候资金。此外，对发达国家间的联合履行机制（JI）产生的排放额度也有相似的主张。特别是针对适应资金不足的问题，有的国家还主张对国际航空、海上运输、国际货币交换等经济活动，征收一定费用作气候资金[①]。国际碳市场中新的公共性国际气候资金来源也在逐步扩大，但 CDM 和 JI 机制提供的资金量比较有限，对国际运输征收新的税费要取决于各国对该两大行业内削减排放的国际谈判，扩大国际碳市场的资金源存在较大的不确定性。随着《巴黎协定》引入新的联合履约机制，南北国家间及同类型国家相互间均可以采取支助换减排量的方式进行，京都三机制势将被巴黎模式所替代；但从国际碳市场中抽取一定收益，归集并向发展中国家提供的总体做法应当不会轻易改变。

（三）发达国家内的私营资金

发达国家内也有许多私人实体将自有资金纳入资助发展中国家应对行动中，构成了弥补公共资金数量不足的重要力量。这些私营资金主要来自发达国家的大型企业和机构投资者，提供私营资金的私人企业主要是发达国家中能源、交通等行业里经济规模较大、资金实力较强的那部分。它们既有从事气候相关行业经济活动的实践经验，对拟资助的发展中国家相关项目的运行风险、可行性、预期回报等较为了解，自身具有相对充足的流动资金投入其中。此外通过对发展中国家应对行动的资助，该类企业也能间接拓展国际市场，有利于其自身在拟资助项目中的技术设备采购、管理技术咨询、原料能源采购、项目产品参与国际贸易方面获得决策影响权，与自身在产业链、物流链、信息链、资金链的经营进

[①] Stephen Spratt. Assessing the Alternatives Financing climate change mitigation and adaptation in developing countries [R]. London：New Economics Foundation，2009：54.

行对接。提供气候资金的机构投资者主要是养老金基金、风险投资者等资金持有者，它们主要是追求保值增值而进行的资本管理，项目本身的资产运作等具体环节不是它们关注的重点。

但是，"由于低碳投资属于一个新兴领域，缺乏统一的分析架构，机构投资者往往避免采用直接投资的方式"[①]，私营资金目前多依附于公共资金的方式来进行，主要途径有二：一是，私营资金注入发达国家的上游资金实体中，与发达国家的公共资金一起向发展国家提供双边援助，或向国际性运营实体出资。二是，直接注入国际性气候资金运营实体中，如国际金融公司下的融资机构、国际复兴开发银行下设定的多边气候基金和碳基金等。私营资金直接向发展中国家供资尚未形成规模，这是由于私营资金参与的多为清洁能源等大型建设项目，资金需求量大、项目运行风险和投资风险都较大。

二、气候出资的两种主要形式

供资行为最终是为实现南北国家间资金法律关系的内容而进行，资金从发达国家一端流出时，可能由发达国家直接向发展中国家提供，在南北国家间形成直接出资形式，也可能由发达国家先选择国际性运营实体，再由这些实体向发展中国家提供资金，从而与发展中国家形成间接出资方式。没有任何国际法制度对出资关系的分类及其中内容做出详尽规定，本书是在识别发达国家向公约通报内容基础上形成的认识，旨在考察承载发达国家各国出资行为的关系，应当适用何种法律，审视发达国家供资义务履行的真实情况。

（一）直接性气候出资形式

直接出资形式是发达国家的政府机构、私人和资金实体，直接将公共性和私人性资金提供给发展中国家的资金实体或受资项目而形成的出资关系，它不依赖国际性运营实体作为第三方参与。"直接"性彰显了这类出资关系中南北国家直接面对面的客观状态，不过参与其中的资金既有属于公共属性的财政资金，也有个人、企业等私人实体拥有的资金，它们对受资对象所索求的对价不同，故而直接出资形式可做进一步细分：双边援助机构提供了总援助资金的 70%，而多边援助机构提供了其余

[①] Juan E. Chebly, Federico Ruiz, Austin Schiano. Mainstreaming Sustainable Finance: Market-Friendly Solutions to Climate Change [J]. 42 Fletcher F. World Aff. 65 (2018).

30%。DAC 成员国在双边与多边分配的渠道的选择方面有加强双边援助的趋向①，据此关系输送的气候资金包括公共资金（发达国家政府职能部门的业务预算、对外援助专门预算资金）和私营资金，它们多以无偿或优惠的条件向发展中国家提供，属于发达国家提供的政策性资金，对受资对象索求对价相对较低。

直接出资形式的主体包括发达国家政府机构和上游资金实体两类，资金往往在出资国行政机构的控制之下，相关实体都采用与相关行政部门协商确定资金分配事宜②的方式。政府机构作为出资主体的情形有二：一是，发达国家气候相关行业的政府职能部门，主要包括国家发展规划、环境保护机构，以及交通、能源和农业等主要排放行业的主管部门。它们在主管范围内与发展中国家的对应部门展开国际合作，在减缓、适应气候变化方面为其提供人员培训、技术支持等行业性帮助，这些都需要部门性预算加以支持。二是，发达国家负责对外援助、外交和国际贸易的政府职能部门。气候变化问题凸显特别是"联合国千年发展目标"提出后，气候资金成为官方发展援助的主要目标之一，发达国家对外援助、气候外交部门通常会在财政预算中单列作为官方援助的资金，用于与受资国共同发起行动计划、项目等，直接资助发展中国家国内的各种应对气候变化的行动，以及展开气候领域的外交活动。此外，国际贸易部门则以专门预算建立海外投资保险、气候友好产品和服务的出口信贷等，对相关行业内的国际贸易、投资活动给予政策性支持、建立风险分散机制等，调动本国的私人性资金参与到发展中国家的减缓、适应行动中。

发达国家除以政府机构为出资主体外，还建立上游资金实体为出资主体，包括国家开发银行（如德国复兴信贷银行）和上游基金（如英国的多边气候变化基金，UK's International Climate Fund）两类。在这些上游资金实体中，有的专门作为这些发达国家对外提供气候资金的公共事业部门吸收公共资金，其运行的所有资金由所属国家全资提供。而更多的上游资金实体兼收公私资金，发达国家的开发银行③和部分上游气

---

① 黄梅波，郎建燕. 主要发达国家对外援助管理体系的总体框架 [J]. 国际经济合作，2011（1）：53.

② Wen-Chen Shih, The Role of Governance in Bilateral and National Climate Change Financial Mechanisms [J]. 12 NTU L. Rev. 53 (2017).

③ 吸收公私气候资金的发展银行主要包括德国复兴开发银行、日本国际合作银行、欧洲投资银行等，所吸收的资金多以优惠贷款的金融产品形式发放。

候基金[1]，它们将公私资金合并起来统一经营，成为资金链上公私资金的第一个合流点。当前，由于气候变化效果无法精确预测，加之资本市场的稳定性难以预测，公共性资金是不能完全满足需要的[2]，私营资金参与资助发展中国家势在必行。个人、企业等私人主体的资金参与直接出资形式，主要以对外投资、参与碳市场机制为途径[3]。从国际实践来看，气候领域的私人投资主要存在于发达国家之间，发达国家向发展中国家流动的私人性气候资金，多附随于公共资金而鲜有直接投资部分，上游资金实体、国际性运营实体是私人性气候资金借以参与国际气候资金法律关系的主要载体。换个角度看，针对发展中国家气候项目（一般是大型清洁能源项目）的直接投资，是否具备"气候资金"的优惠性、公益性是存在疑问的。当前发展中国家的可再生能源私人投资之中，有95%左右的资金来自其国内，并且公共性投资机构在其中占主导作用，如我国此类项目投资中83%的部分来自国家性投资实体[4]。不过，私营资金在未来的气候合作中的地位将越来越明显，诚如 UNFCCC 总干事所言，"由于技术与能源使用的方面的创新主要来自民间，私营资金在应对气候变化的资金体系中具有关键性作用"[5]。既要扩大私人投资参与的规模、丰富其投资途径，提高发达国家动员其国内私营资金流向发展中国家的积极性，必须赋予私营资金在公约体系下一定的法律地位；又要区别于国际商业性投资来体现对发展中国家的优惠性，这是未来必须面对的挑战。

在上述两类主体之外，发达国家另有一类由私营资金参与的供资方式，那就是 CDM 机制，向发展中国家清洁生产项目运营者支付的"经核证排放量"（CERs）购买费用，客观上它确实能为发展中国家的项目主体带来资金收益。此外，CDM 机制还可与"REDD+"机制相结合，

---

[1] 公私资金兼而吸收的上游基金主要包括英国的多边气候变化基金、日本鸠山行动发起的快速启动资金、欧委会全球能源效率与可再生能源基金。

[2] Aaron Atteridge. Private Sector Finance and Climate Change Adaptation [R]. Stockholm: Stockholm Environment Institute, 2008: 2.

[3] Aaron Atteridge, Clarisse Kehler Siebert, Richard J. T. Klein. Bilateral Finance Institutions and Climate Change: A Mapping of Climate Portfolios [R]. Stockholm: Stockholm Environment Institute, 2009: 7.

[4] Barbara Buchner, Morgan Herve-Mignucci, Chiara Trabacchi etc. The Global Landscape of Climate Finance 2013 [R]. Climate Policy Initiative, 2013: 23.

[5] Christiana Figueres. Climate Finance and the Private Sector: Investing in New Opportunities Songdo [EB-OL]. http://unfccc.int/files/press/statements/application/pdf/20130512_invest_rok.pdf. 2013—12—29.

使其在获得资助、技术援助等帮助后能自愿地在国内进行减排，该模式更新了对共同但有区别原则的认知[①]。但不论怎样，碳信用机制主要是发展中国家为发达国家代为履行减排义务的代理性费用，本质上是发达国家履行减排义务的手段，而非减排义务之外的供资义务，故而此时的私人主体不能完全视为合格的出资关系主体。

（二）间接性出资形式

发达国家还大量地将本国公共、私人性气候资金，通过世界银行、GEF等全球性国际组织，以及亚洲开发银行等区域性组织下的国际性运营实体，间接地向发展中国家供资。作为经第三方履行供资义务的方式，它与发展中国家之间构成了间接出资关系，不过被发达国家所选中的运营实体性质各异，发达国家与国际性运营实体间出资关系的法律形态各有不同，大致可分为：会员国注资、合作建立资金实体和联合资助发展中国家三类。

一是，发达国家承担相关国际组织的会员国注资义务，向国际性运营实体提供捐款。发达国家向GEF、公约体系下四基金、国际金融机构、多边气候变化基金和联合国相关机构供资，从而形成了间接出资关系。GEF每四年进行一次增资，通过基金的董事会和各成员国进行谈判来确定注资额，并将成员国缴付的资金注入GEF信托基金中，发展中国家气候变化项目用资是其主要资助领域之一，直接从基金中获得资助，而间接地实现了发达国家供资到达发展中国家的效果。公约体系下的四个多边性气候基金更是如此，发达国家根据基金成立文件而向其提供资金，由于这四个基金是专属于公约体系的运营实体，故而其所融得的资金专门用于资助发展中国家的应对行动。国际复兴开发银行下还设立了许多专向性气候基金，以两大气候投资基金，如CIF为典型代表。亚洲开发银行、泛美开发银行、非洲开发银行等地区性多边开发银行，在其支持发展中国家可持续发展的日常信贷业务外，还是全球环境基金、联合国环境规划署气候基金的执行主体。因此，这些国际组织之中来自发达国家的公共资金部分，既包括完成其自身组织目标而接受的会员国捐款，也包括为应对气候专门设置的资金实体而获得的资金。

---

① Sebastien Jodoin, Sarah Mason-Case. What Difference Does CBDR Make? A Socio-Legal Analysis of the Role of Differentiation in the Transnational Legal Process for REDD+ [J]. 5 TEL 255 (2016).

二是，发达国家通过与国际组织合作建立向发展中国家提供气候资金的实体，来实现间接供资的效果，主要包括发达国家与世界银行、联合国机构合作成立双边性气候资金实体。与世界银行合作建立的是各国碳基金（Carbon Finance），它们多由发达国家个别或集体地通过政府机构、上游资金实体出资来发起成立，由国际复兴开发银行作为基金管理人。多数国家的碳基金还吸收来自企业的私营资金，用于购买发展中国家 CDM 项目产生的 CERs，或资助发展中国家项目主体建设 CDM 项目。同时，部分发达国家也在联合国机构下成立专门性资金实体，如西班牙政府和 UNDP 建立千年发展目标实现基金、加拿大与 UNDP 共建了"加拿大气候适应协会"，日本与国际农业研究磋商小组及 UNDP 通过并建立了"非洲新水稻"资助项目。与联合国机构共建资助项目的方式，实质上是资助这些组织在发展中国家开展的减缓、适应行动，既有产业发展低碳化项目，也有专门的节能减排行动。

三是，发达国家与国际组织共同资助发展中国家，通过本国上游资金实体、国内私营资金与国际性运营实体合作，从而形成间接出资关系。针对发展中国家应对计划、项目提供资金的方式，发达国家不采取会员国注资或共建实体的方式，而将本国公私资金直接与国际性运营实体合作来共同资助（Co-financing）发展中国家。这种间接出资方式主要体现于发达国家与国际金融机构的合作供资中，发达国家的上游资金实体（多为国家性开发银行）参与到世界银行、地区性多边开发银行的贷款项目中，与其形成混合贷款（Blended Finance）、银团贷款的方式来向发展中国家供资。或者购买世界银行、地区性多边开发银行发行的气候债券，通过将本国公私资金注入到国际资本市场，来为发展中国家气候项目融资。这种间接出资关系在具体项目的用资审核上遵从国际金融机构的业务规则，但在出资模式上，发达国家保有资金所有权，从而形成一种经国际金融机构间接向发展中国家融资的出资方式。

三、发达国家利用的气候出资主要工具

虽然国际气候资金的来源多种多样，但是发达国家的两类出资关系却共用了各类出资工具，它们在出资者和受资者之间形成了不同的利益格局，也就意味着不同的出资工具对发达国家履行供资义务的贡献程度是有异的。因此，我们应当综合地分析各类出资工具的特征，研究它们的利用方式及其是否符合"气候资金"的内在特征，进而发掘发达国家出资实践与公约体系之间是否存在差距。总体说来，发达国家主要通过

债权融资（debt）、股权融资（equity）、信用贷款（credit line）和赠款（grants）等形式为发展中国家提供气候性资金[①]，形成了气候赠款、气候贷款、气候投资、气候技术援助四类出资方式，它们是直接、间接出资关系所共享的工具，但对两类出资的侧重有所不同。

（一）气候赠款

气候赠款即是以无偿的形式履行供资义务的行为方式，发达国家对外提供的气候赠款主要通过公共性资金来进行，私营资金很少参与其中。接受气候赠款的对象包括发展中国家和相关国际组织，但发达国家向不同对象提供气候赠款所依据的法律关系是不同的，必须加以区分。

一方面，双边性援助是发达国家提供气候赠款的重要方式。对与发展中国家达成的双边性合作项目，发达国家的对外援助等政府职能机构、上游气候资金实体，主要利用公共性资金直接对这些项目的设计、前期论证、机构组织、实施准备等前期环节，以及运行中的诸环节所需资金给予资助。既有对双边协定的特定合作项目直接给予资助，保障其能够顺利完成并达到预期目的，也可以对选作受资对象的发展中国家的下游资金实体注资。至于具体实施哪些项目以及怎么实施则按照这些资金主体的组织规则进行，如巴西亚马逊基金、刚果盆地国家的刚果盆地基金、圭亚那的圭亚那 REDD 基金等皆是如此。双边性气候赠款源于发达国家与特定发展中国家的双边协商，从形式上似乎可以成立于任何南北国家之间，不过在实践中，发达国家选定特定发展中国家无偿地提供气候项目的赠款，背后隐藏着丰富的政治意义和历史渊源。首先，发达国家采取双边性赠款的方式，能较好地发挥资金主导权。与多边机制注资相比，双边性方式在出资数量、用途、运行监督等环节，以及在赠款之外要求受资发展中国家履行的其他对待义务方面，能够使其更有利于提供赠款的发达国家。其次，双边性赠款也体现了发达国家筛选资助对象的能力，不仅能够在帮助其增强应对气候变化能力、减轻负面影响之外，还能稳固双边政治关系和其他领域的合作，如对能源关键国的双边性援助即是如此。这些受资国有的是发达国家需要在政治上团结的对象，有的是旧国际社会秩序下的殖民地，对以往的殖民地提供气候赠款，也具有丰富

[①] Aaron Atteridge, Clarisse Kehler Siebert, Richard J. T. Klein. Bilateral Finance Institutions and Climate Change: A Mapping of Climate Portfolios [R]. Stockholm: Stockholm Environment Institute, 2009. ix.

的历史含义。最后,双边性气候赠款也是发达国家用以履行官方发展援助(ODA)的方式,许多发达国家在向公约机构提交的国家通报中,明确地将提供的气候赠款划入本国 ODA 资助范围中,并且采取以往 ODA 的受资国、受资项目的选拔和管理制度。当然,发展中国家要获得双边性气候赠款,许多时候要满足发达国家提出的相关条件,按照其提出的要求对赠款项目所涉及的行业和地区的管理模式和制度设计做出调整,所以说气候赠款是法律性和政治性兼具的出资模式。

另一方面,发达国家提供气候赠款的第二种方式是向国际组织注资。作为业务范围涉及气候问题的国际组织的成员国,发达国家承担了主要的注资义务,供该组织展开业务。接受气候赠款的国际组织主要有两类:国际金融机构和多边气候变化基金。这些国际组织在接受赠款后,不一定也以赠款方式向发展中国家供资,而是根据其自身运行规则对收集的资金加以利用,有的以赠款方式供资,而有的则以优惠贷款等有偿的形式向气候资金链下游主体提供。首先,发达国家向多边气候基金提供了大量的气候资金,这是发展中国家最乐于接受的提供方式,但是规模较小。接受注资的多边气候变化基金主要包括四类:一是公约体系下的四大气候基金,包括气候变化战略基金、最不发达国家基金、《京都议定书》下的适应基金,以及新近建立绿色气候基金,这是发展中国家接受程度最高的出资方式;二是,全球环境基金下属的信托基金,它已经获得了成员国的多轮注资,是当前向发展中国家提供气候资金规模最大的多边气候变化基金,这也将吸收来自发达国家赠款的重要实体;三是,联合国机构及世界银行建立的气候基金,主要包括两大气候投资基金[①]和森林碳伙伴计划三大基金,以及联合国发展规划署、能源署等联合国机构所属基金,它们是在特定行业和领域内开展帮助发展中应对行动的重要力量,如联合国森林减排计划(UN-REDD);四是,发达国家与联合国机构、世界银行合作建立的专项基金和碳基金。部分发达国家单独出资与联合国机构联合建立专项基金,如西班牙政府和联合国开发计划署建立千年发展目标实现基金,由该机构加以管理。它们从发达国家吸收公共资金,并以赠款作为主要方式,向发展中国家提供资金,是履

---

① 世界银行下属两大气候投资基金是清洁技术基金和战略气候基金,而战略气候基金又包括3个子基金:森林投资计划(Forest Investment Program)、抵御气候变化先锋计划(Pilot Program for Climate Resilience)、低收入国家可再生能源扩大计划(Scaling-Up Renewable Energy Program for Low Income Countries)。

行公约体系下供资义务的典型方式。而在世界银行下建立的碳基金，则是由发达国家与世界银行合作建立，其中许多还吸收私人性资金参与，主要用于购买 CERs。

但由于其出资是以发达国家自愿为基础，未能划定明确的出资份额，使得这些基金的资金规模有限，其中 GEF 信托基金还是官方发展援助体系的一部分，对其供资是否全部纳入公约体系下的义务履行，殊值疑问。

（二）气候贷款

气候贷款是发达国家履行供资义务的另一种重要方式，也是当前气候资金从发达国家流向发展中国家的主要方式，资金规模和运行规则的完善程度都远高于气候赠款，多以时间跨度较长、利率水平较低的优惠性贷款方式进行，当然也不排除商业贷款。发达国家以气候贷款的方式出资的资金不限于公共资金，也包括通过上游资金实体筹集的私营资金，这些资金不仅通过发达国家直接向发展中国家发放气候贷款，还包括以贷款的方法向国际组织提供气候资金，而相关国际组织则又以贷款的方式向发展中国家发放。这就形成了两种主要的气候贷款模式，双边性贷款和向国际组织提供贷款，发达国家的供资义务在其中所呈现的样态有所不同。

第一，双边性气候贷款方式。这种出资方式由发达国家的政府机构及其建立的上游资金实体来实行，而后者所扮演的角色更为重要。它们往往利用吸收的公共资金和私营性气候资金，与特定发展中国家达成双边合作协定，直接以双边性贷款协议的方式完成气候资金的输送，供发展中国家的气候项目使用。有的国家以本国的公共资金为主要来源，向发展中国家的相关项目提供贷款。而更多的发达国家集中公私性气候资金来提供贷款，或者由发达国家的国内开发银行进行，如德国复兴开发银行、日本国际合作银行；或者由其上游气候基金来具体执行，如挪威国际气候与森林倡议等。这种双边性贷款性质上属于债权性融资，实践中往往是针对发展中国家的具体项目，采取低息贷款的方式提供资金，与双边性气候赠款一样，它很多时候也作为发达国家实施官方发展援助的一种形式。

第二，向相关国际组织提供气候贷款。发达国家除以赠款方式向相关国际组织提供气候资金外，由于这些国际组织的业务种类具有多样性，它们在特定业务范围内也接受发达国家以贷款方式提供的资金，这在世界银行集团和地区性多边开发银行构成的国际金融机构体系内运用较多。

世界银行集团中，国际复兴开发银行、国际金融公司和国际开发协会将向发展中国家提供发展性贷款的业务不断向可持续发展方向推进。其不仅通过赠款方式向发达国家凑集资金，并且较多地采用贷款的方式向发达国家的金融机构或相关资金实体融资，同时利用自身资金与发达国家金融机构组成银团，来集体地向发展中国家提供气候资金。这在发达国家及其国内相关主体与国际组织之间构成了有偿获得气候资金的出资关系，当然这与相关国际组织的具体业务运行是相关联的。

（三）气候投资

气候赠款是无偿提供的气候资金，气候贷款是采取债权融资的方式提供的气候资金，在此之外还广泛地存在发达国家及其资金实体、国际组织、私人投资者对发展中国家气候项目进行股权性融资，即气候领域的国际直接投资。单纯对减缓、适应气候变化的国际直接投资是一种国际商事行为，很难说是发达国家履行供资义务的一种，因为其母国并没有在其中承担任何的投资成本，也未承受任何的投资风险。

但是，发达国家及其所属的资金实体对发展中国家的气候项目直接地给予了大量的投资，这其中还包括了许多私营资金的投资与其一并进行，形成了公私合作共同投资的模式。针对发展中国家气候项目的直接投资，除由发达国家及其公共机构发起外，还采取了针对气候项目海外投资的政策性激励手段，撬动国内私人投资者向发展中国家进行直接投资，鼓励它们到发展中国家新建新能源、能效服务、风险管理咨询服务等行业的企业，或参股、收购相关企业，开展国际气候投资。在这种情况下，公共资金实际上承担了海外投资中许多前期性费用，也分担了一定的海外投资风险，与普通的私人投资有所差别。如美国进出口银行下的"环境出口项目"（EEP）向在污染治理、生态与森林管理、可再生与替代能源项目（包括光伏、风能、生物质能、燃料电池、废物能源化、水能发电和地热）、空气与水质量测控产品等方面的出口提供保险、流动资金支持和贷款担保等特殊财政支持。因此，这部分由国家最终承担的气候投资成本是非商业性质的，在当前公共资金数量和流动方向不能充分满足供资要求的背景下，引导私人投资者特别是机构投资者，将资金投向发展中国家的气候变化应对行动是战略举措。

除海外投资的形式外，国际组织也利用自身收集的公私资金，直接投资发展中国家的气候项目，它们作为国际性机构投资者，往往采取购买项目融资有价证券的方式。当然，来自国际组织的资金主要还是采取贷款的方式发放，其次是以赠款的方式进行，股权性投资的方式相对较少。

（四）气候技术援助

以赠款、贷款和资金投资的方式都直接利用资本作为供资的工具，但发达国家也往往将技术入股或作价作为气候投资的重要方式，技术被当作向发展中国家提供的资金。当前，以技术援助作为供资方式主要存在与两种情形下：

一是，发达国家在 CDM 机制中很多时候以技术作为出资的方式，并且这是发达国家参与 CDM 机制的典型方式。在这种机制下，许多发达国家的企业实际上是用技术而非资本来与发展中国家企业联合申请项目，利用其提供的技术及相关设备所具有的清洁化生产的优势，往往能产生一定的削减温室气体排放的实际效果，并且这种效果能在国际碳市场上兑换为"经核证排放额度"，也就意味着转化成为一定数额的资金。

二是，发达国家的投资者以技术折价的方式投资发展中国家的气候项目。从国际实践看，气候投资特别是私营资金主要投向了新兴经济体国家的大型减缓项目，特别是太阳能、风能等新能源项目是投资的热点，而适应项目吸引的投资资金比较少。这些减缓项目多属于技术密集型行业，许多核心技术和尖端技术都掌握在发达国家手中，而这其中许多技术属于这些国家在国际贸易中限制出口的范围。来自发达国家的新能源等项目的国际投资者往往利用自身掌握的先进技术，作为建立联合企业或入股、收购目标企业的对价，从而利用一些关键技术成为发展中国家气候项目的股权拥有者。这是技术发展在各国间不平衡的综合体现，也符合减缓项目投资的客观需求，即便给予大量的资金也最终要转换为特定的技术，特别是先进的设备，才能对发展中国家的应对行动产生实实在在的积极效果。

虽然公共资金和私营资金都形成了对发展中国家提供气候资金的事实关系，但各对关系相似的客体表现中却有着不同的价值追求，私人、公共资金主体之间的行为未必具有重合性。多源多方式的出资行为形成了多层次出资关系，它们之间可能是相互平行甚至没有必然联系的国际性关系，也可能相互间存在包含和隶属关系。

第四节 国际气候出资行为的制度性反思

通过多重关系实施的出资行为，最终在制度客体要素呈现出两大特征：一是资金具有货币资金和技术两种形态，多数时候表现为货币形式的资金，特定情况下也可以是技术援助。二是资助中有偿和无偿条件相结合地使用，气候投资、贷款等出资形式形成有偿性资金的客体，而赠款形式则形成无偿性资金的关系客体。虽然发达国家的政府机构、资金实体、私营性主体已在国际实践中，直接或间接地为发展中国家提供了大量的气候资金，但这其中混杂了着不同层次的国际法权利义务内容，与ODA、国际商业投资等关系都可能存在交叉。上述国际法规范作用于出资关系，调整发达国家将公私资金直接向发展中国家提供，或向国际性运营实体提供，并通过其间接地向发展中国家提供资金的各类行为，在公共与私营资金的差异、发达国家对出资关系的主导性、出资行为对公约体系的符合性方面，呈现出了较为明显的特征，揭示了国际气候资金法律关系在其第一个环节——出资中所面临的法律挑战。

一、出资行为可持续性的保障不充分

虽然由发达国家出资、发展中国家获取气候资金的关系结构，以及其总体规模和资金流向相对清晰，当前客观已有数量可观的资金流，但是资金的气候属性及其额外性、专门性保障是不足的。从资金源出角度的制度保障分析，既有出资规则存在着内在矛盾：从扩大资金规模角度上应当保持资金来源、工具等的开放性，而从甄别资金气候属性的角度应当确保资金评价的相对封闭性，特别是公共资金与私营资金、专门性气候资金与其他与气候相关但属性上归属于其他法域的资金间关系，应当有制度的防火墙。资金在气候与非气候、用于气候问题解决的资金在归属于公约体系与不归属于公约体系时，存在着现实需要扩张与制度评价收敛方面的内在冲突。

（一）出资行为扩张需求与定性收敛性间的对立

质言之，二者间对立关系体现为：南北国家对来自不同主体、以不同形式向发展中国家供资的法律效果，有着不同看法。于气候变化应对的客观需要而言，气候资金从无到有，迄今仍无法满足全球一致行动的

需求。从资金的类型和总体数额等现实利益来考量，应当坚持扩张性策略来将不同主体、不同目标的资金，尽可能多地吸引到减缓、适应行动中。对其中的非公共资金部分也可赋予合理的投资回报，毕竟如果没有这部分出资，应对行动将陷入无资可用的境地。在这一事实问题的认知上，南北国家应当是高度一致的，但对资金的定性及其制度归属方面，发达国家往往不愿过细区分，但发展中国家及国际公约体系却不能听之任之，必须区分出哪部分资金用于履行何种国际义务。例如，根据 2009 年哥本哈根大会的约定，由发达国家在 2010—2012 年向发展中国家提供 300 亿美元的气候资金，到 2020 年每年提供 1000 亿美元的资金，那么发达国家哪些出资可以计入 300 亿和 1000 亿的额度中？虽然南北国家对"气候资金"具体内涵存在争议，但在保障对发展中国家无偿性或一定程度优惠性的前提下，尽量扩大资金规模是国际共识，当前五种形式的出资法律制度不利于总体上扩大出资量，也不利于公约体系辨识特定资金的气候属性。

可见，既有制度中出资关系下资金源的开放度不够，主体类型上存在封闭性，使既有出资的可持续性程度较低。发达国家在国际法层面上承担的提供气候资金的国际义务，会动用国内的各种资源，包括公共资源和私人资源在内。在既有数量上，未来十年还需要撬动 20 倍的其他公共、私营资金参与[1]，扩大国际气候资金的整体来源是未来必须考虑的重大问题。国际实践已经反映出来，公共资金既存在规模有限，又存在发达国家供资意愿有限的困境，加之全球经济的波动对供资能力的影响，调动私营资金参与已经不可避免。而私营资金确实是气候资金中挖掘不足的"富矿"，诚如联合国前秘书长潘基文所言，"目前养老基金中只有不到百分之一的资金投入到了可持续基础设施项目之中。特别需要赢得那些加起来管理着 70 兆美元资产的机构投资者的支持"[2]。发达国家的私营资金也需要寻找保值增值的投资对象，既有供资量离发展中国家用资需求相去甚远，这就说明，既有出资法律制度下私人国际气候资金的供需关系没有建立起来，具体体现有二：一是，当前参与资助发展中国家的私营资金主要依附于公共资金运营机构进行，以气候贷款作为主要的

---

[1] Richard Hosier etc. Beyond the Sum of Its Parts Combining Financial Instruments to Support Low-Carbon Development [R]. Washington：World Bank，2010：2.

[2] 联合国新闻中心. 潘基文呼吁加大公共和私营投资 共同应对气候变化挑战 [EB-OL]. http：//www. un. org/zh/development/desa/news/financing/climate-financing. html. 2014-04-04.

出资方式。在既有法律制度框架下，不论是以公约体系还是以其他机构渠道，发达国家向发展中国家的供资都具备一定的优惠性、援助性，从出资关系可能产生的法律效果来衡量，私营资金的利益诉求，与资助对象的公益性之间存在张力，造成资金规模缺乏稳定性。二是，缺乏私营资金的直接投资模式，没有出现大量独立的私人性投资实体，特别是缺乏专向性机构投资者。这既源于气候项目投资风险，也源于私人的商业性投资缺乏计入发达国家供资义务的制度通道。

（二）公私资金间未划分出清晰的性质层次

既有法律制度下形成的出资关系结构过于扁平化，公私资金在其中的分工机制没有实现，甚至有学者认为在气候合作方面，企业发挥的实际领导作用较国家更明显[1]。这也就解释了公共资金主导下私营资金供需关系不畅的问题，现行制度对出资关系的效果设定过于单一，造成公共资金要贯穿于资金链始终，全程经历出资—运营—用资环节，对公私资金的制度效果设定上，均希冀每笔资金从发达国家到发展中国家。这样一来全链条中不仅存在由于管理成本、汇率因素等造成的资金耗损，也造成低效率、高成本的供资预期。可见，既有出资法律制度没有对公私资金形成合理的分工机制，公共资金对私营资金的"孵化"作用没有形成。较为理想的状态是，发达国家的公共资金分担国内私营资金参与的前期投入、经营风险和信息成本等，发挥其杠杆效应使到达发展中国家的资金中私营资金占重要成分。通过形成公私资金分工格局，让公共资金承担私营资金的运行成本，私营资金去承担发展中国家气候项目的运行成本，赋予出资结构多层次的效果。

这种效果之所以没有形成，是因为现行制度有两个问题没有解决：一是，私营资金被计入发达国家履行供资义务中的规则没有形成，在公约体系下公共资金是识别度最高的"气候资金"，虽然京都二期协议都呼吁调动私营资金参与，但私营资金在公约体系下的法律地位还没有"正名"。公共资金调动私营资金是国际义务的额度、归入如何认定，在现行法律制度下缺乏明确的规则。例如，甲国（发达国家）以10万美元建立了海外气候投资的专门保险，调动了A公司向乙国给予100万美元气候投资，甲国供资额度是10万还是100万？如若A公司是乙国企业又如何

---

[1] Elizabeth Burleson. Climate-Energy Sinks and Sources: Paris Agreement & Dynamic Federalism [J]. 28 Fordham Environmental Law Review，1 (2016).

认定？二是，当前出资所依赖的双边渠道和国际性运营实体，还没有形成公私资金配合的业务规程和相对稳定的资金工具，它们多是将公共资金和私营资金作为两类等同的资金源，合并起来形成规模优势来向发展中国家提供。而没有形成以公共资金补偿私营资金的交易成本，来调动更多的私营资金参与的机制，这些运营实体既缺乏内部动力，也缺乏来自公约体系的规则指导。所以，既有出资法律制度对资金关系结构、公私资金分工等问题未形成有效引导，造成公约所欲实现的资助效果未能体现于出资关系中。

二、发达国家的出资渠道选择权是利益平衡点

虽然发达国家在公约体系下承担着供资义务，但对该义务的程度和履行方式只做了总体性、原则性的规定，这些规定不仅内容不甚清晰，其效力上仅针对供资最后效果。在出资环节，发达国家在考虑其公共、私营资金如何对外输出时，面临的出资渠道是多元的，"发达国家不可能在对资金用途缺乏掌握的情况下，向区域和次区域性项目提供资助"[①]，其所做出的选择不仅是选择了特定的渠道及其中的运营实体，更是选择了不同国际法体系作为调整其出资行为的规则。

在直接出资形式中，发达国家以双边援助和上游基金来进行出资，发展中国家获得资金的成本会较低；而如果其采用本国国家开发银行来出资，由于这些实体主要利用贷款工具，同时也吸收私营资金参与，营利色彩会更重。在间接出资关系中，如果发达国家向 GEF 信托基金、公约体系下四大基金、UNDP 等联合国的经营实体注资，由于它们多以赠款的方式转递资金，从事的资助活动气候属性也比较浓厚，发展中国家获资成本低，对其减缓、适应行动的实际效应强；而如果其采取向国际金融机构下的多边基金、碳基金注资，或者购买其发行的融资工具，此时金融属性决定了市场化程度较高，从而使发展中国家的获资成本也较高。于此，发达国家实际上面临着四种收益率不同的出资渠道，每种渠道对公约体系所要求的供资效果实现程度是不同的。它在四者间做出的选择既影响发展中国家获资的成本，也影响着特定资金法律属性的认定，在这个意义上，以与公约体系接近程度为标准重新审视，可以得出如下的排序。

---

① Benoit Mayer. Environmental Migration: Prospects for a Regional Governance in the Asia-Pacific Region [J]. 16 Asia Pacific Journal of Environmental Law, 77 (2013).

首先，最符合公约体系要求、对出资法律制度实现程度最高的是向GEF信托基金和公约体系下四大基金的注资，它们是公约大会明确指定的资金机制；其次，是向联合国机构经营实体的注资、通过政府机构和上游基金提供双边性援助，它们对发展中国家的优惠性较高，但在资金性质上是兼具气候属性与ODA属性，实现公约体系指导的出资法律制度时混入了《千年发展目标》的实现问题；最后，是以发达国家开发银行、国际金融机构所属经营实体出资，它们多以优惠贷款方式进行，对发展中国家要求的对价较前两类方式都高。并且，气候领域内具有最高的项目融资价值的主要是减缓领域，而适应领域对国际金融性资金的吸引力较弱，不太符合对减缓、适应平衡供资的要求，因而对出资法律制度所欲达成的目标实现程度最低。

更为重要的是，发达国家对出资渠道的选择不仅产生了对公约体系目标符合性的差异，更是产生了选择各渠道及其运营实体背后所代表的国家范围和气候利益的差异，出资选择决定了多少国家能获得气候资金以及能获得多少资金。在通过公约体系下的资金机制出资之中，GEF信托基金和公约体系三大基金是面向全部发展中国家的，其中的LDCF还是专门针对最不发达国家的，其资金惠及的国家范围是最广的；而第二类双边、多边的援助性出资渠道，则面临着发达国家自身、联合国机构及其运营实体对资助对象的限定；而第三类以国家开发银行、国际金融机构为出资渠道的，虽然它在形式上没有限定发展中国家的参与机会，但其业务范围决定了大型投资项目密集、用资能力强的发展中国家会胜出，实质上是淘汰了应对行动能力最薄弱的那些发展中国家。同时，世界银行的价值取向和GEF的公正性，受到了一定质疑[1]，国际性运营实体的公信力还存在疑问。发达国家对不同渠道的资助效果和法律实现效果是心知肚明的，它将特定资金投向特定渠道就意味着其选择该渠道所产生的制度效果，各类出资加总起来就是公约体系在出资环节实现的总效果。由是观之，发达国家对出资渠道的选择，是决定出资法律制度能否实现及实现程度的关键点。

反过来说，如果公约体系要提高国际气候资金对发展中国家的真实受益，并在法律效果上保持与公约体系划定的目标一致，则必须对发达国家的选择权加以约束和改善。追根溯源，发达国家的选择权是《框架

---

[1] John Vidal. Rich nations failing to meet climate aid pledges [N]. Guardian, 2009-02-20.

公约》第 11 条第 5 款、《京都议定书》第 11 条第 3 款构成的"授权条款"赋予的，要优化其选择权的行使，需要公约体系在该两款约文的实施方式方面做出进一步的规定。

三、公约体系对出资行为的直接约束力有限

公约体系对出资关系运行效果的规制，主要体现资助总体目标—资金机制—资金渠道的开发性授权条款之间的配合关系上，从逻辑上是周延的，但要付诸实践则需要外部制度的声援。可以说，公约体系直接约束发达国家出资行为是乏力的。

诚如国际气候资金法律制度发展历程所呈现，公约体系下设定的发达国家供资义务，大体上是从整体上设定了供资条件并划定用途范围，强调发展中国家受资后的对待义务，并对其进行了相对抽象性、目标性规定；关于具体动用的资金机制条款中，既规定公约体系自建资金实体的规划，也授权非公约性双边、区域、多边资金实体可提供合格的气候资金，渠道所依附的国际组织相互间的独立性，决定了非公约性渠道的出资要与自有实体供资进行统一性评价存在着实践难题。总体的资金目标规定既适用于公约体系内，也适用于其他渠道的资金流，构建起同一目标与异质化手段间的反差关系结构。

而位于公约体系内、外层次联结点的，是承担出资义务的各发达国家，当其面临着不同出资渠道、各渠道背后可能适用的不同法律制度渊源选择时，理想的气候资金优惠性、单向性等全球公共产品提供的期待，就会被资金效率、控制权等现实因素扭曲，适用于出资行为的制度结构也可溢出公约体系的调整范围。虽然公约体系指定了 GEF 作为资金机制，并通过多个协议成立了自有的多边气候基金。除此专属于公约体系的出资渠道外，非公约性出资渠道多是由发展援助制度经年形成、当前仍在良好运行的现成机构。公约内外的渠道在运行效果上两相对比得出，投向气候领域的公共资金主要通过双边援助和联合国机构出资渠道[①]，特别是私营资金主要通过国际金融机构、国家开发银行实现出资，公约性资金实体在资金体量和类型丰富性上处于明显的劣势。这种反差不仅停留于供资实践层面，在法律规范层面上也势必形成非公约出资渠道所遵循"援助论坛"、OECD 援助规则等制度渊源，在气候资金国际法体系

---

① Barbara Buchner, Morgan Herve — Mignucci, Chiara Trabacchi etc. The Global Landscape of Climate Finance 2013 [R]. Climate Policy Initiative, 2013: 12.

中具有更大的话语权，其实际作用于出资行为的效果相较公约体系设定的资金目标更直接、更深刻。事实上，发达国家通过选择出资渠道，也就完成了出资行为实施使用的制度渊源类型，使得调整发展援助的《巴黎宣言》《阿克拉宣言》及双边性援助协议等规范，对气候资金的调整效果一定程度上替代公约体系下资金条款。

这样一来，既有出资法律制度起源于公约体系，但在运行中却援引着以官方发展援助为主导的外部规范，公约体系的直接约束使用主要体现于自有实体运营的少量气候资金，而主要部分资金敞露在外的格局，在法律意义上关于发展援助的实施性规范反客为主，取代了公约体系原本应有的中心地位。评价资金性质与资助效果，在技术上、规范上、责任上更多地倚赖发展援助规则来进行，有将气候资金认作为"与气候相关的发展援助"的特殊形态之虞。这种在 ODA 规则与公约体系之间创设出"一般—特殊"的事实关系，与公约体系对出资行为设定"目标—手段"既定方案大相径庭，当公约体系对出资行为的约束力要到达发达国家时，必须援引外部渊源作为出资与否、性质如何的认定标准，这种局势是由发达国家运用公约体系授予的出资渠道选择权而造成，该制度根源上就指向了该"授权条款"缺乏约束性规则的弊端，其仅授权出资国广泛选择，而对非公约性渠道出资缺乏评价标准、遵约程序审查、责任约束的规则设计，缺陷充分地展示了出来。

综上，发达国家为何采取去向多元、手段多样，而不是向公约体系下自设的专门基金出资？这些分散性实践做法的制度共性在于，形式上履行国际法规定的出资义务时，寻求实质上控制资金支配权。之所以在其出资义务概括规定下容许高度自主的出资方式，恰源于公约体系规定的发达国家供资义务，还停留在是否出资的形式要求层次。面对庞大的用资国群体、广泛的用资项目范围，出资国在兑现承认时对地区优先性、资助程序、对象合格的标准，具有较大的选择自由。在发达国家还在其他国际法体系下承担着出资义务，在其客体与气候议题存在关联性时，就会出现重复、冗余、缺乏系统综合性等问题[1]。资金源方面公私资金的合作关系并未形成，公约体系自身对私营资金的制度供给不足，以及对"授权条款"适用的约束规则也缺位，造成了发达国家选择自由度过大，甚至将发展援助方面的法律制度引入，抵牾了公约体系对出资的制

---

[1] Gareth Porter, Neil Bird, Nanki Kaur etc. New Finance for Climate Change and the Environment [R]. Washington: Heinrich Böll Foundation and WWF, 2008.10.

度预期，发展援助法律制度下的义务将公约体系下的供资义务"边缘化"。这就决定了国际气候资金法律制度在出资这一源头上，出现了根本的偏离，通过双边援助的资金是否属于公约体系的气候资金在现行制度下成为一个无解的问题，通过国际性运营实体传递的资金在根源上是否具有"气候属性"，也是很难厘清的。

第四章 国际气候资金运营法律制度

在发达国家选定出资渠道后，资金链的下一环节即是如何到达发展中国家，气候资金运营问题决定着资金链后半段的实际效果，近150个发展中国家提出的巨额气候资金需求，受国别、地域、行业等经济性或气候性效应的影响，使用资金的效率上也存在差异性。处于南北国家资金联系之间的，是数量众多且性质多元的资金运营实体，既有公约体系下自设性实体，更有公约体系之外的其他双边、多边实体。根据发达国家（地区）2011—2016年的资金信息通报显示，仅各国通过多边渠道提供的气候资金，参与运营的国际性机构即多达213个；加上各国（地区）的政府机构、国内开发银行等实体，特别是双边性出资多由其国内机构直接运营，保守估测运营主体至少有350~400个。

当资金从发达国家转移到运营实体后，发达国家的供资义务就从出资环节进入到中间性运营环节。由于多部运营实体并非公约体系下自设机构，即使是，也都是相对独立地利用筹集的气候资金，注册特定发展中国家的受资项目。从制度来源看，公约体系缺乏对运营过程的具体规制，各机构掌控的资金实际上受其内部治理规则和业务规程的调整。从实体法角度看，发挥决定作用的是资金链中游的运营主体的意志，而不是公约体系或公约机构的直接规定。虽然不同机构在项目层面具体设定的操作规则大相径庭，但运营规则总体上呈现出运营机构内部治理的"软法"，发挥着为发达国家履行硬法国际义务的功能，在实质内容上是国际硬法在中间资金环节的具化工具。

这些运营规则是决定发展中国家获资的条件、数量和对价的直接规定，某种程度上说，即便发达国家资金到位，并不意味着应对行动能有效开展，适应资金就是典型[①]。而运营规则的内在一致性规律，需从多

---

① Benito Müller. International Adaptation Finance: The Need for an Innovative and Strategic Approach [R]. Oxford: Oxford Institute for Energy Studies, 2008: 4.

元主体的多样化运营实践中去抽取提炼，运营主体成立文件中对其法律地位的定位不同，决定了资金运营的业务侧重点各不相同。基于此，本书将以微观视角深入不同类型的运营主体内部，通过剖析各运营主体的规则的异质状态，从中辨认、识别和评价其履行公约体系下资金权利义务的情况，呈现运营规则体系内部的整体结构。

第一节　国际气候资金运营行为的制度渊源

当发达国家以区域、多边的渠道供资，相关国际性运营主体成为发达国家履行供资义务的代理人，出资完成后该资金则受运营主体所控制，供资效果则取决于运营主体继续向发展中国家提供资金时所使用的法律制度，即"国际气候资金的运营制度"。不同的运营主体就不同的内部治理规则和业务规程管理运营资金，此时这就意味着，发达国家供资义务的实际履行情况主要建立在"运营主体类型""资金具体运营规则"两个基点上。这是就发达国家向国际性气候资金运营主体提供的间接出资而言的，隶属于其政府的上游资金实体（国家开发银行、上游基金）由于受发达国家意志所主导，只是其履行供资义务的国内分支机构而已，其内部运行规则属于直接出资形式范围内，不在第三方的资金运营之列。运营主体随着国际气候谈判的进展而富于变化，总体数量不断扩张且类型多样化，参与范围亦逐步扩大，也有少量运营主体退出了历史的舞台。但不论实践主体如何改变，运营行为的正当性均系于公约体系下关于出资渠道任意性选择的"授权条款"。本书对运营环节的研究目的，旨在确定发达国家通报的众多运营主体及其资金行为是否具有履行公约义务的气候属性，结合公约附属履行机构针对发达国家资金信息通报做出评价性报告，将前文出资制度中论及双边性直接出资和三类多边出资机构（国际金融机构、多边性气候基金、和联合国专门工作机构）进行细分：将多边性气候基金中属于公约体系自有的六大基金独立成一类，即"公约体系内资金主体"（下文简称公约性主体）；将运营其他多边、双边出资的主体归为"非公约体系资金运营主体"（下文简称非公约性主体），以下详述。

一、公约体系下的资金主体运营状况

自《联合国气候变化框架公约》建立时起，公约体系就意在建立自

有的资金机制,仅是出于扩大资金规模和出资范围的目的,才授权发达国家可采取除公约自有机构外的"其他"渠道出资,只不过出现了后者喧宾夺主的现象。不过,从制度运行的初衷和资金法律性质的识别而言,公约性主体是最为明确的气候资金运营者,其自有六大基金,各基金获资额度(2011—2016 年)占比如图 4-1 所示：

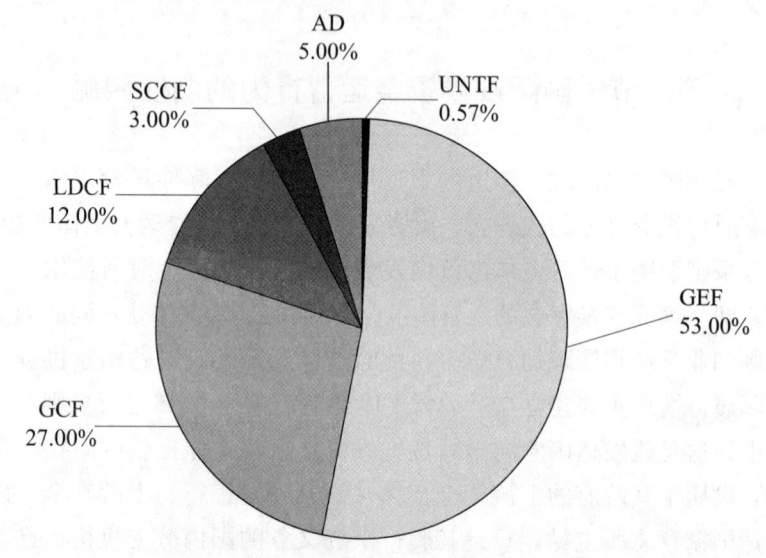

图 4-1　公约体系下六大基金获资额度结构图（2011—2016 年）

一是,GEF 信托基金中的气候资金部分,六大基金中受资规模最大的一支。作为提供环境保护国际资金的专业性运营主体,GEF 建立了专门的信托基金,通过四年一轮的增资谈判从成员国获取资金。虽然其已成为获资量最大的多边环境基金,也将应对气候变化列为其主要业务领域之一,所属信托基金成为最大的发达国家提供气候资金基金通道。但是,除担任公约体系的资金机构外,GEF 还担任了生物多样性公约、荒漠化公约、有机污染公约和汞公约的资金机制,所属信托基金还将资助这些国际环保行为。从第六轮融资开始,气候变化领域用资额已从第一降至第二,在第七轮融资的用途分配方案中,气候资金部分仅占19.8%,其他领域的占比分别为生物多样性保护(31.9%)、化学品与废物(14.8%)、土壤保护(11.7%)、国际水域保护(11.4%)及其他[①]。

---

① GEF Trustee. GEF－7 Resource Allocation and Targets [EB－OL]. http://www.thegef.org/council-meeting-documents/gef-7-resource-allocation-and-targets,2019－07－24.

在运营这些归属不同领域的资金时，GEF大会和理事会即从各大公约接受指导性意见，通过内部治理机制将其转化为具体执行措施。

二是，公约体系建立的最不发达国家基金（LDCF）、气候变化特别基金（SCCF）。公约大会为向最不发达国家应对气候行动而建立的专门性资金，在主体方面该两个基金主要用于最不发达国家和小岛屿国家，在用途上侧重于适应，与其他基金倚重减缓行动有所不同。因此，其气候公益属性较强，同时获资量也非常有限。两基金由公约大会委托GEF担任管理人，总体要求和指导性意见由公约体系提供，再通过与信托基金运行类似的转化过程，形成符合两基金专门信托目的的具体规则。可见，其在具体运行时依靠GEF的决策机构加以支撑，在资金目标和转化过程方面均采取与信托基金相同的制度路径，只不过在资助对象与资金用途方面做出了一定增益性规定，可看作对信托基金的补充性机制。

三是，《京都议定书》下单独适应基金（AD）。该基金是公约体系内较有特色的机构，与前述两基金的运营模式不同：（1）独立的决策管理机制。适应基金建立了单独的董事会等管理机构，在资助目标与资金分配、内部决策、项目审批与监督等方面，形成了专门的运营业务规则。仅在财务问题等技术性环节上，委托GEF担任其信托人，负责具体项目的资金收付、数据汇集和财务监督问题。（2）资金来源专门化。按照基金成立文件的规定，发达国家向发展中国家购买CDM项目所产生"经核证减排量"（CERs）时，将交易额的2%注入该基金，国际碳排放交易市场收益是其预期的专门性资金来源，这在所有资金机构中是独立无二的。但由于《京都议定书》首期已于2012年届满，虽然2013年达成了议定书"多哈修正案"，但CDM项目机制已明显乏力，许多发达国家国内排放权交易机制开始不认可CDM的国内效力，特别是欧盟EU-ETS已明确禁止购买CERs作为履行国内减排义务的替代手段。因此，适应基金也开始吸纳发达国家的捐款，但获资总量并不乐观。（3）资金用途特定化。基金成立明显是针对气候资金在减缓、适应之间严重不对称的格局，其所获资金专门用于适应行动。

四是，公约体系下新设立的绿色气候基金（GCF）。2009年哥本哈根大会在资金问题取得重大进展，既首次确立发达国家的定额化供资义务，也达成了在公约下新设专门资金机构的决定。2010年坎昆气候大会决议中正式成立基金，2011年开始接收发达国家捐款，从2015年开始其获资量开始超过GEF，且这一趋势得以保持。根据基金成立文件及其理事会制定的战略规划，GCF是与GEF相似的资金实体。一方面，接受公约机构就优先领域、投资标准等做出的指导性意见,基金机构对公约大会负责,旨在成为全球主要的气候资金运营主体;另一方面,基金设有独立的24人理事会和秘书处,负责将公约指导意见转化为具体项目或计划的执行措施①。当前,基金的业务细分为"数据国别公示""拟资助项目和计划数据公示""减缓计划和项目""适应计划和项目""私人部门的计划和项目"五个子模块,允许受资国国内机构或国际机构作为适格的项目执行方申请资助。可见,该基金的治理结构与GEF如出一辙,但业务范围集中于气候资金领域,运营行为的法律属性明确清晰,不同于GEF运营行为性质多元的混同特征。

五是,公约下设的补充活动信托基金(简称UNTF)。该基金是缔约国在向公约缴付的会员费外,由额外的赠款而形成的专门性信托基金,专用于公众意识教育、能力建设、大会闭会期间研讨活动,以及与《京都议定书》相关活动的资助。虽然性质上是向公约机构捐助的活动经费,但在实践中往往指向特定发展中国家开展的相关项目②,实质上是针对具体项目而进行的捐款。同时,在发达国家的资金信息通报中往往将该笔捐款计入与上述五基金相同的多边气候基金名下,不过额度较小,在六大基数总额中仅占0.57%。

二、公约体系外的双边资金主体运营状况

公约体系为吸引更多主体以更多元的方式提供更大额度的气候资金,也为缓释南北国家就资金议题的矛盾,在认定合格供资渠道时采取了开放的态度,从而实践中出现了大量双边、多边性资金运营主体,成为气候资金运营的主导力量。发达国家直接向发展中国家提供气候资金时,主要利用其国内的政府机构和公共资金机构进行,这些机构赖以运行资金的制度规范,决定着发展中国家获资成本。通过梳理发达国家信息通报的内容,笔者发现运营双边性气候资金的主体大致有四种:

一是,发达国家政府机构。此类机构主要包括发达国家的对外援助部门、外交部门、财政部门、发展规划、贸易与商务部门,发达国家通过政府机构运营的资金来自政府预算资金,资助对象也是特定发展中国

---

① UNFCCC. Governing instrument for the Green Climate Fund (FCCC/CP/2011/9/Add. 1) [EB-OL]. https://unfccc.int/resource/docs/2011/cop17/eng/09a01.pdf#page=58, 2019-08-08.
② UNFCCC. Financial and Budgetary Matters [EB-OL]. https://unfccc.int/about-us/budget/financial-and-budgetary-matters, 2019-08-08.

家公益属性较强的计划和项目，相应地也对受资对象提出较高的获资条件。

二是，上下游气候基金。这类主体包括发达国家的上游基金（输出端）和发展中国家下游基金两类（输入端），基金名录在出资制度一章已列示，此处不赘。发达国家建立的上游基金，作为专门出资者的信托机构，通过赠款为主的方式获得资金后，直接在发展中国家开展资助活动；发展中国家建立的下游基金则作为受资者或特定地区（如亚马逊雨林、刚果盆地等）吸收资金的信托机构，其与上游基金不同之处在于资助对象相对集中，受资主体对资金控制权相对较强。上下游基金运营内容主要是制订受资条件、申请与审批程序等，资金属性具有较强的环保公益性。

三是，各国（地区）内国家开发银行。此类主体也包括发达国家与发展中国家各自的开发金融机构，以前者为主；作为政策性金融机构，其主要通过市场化从发达国家内吸收公私资金，以各类金融工具为载体向受资计划或项目提供资助，但通常要追求款项的保值增值，这就决定了这类资金将去向经济效益较高的清洁能源等减缓行动领域。同时，由于私人投资者对发展中国家国内投资环节的陌生和疑虑，其多愿将资金注入此类开发金融机构，由此参与气候投资活动。

四是，投资担保与进出口担保机构。此类气候资金运用政策性担保手段，为气候产品与服务贸易、气候投资提供担保信用，降低发达国家国内主体对发展中国家减缓、适应领域的贸易与投资的制度成本，美国是此类作法的典型代表[①]。

三、公约体系外的多边资金主体的运营状况

此类机构是运营主体中最多样化的部分，结合其运营行为的气候法律属性和机构自身特征，大致可分为以下三类。

（一）公约体系外的多边气候基金与类似资金实体

气候通报信息显示此类主体约70个，是除公约六大基金外其他资助应对气候变化行动的基金实体，但并非专用于减缓、适应气候行动，其构成极其复杂，包括但不限于：

---

① Juan E. Chebly, Federico Ruiz, Austin Schiano. Mainstreaming Sustainable Finance: Market-Friendly Solutions to Climate Change [J]. 42 Fletcher F. World Aff, 65 (2018).

一是，世界银行集团下设的多边气候基金。世界银行集团下除传统五大机构的主营业务和专门的气候投资机构外，还在国际复兴开发银行下设立了数个多边气候基金，主要包括：（1）森林与土地可持续利用的森林碳伙伴基金（FCPF）和生物碳基金第三期：森林景观可持续计划（BioCarbon Fund Tranche 3：Initiative for Sustainable Forest Landscapes）；（2）支撑实现《巴黎协定》下自主减排贡献国家政策的碳资产转型基金（Transformative Carbon Asset Facility）；（3）专司家庭性小型减排项目碳发展基金（Carbon Initiative for Development）；（4）帮助发展中国家对减排行为进行市场化定价的碳市场准备基金（Partnership for Market Readiness）和拍卖试验基金（Pilot Auction Facility）；（5）受 GEF/GCF 及蒙特利尔多边基金等委托管理的其他基金。

二是，地区性多边开发银行下设的地区性气候基金。此类基金实体包括自行建立的区域性气候基金[1]和受特定国家委托而合作建立的资金机构。此类基金获资额度有限，主要是利用银行成熟的业务系统在欠发展地区开展气候资助，且供资国与受资国范围、资助项目覆盖的地理范围和行动领域都具有明显的专向性。

三是，就应对气候变化行动的特定需求而成立的专向资助实体。此类机构的发起主体和适用范围比较多样，特定应对行为模式方面，典型的包括：资助应对能力建设而在 GEF 下设的"能力建设透明度计划"（Capacity Building Initiative for Transparency）、英国发起致力于知识经验分享的"气候发展知识网络"（Climate Development Knowledge Network）、由智库"慕尼黑气候保险计划"发起并致力于气候风险分散的"气候风险保险计划"（Climate Risk Insurance）、世界银行与 18 个发达国家联合发起致力于能源领域技术援助和前沿知识咨询的"能源业管理援助计划"（Energy Sector Management Assistance Program）等。就特定类型主体的资助方面，主要包括涉及欧洲地中海地区的欧洲—地中海地区投资与伙伴基金（Facility for Euro-Mediterranean Investment and

---

[1] 地区性多边开发银行隶属的气候基金主要包括：亚洲开发银行的气候变化基金、清洁能源资金伙伴关系基金，欧洲开发银行的气候变化技术援助基金、多边气候变化互助基金（与欧洲发展金融协会共同发起），欧洲投资银行的全球能源效率与可再生能源基金，非洲开发银行的非洲气候变化基金、刚果盆地基金、气候发展与非洲特别基金，泛美开发银行的农业技术基金、可持续能源与气候变化计划等，以上根据联合国开发计划署"气候资金行动"（CFO：Climate Finance Option）专页上的基金信息梳理而得。

Partnership)、服务亚洲地区的"亚太气候变化研究研究网络"[Asia-Pacific Network for Global Change Research (APN)]、专注于岛屿国家的"小岛屿发展中国家适应分析行动"(SIDS Resilience Analysis)。此外,也有由主要出资国联合组建多目标型政府间资金机构,典型如北欧五国联合建立致力于低收入国家气候投资的北欧发展基金(Nordic Development Fund)、由韩国发起的"全球绿色增长研究所"(Global Green Growth Institute)等,还有国家、国际组织和民间 NGO 合作共建的"气候与清洁空气联盟"(Climate and Clean Air Coalition)等。

四是,就涉气候的特定行业或环境要素的专门保护性机构。此类主要包括着重保护藤竹类植物的"国际竹藤网络"(International Network for Bamboo and Rattan)、致力于温室气候排放设备的联合国清洁锅炉基金(United Nations Foundation: Alliance for Clean Cookstoves)、专司能源项目的"国际可再生能源署"(International Renewable Energy Agency),也有涉及农林业适应行动的"世界粮食计划署"(WFP)、"国际农业研究基金协商小组"(Consultative Group on International Agricultural Research Fund)和联合国 REDD 计划,在其主营业务中部分涉及气候议题。

五是,与气候相关其他多边环境协定下属资金机构。获资量较大的代表是削减臭氧层物质的《蒙特利尔议定书》下设的多边基金还有少量向"国际自然保护联盟"(International Union for Conservation of Nature)等非政府性环保组织的捐款,均被发达国家通报为"气候资金"。

据上分析,通过非公约性多边气候基金、机构提供的资金,既有通过该机构向发展中国家提供,但有供国际组织自身运行的预算资金,后一类型并未最终到达发展中国家;且许多基金是联合国组织下属或联合组建的资金机构,与后文论述的联合国专门机构的资金存在着一定的交叉。虽然此类主体数量较多,但其资金行为的气候属性相对明确,只是这些组织还兼负其他功能,与六大公约基金存在着多目标交叉与甄别问题,其受资量在所有多边渠道总额上占比较小,折射出资金气候属性明确度与受资量上存在反比关系的实践特征。

(二)多边性国际气候投资机构

此类机构与多边性气候基金主要差异在于,其主要以市场化融资工具为主要手段在发展中国家开展支助活动,公益性气候属性不如多边性基金强，但却是多边渠道中最大的获资类型，占比约67.89%。发达国家气候信息显示，约90个多边性机构属于此类，从机构属性角度可分作三类：国际金融机构体系（包括世界银行和地区性多边开发银行）、国际金融机构所属的气候投资性基金、其他机构，两类机构获资量占四类投资机构总额的93%，主导着国际气候投资活动。

国际金融机构体系即世界银行集团和8个地区性多边开发银行[①]的传统融资业务部分。发达国家信息通报显示，世界银行集团的三大子机构（国际复兴开发银行、国际开发协会和国际金融公司）是投资性气候资金的主力军，银行集团吸纳的资金量占所有多边性国际气候投资机构总融资额的65.67%，在所有多边渠道融得的气候资金中占比也达44.58%；而另有非洲发展银行等8个地区性多边开发银行吸引了大量来自发达国家的气候资金，占多边性国际气候投资机构总融资额的20%左右。国际金融机构运营气候资金的规则大致相同，由于其传统上即以优惠贷款为主要方式援助发展中国家，决策权根据所占股份来决定，由发达国家所主导；而其所吸纳的气候资金，也需满足其成立文件设定的目的和发展援助业务形成的先行规则，用于合格的经济社会发展项目，多以市场化的金融工具为主要资助载体，所以其所运营资金存在气候属性的模糊点。由于其本身属于开发类金融机构，决定了资金的气候效应只可能是资助目标之一，且并非主要目标，要求受资国及具体用资项目主体具备相应的市场运营能力。

国际金融机构下设的专门性气候投资性基金以国际复兴开发银行所属的两大气候投资基金清洁技术基金和战略气候基金为代表，战略气候基金又具体分为三个子基金[②]，它们既接受发达国家提供的捐款，也吸收一定的私营资金，用于资助发展中国家的应对行动；还有，国际金融公司下设了管理、服务于发达国家机构投资者的专门基金，以养老基金、保险公司等投资者提供的资金为主；也包括在MIGA下设了阿富汗投资担保协会、非洲环境与社会挑战基金、西部银行与加纳投资担保信托基金[③]，为相关涉气候行为提供担保信用。此外，发达国家气候资金信息

[①] 按受资数额依次为：非洲开发银行、亚洲开发银行、泛美开发银行、欧洲复兴与开发银行、亚洲基础设施开发银行、地区开发银行集团、欧洲投资银行、加勒比开发银行。

[②] 该三个子基金具体为：森林投资计划（Forest Investment Program）、抵御气候变化先锋计划（Pilot Program for Climate Resilience）、低收入国家可再生能源扩大计划（Scaling-Up Renewable Energy Program for Low Income Countries）。

[③] Steven Ferrey. Changing Venue of International Governance and Finance：Exercising Legal Control over the $100 Billion Per Year Climate Fund？[J]. Wisconsin International Law Journal，2012，vol 30 (1)：87.

通报中囊括了六大地区性投资基金[①]，其治理规则与世界银行集团下设投资基金类同。该类基金虽设置于国际金融机构之下，但却与这些机构的主营金融业务相区分，由于其在性质上属于信托基金，各基金都建立了专门的管理委员会、理事会或类似部门，在具体的资金运营方面出资国和受资国具有独立于国际金融机构的决策权利。这就意味着其气候资金用途、资助对象、申请使用标准及运行监督方面，都有一套相对独立的制度规范，只是在执行环节委托国际金融机构具体进行而已。

其他多边性气候投资机构主要是数个发达国家针对特定区域气候投资而形成专向性机构。典型的如德、美、英三国为资助中国、埃及、印度、尼日利亚、南非、越南六国解决大气污染问题，委托世界银行管理的"污染管理与环境健康"（Pollution Management and Environmental Health）信托基金；也有集公私资金而为投资行为的可变资本投资公司——卢森堡森林与气候变化基金（Luxembourg-Forestry & Climate Change Fund），其前身为卢森堡小额贷款与开发基金，聚焦气候投资中的普惠金融问题；还有对特定区域内南北国家联合建立机构的资助，如"国际地中海高级农艺研究中心"（International Centre for Advanced Mediterranean Agronomic Studies）、刚果盆地森林基金（Congo Basin Forest Fund）。

（三）联合国专门机构的气候资金运营状况

联合国专门机构参与运营的资金规模在三类多边渠道中数额最少，仅占比15.9%，但机构数量却最多，超过110个[②]相关机构参与气候资金的运营。运营气候资金的联合国专门机构主要可分为特定联合国专门机构（41个，资金占比82.79%）、跨机构性计划或资金实体（24个，资金占比16.51%）、前两者所属专门资金机构（15个，资金占比0.7%），大致运营情况如下：

---

① 按受资数额依次为：亚洲开发基金、非洲开发基金、欧洲开发基金、安第斯开发公司、美洲多边投资事业基金（Enterprise for the Americas Multilateral Investment Fund）、加勒比开发基金。

② 发达国家通报中共将110个左右机构归入向联合专门机构（Specialized United Nations bodies）出资的渠道中，但笔者梳理发现，包括国际复兴开发银行、非洲开发银行等30个左右投资类实体、多边气候基金，也同时被列入联合国专门机构类出资，且在额度上相应分开。笔者认为出现此现象有两种可能性，一是发达国家对机构性质的认定不一，二是其向同一机构做出了多笔不同性质、不同用途的出资，故分列之。本书为不与前两类多边机构重复研究，在联合国专门机构部分仅研究剩余80个机构，特此说明。

一是，以 UNDP、UNEP 为代表的特定联合国专门机构囊括了气候变化效应的产生源、生发过程和不利后果的全过程，本书大致将其分为三个子类：(1) 其固有业务中与减缓、适应行动直接关联的专门机构，以联合国开发计划署、环境规划署、世界气候组织（World Meteorological Organisation）和政府间气候变化专门委员会（Intergovernmental Panel on Climate Change）为代表，其成立的目标和主要业务范围中，均有明确的应对气候变化行动的属性，但也可能出现多目标交叉的现象。(2) 与减缓与适应行动相涉行业的联合国机构，主要包括农业（如粮农组织，FAO）、林业（如世界林业中心，World Agroforestry Centre）、工程类基础设施建设（如联合国工程服务办公室，United Nations Office for Project Services）等适应行业的专门机构；以及涉及能源行业的可再生能源（如国际可再生能源署，International Renewable Energy Agency）、核能利用（如国际原子能机构，International Atomic Energy Agency）等减缓行动专门机构；还有致力于工业生产（如联合国工业发展组织，United Nations Industrial Development Organisation）、贸易环节（如国际贸易中心，International Trade Centre）减少碳外部性的相关专门机构。这些机构是涉碳行业的专门工作机构，在其成立文件和业务规则中，主导性功能在于推进该行业的国际性发展，应对气候变化主要是其作为提升本行业发展质量的一部分。(3) 致力于消减气候变化对特定地区、特定人类利益不利影响的专门性机构，主要包括回应气候变化冲击人类健康（如世界卫生组织，WHO）、人居环境（如联合国人居署，United Nations Habitat）、气候移民等人道主义危机应对（如联合国人权事务协调办公室，United Nations Office of Co-ordination of Humanitarian Affairs）、受气候影响的经营性行业（如世界旅游组织，World Tourism Organization）的专门工作机构，也包括对因气候变化所引发的突发事件应对（如联合国中央应急基金，United Nations Central Emergency Response Fund）、气候灾难应对（如联合国国际减灾战略，United Nations International Strategy for Disaster Reduction）、受影响的野生物种保护（如迁徙物种保护公约信托基金，Trust Fund for the Convention on the Conservation of Migratory Species）等。发达国家还向少数与联合国紧密合作的非政府间国际组织提供气候资金，主要包括由芝加哥私人基金会捐建的重要环保智库"世界资源研究所"（World Resources Institute），以及具有全球重大影响力的"世界基督教会联合会"（World Council of Churches）。

二是，数个联合国专门机构共同建立的，甚至吸纳部分非政府性主体共同营造的跨机构性机构。由于气候变化与各联合国专门机构有许多交合点，针对多机构职能与气候变化的共通点，形成了一批跨机构资金实体。代表性机构包括联合国开发计划署、环境规范署和粮食组织联合建立的"联合国森林减排计划"（UN-REDD），联合国与粮农组织合办的"世界粮食规划署"（WFP），环境规划署与工业发展组织联合组建的"联合国气候技术中心与网络"（Climate Technology Center and Network），以及联合国难民事务高级专员、联合国儿童基金会等11个联合国机构共同建立的"联合国艾滋病规划署"（Joint United Nations Programme on HIV and AIDS）。

三是，联合国专门机构所属的专向性资金机构。一方面，部分联合国专门机构自行，或与其他非联合国机构合作建立了一批气候相关的专门基金，包括UNDP绿色货物基金、UNDP千年发展基金、UNEP可再生能源企业发展项目、种子资金援助基金（UNEP与亚洲开发银行、非洲开发银行合作建立）、气候技术计划私营资金咨询网络（国际能源署），从其所获得的运行预算中加以支持。另一方面，由联合国专门机构管理，由数个捐款者提供资金形成了信托基金，主要包括农业、林业、保护与反毁林行动碳基金（UNDP与法国）、UNDP—西班牙千年发展目标实现基金（UNDP与西班牙）、气候资金创新基金（UNDP与德国）、非洲碳资产开发基金（UNDP与南非标准银行），以及针对重要生态地区的多边信托基金，如厄瓜多尔叶苏尼国家公园基金（Yasuni-ITT Fund / Government of Ecuador）、马拉维国家气候变化管理行动规划（UN Fund Malawi：National Programme for Managing Climate Change in Malawi）。

四、国际气候资金运营制度渊源的层次

前述内国性或国际性资金运营主体虽数量众多，但他们都是为履行发达国家出资义务而运营气候资金，相互间存在着紧密的关联，国际气候资金运营活动所遵循的制度规范呈现出多层次的特征。在由"发达国家—运营主体—发展中国家"形成的气候资金链上，虽然发达国家向不同的双边、多边性主体提供了资金，但获得这些捐款和投资款的运营主体，并非均具备直接在发展中国家开展计划、运营项目资助活动的能力，资金获取端与输出端之间，还需要一个内部决策程序；而在善用该程序确定所运营资金的适格主体、适宜对象时，许多机构不会直接接收个左右发展中国家的用资申请,而是设定一个指定的执行机构(AEs,Accredited Entities),用资者借助这些机构才可提出有效申请,运营主体的结构如图4-2所示:

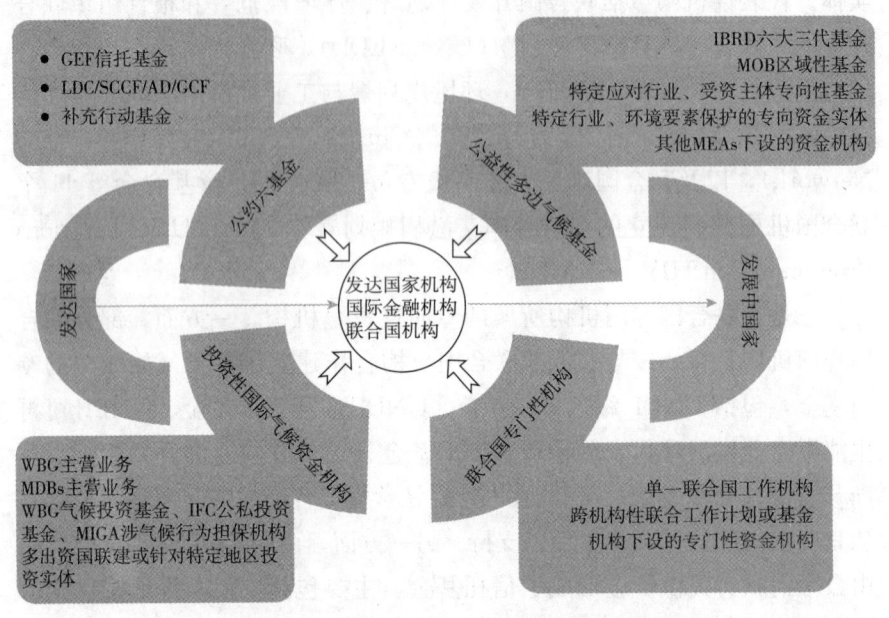

```
GEF信托基金                                    IBRD六大三代基金
LDC/SCCF/AD/GCF                              MOB区域性基金
补充行动基金                                    特定应对行业、受资主体专向性基金
                                              特定行业、环境要素保护的专向资金实体
                                              其他MEAs下设的资金机构

              公约性基金        公益性多边气候基金

发达国家                发达国家机构                     发展中国家
                      国际金融机构
                      联合国机构

              投资性国际气候资金机构    联合国专门性机构

WBG主营业务                                    单一联合国工作机构
MDBs主营业务                                   跨机构性联合工作计划或基金
WBG气候投资基金、IFC公私投资                    机构下设的专门性资金机构
基金、MIGA涉气候行为担保机构
多出资国联建或针对特定地区投
资实体
```

图4-2 国际气候资金运营主体结构图

此即表明,从发达国家获资与向受资国供资所需要的治理能力是不同的,在四类获资主体与执行主体间也必然会形成一个运营主体内部的制度层次。笔者对四类获资主体组织文件的梳理发现,担任执行主体的主要是发达国家政府机构(主要针对双边)、国际金融机构(世界银行集团+地区性多边开发银行)、联合国专门工作机构(以 UNDP 和 UNEP 为代表),也即是说,发展中国家获得资金的可能性与付出的获资制度成本,取决于获资型运营主体的目标性要求和执行主体实施性措施的综合效应。因此本书认为,运营制度应划分为三个层次:第一层次是运营的目标性规则,指公约体系对气候资金运营做出的整体性制度要求,它通过对发达国家的履约机制要求,间接地对公约内外的所有主体形成目标约束;第二层次是运营的决策性规则,包括各运营主体治理规则中决定资金用途、资助对象、表决程序等资金决策的实体与程序规则,及其向执行性实体的指导性规则,构成了以国际组织决议、指导意见等法律文件为主的"软法";第三层次是运营的执行性规则,气候计划或项目层的资金运营规则,体现为面对发展中国家及其所属用资实体的各类微观要

134

求，此类易被忽略，但对特定受资国而言却决定着资金可获得性及其获资制度成本，以下分述之。

(一) 公约体系对运营行为形成的目标性规则

无论何者运营气候资金，法律地位上皆为履行发达国家出资义务的代理人，既要接受公约体系对资金气候属性的目标性指导，也要对其所获得资金的出资者履行信托责任，这往往通过对获资主体、执行主体的外部指导规则实现。

一是对资金气候属性的识别标准。通过公约性或非公约性资金实体运营的气候资金，其往往与ODA、其他环保议题、运营主体兼营其他事务存在交叉。由于运营行为气候效应的法律效果最终归属于出资者，并接受公约履约审核机制的监督，公约和议定书约文、公约大会及其工作机构的决议性文件中，所设定的资金用途、资助范围与管理模式等制度化标准，是运营主体向出资者承担信托责任的终极性标准，从外部对运营行为所作用的主体结构、行为结构产生约束。二是对气候资金授受关系主体结构的规定。即发达国家对发展中国家的法律义务，运营主体必须以此为标准不断反观自己的资金行为对发展中国家应对行为的贡献何在。三是资金规模及其额度标准的设定，在公约和议定书约文层面形成了"新的、额外的"的定性标准，而在哥本哈根大会决议中形成了2009—2012年间300亿美元快速启动资金、2020年前每年1000亿美元长期资金，巴黎气候大会中确定2020年后不低于每年1000亿美元，在不低于这个额度基础上2025年前重新额定。这些总体性指导规则构成了整个气候资金运营主体群的存续基础，对出资者的信托责任达成与否，须以此判定。

(二) 运营的决策性规则

特定运营主体依其自身的治理机构拟定气候资金的内部管理规则，但各主体间具有异质性，有的运营主体组织机构完善、业务网络发达，而绝大多数运营者几乎是出资者就特定气候主题创建的财团法人，本身缺乏人合能力，无力覆盖所有运营环节，计划或项目的具体执行则委托他者进行。因此，运营主体对气候资金的决策必然体现为对内和对外两个侧面：

对内的气候资金决策方面，囊括了各运营行为基本原则、用途与分配标准、使用程序与内部表决机制等。运营行为的基本原则取决于该机构的成立文件对目标和行为原则的设定，如有的机构专司于森林可持续管理，有的专门促成气候科技的发展，还有的仅用于小岛屿国家的资助等，不一而足，这是其融得资金的后续运营的制度原点。而资金用途设定决策，GEF 的内部管理规则尤为典型，其针对每轮增资所获得的资金，都会制定为期四年的资金总体运行计划（GEF Operational programs）[1]，将融得资金在其 6 个核心领域的主要资助对象，并制定对受资国业绩、达成 GEF 目标潜力的考察，形成"资源透明分配体系"（STAR，System for Transparent Allocation of Resources）来规定所有资金的初次分配、补充分配、调整后再分配，以及项目优先性、特定项目的授权方式等[2]；并确定其所属的 LDCF[3] 和 SCCF[4] 各自的主要资助对象和获资资格等，保障资金分配过程的透明度，以及资金使用效果评估和供资后监督，既针对具体的受资对象，也针对受 GEF 委托执行项目的相关国际性执行实体[5]，还会涉及项目运营免于偏见（即独立、公正、透明性）、信息公开与知识共享、程序正当性等道德性事项评估指南[6]。依特定用途聚焦的专门资金的运营方面，以世界银行下属清洁技术基金为代表，信托委员会针对筹得所有资金，制定了投资计划的指导规则，规定了 CTE 信托基金资助活动的基本原则、CTE 投资计划准备的基本程序、对投资计划的主要内容加以解释的要求[7]。对资金投向公共或私人部门制定规则，指导两类投资中的产品、术语和审核程序等问题。信托委员会还制定了专门针对私人部门的投资行为指南，规定了与公共性投资不同的行为规则，特别是私人投资的时间框架安排、与地区性多边

---

[1] GEF. GEF Operational programs [EB-OL]. http://www.thegef.org/gef/operational_programs. 2014-04-08.

[2] GEF Council. GEF-5 Operational Procedures for the System for A Transparent Allocation of Resources (STAR) (GEF/C. 38/9/Rev. 1) [EB-OL]. http://www.thegef.org/gef/STAR. 2014-04-08.

[3] Bonizella Biagini, Saliha Dobardzic. Accessing Resources under the Least Developed Countries Fund [R]. Washington: GEF. 2011.

[4] GEF Council. Programming to Implement the Guidance for the Special Climate Change Fund (GEF/C. 24/12) [EB-OL]. http://www.thegef.org/gef/node/1455. 2014-03-25.

[5] GEF Evaluation Office. Guidelines for GEF Agencies in Conducting Terminal Evaluations [EB-OL]. http://www.thegef.org/gef/Guidelines%20Terminal%20Evaluations. 2014-04-08.

[6] GEF Evaluation Office. GEF Evaluation Office Ethical Guidelines [EB-OL]. http://www.thegef.org/gef/Ethical%20Guidelines. 2014-04-08.

[7] CTF Trust Fund Committee. Clean Technology Fund Guidelines for Investment Plans [EB-OL]. https://www.climateinvestmentfunds.org/cif/keydocuments/CTF. 2014-04-05.

开发银行共同投资等问题①。

对外的资金运营决策方面,一是公约机构对所属六大基金的指导,可分为三类②:(1)公约大会的资金机制的监督和评价意见,体现为大会的《资金机制运行评价》"Review of the financial mechanism"决议。(2)对GEF作为公约资金机制的整体性指导,这以二者1996年缔结的谅解备忘录(12/CP. 2)为基础,其内容就覆盖了GEF所有关于气候资金方面的业务问题,以大会的"Guidance to the Global Environment Facility" "Additional guidance to the operating entity of the financial mechanism"两类决议文件为典型,GEF信托基金、最不发达国家基金和气候变化特别基金的业务都包括在内,其中后一类决议缔约国大会隔几年就会发布一份。(3)对最不发达国家基金、气候变化特别基金业务给予专门的指导,这体现在二者的成立文件、公约对GEF向大会提交年度报告的回应性指导上。值得注意的是,大会做出的指导性规则是对《框架公约》中约文的补充性规定,在性质上归属于条约法。二是对执行实体的指导多以双方合作制度安排为纽带,以GEF与世界银行间的指导关系为例,为实现获资性主体对执行主体的指导,GEF是以资金程序协议③(FPA:Financial Procedures Agreement)和谅解备忘录④为制度工具,委托UNDP、UNEP和亚洲开发银行等作为其项目执行实体,明确双方在资金提供过程中决策与执行的权利义务关系。而由国际复兴开发银行管理的两大气候投资基金,则委托区域性多边开发银行作为执行实体,要求对管理机构(即两大基金的委员会)负责,接受清洁技术基金、战略气候基金的信托基金委员会决议的指导,并依据投资基金行政部门根据决议拟定的行政文件开展工作⑤。同时专设有多边开发银行委员会,专门负责基金与这些执行实体的沟通事务。

---

① CTE. Private Sector Operations Guidelines [EB-OL]. https://www.climateinvestmentfunds.org/cif/keydocuments/CTF. 2014-04-05.

② UNFCCC. Decisions relating to the financial mechanism [EB-OL]. http://unfccc.int/cooperation_support/financial_mechanism/relevant_decisions/items/3656.php. 2014-04-02.

③ GEF. Financial Procedures Agreements (FPAs) with GEF Agencies [EB-OL]. http://www.thegef.org/gef/financial-procedures-agreements. 2014-04-05.

④ GEF. Memoranda of Understanding (MoU) with GEF Agencies [EB-OL]. http://www.thegef.org/gef/mou-gef-agencies. 2014-04-05.

⑤ First Climate. The Climate Investment Funds business guide [R]. Washton: WBCSD Energy and Climate, 2010. 58.

（三）运营的执行性规则

将自有资金付诸实践或受委托运营资金的执行实体，需要将抽象的支助目标和原则，具体到特定的计划和项目层面上，形成一套直接能让气候资金在受资国落地的微观规则体系。"GEF、UNEP、UNDP、MDBs既有的业务系统，能保证达到供资人的预期目标"[①]，集中地体现在这些机构的获资计划与项目立项、谈判和审核过程中需要遵守的实体、程序规则。

实体规则方面，以国际金融机构和联合国专门机构为代表的执行实体，在众多发展中国家及其气候项目之间遴选资助对象时，需要结合委托方的指导、自身的组织性目标等实体制度要素，作为项目受理与批准的主要指标。这些实体规则主要包括：（1）社会、环境与伦理政策。主要涉及受资计划或项目设计的内容，及其实施过程中和实施后，是否有助于提高贫困人口生活水平、地区经济发展水平、社会公平程度、女性及儿童权益保护，是否有利于自然资源的可持续利用、能源体系改善与能效提升、污染物与温室气候减少，是否周全地考量了因计划或项目实施引发的非自愿性移民等不利影响。通常，执行主体在项目文件的设计环节，会通过打分表等方式对上述问题进行评级，作为项目质量评估的主要依据。（2）受资对象的运营效果与风险评估。对受资对象顺利运营时是否符合执行主体对资金委托人的信托责任（担任外部资金受托人时），或是否契合本机构的组织目标和行为原则（利用自有资金时），需对达成项目运营效果进行估测。梳理运营中可能出现的项目风险、社会风险和法律风险，审视是否具备合理的风险规避安排。（3）运营中商品与服务的采购政策。这是执行主体财务政策在受资对象上的延伸，涉及所采购的商品与服务的来源、技术标准、价格磋商机制、购买程序等问题，特别是禁止违反安理会决议或其他国际文件确立的相关制裁措施，确保运营过程中采购对象的合法性、适配性和资金利用高效性。（4）运营信息的披露规则。这是为确保执行主体充分了解项目进展，并向本组织的决策机构、资金的委托方报告的保障制度，不仅包括对计划和项目前期评估时尽职调查所需求的信息，更重要的是整个运营过程中就计划

---

① Athena Ballesteros, Smita Nakhooda, Jacob Werksman, Kaija Hurlburt. Power, Responsibility, and Accountability: Rethinking the Legitimacy of Institutions for Climate Finance [J]. 1 Climate L, 261 (2010).

和项目推进情况、财务状况、受资方守约状况以及支助所取得效果等信息获得持续的更新。(5)反欺诈与反贪贿规则。为确保资金使用效率与参与人员的廉洁性,执行主体通过项目文件的条款,对参与运营的工作人员和受资方的项目人员在财务透明度、行为廉洁性方面提出要求,要求受资方必须遵守执行主体关于欺诈、贪贿方面的组织规程,明确日常的检查监督规则和处理方法。

前述实体制度要素均以保障特定计划或项目正常运营而提出,通过项目文件的设计和协议安排下的受资国义务而实现,形成执行主体监督受资国家、项目实体的具体规范,但若这些发展中国家相关法律制度缺位,或立法内容、实施机制与执行规则不一致,则面临着法律修改或在特定领域、地域内变通适用的要求。有的计划或项目在评估时涉及受资国制度环境与外部保障措施的评价,为确保顺利地获得资助,也必须对相应制度内容进行优化,特别是社会与环境政策保障、反贪贿等规则中可能涉及较浓厚的人权性、政治性、主权性事项,成为获资方必须付出的制度成本。

程序规则方面,各执行主体的步骤与方式大致包括:受资方提议—专门工作组建立—拟议项目的评估—拟议评估报告的审核—提交决策机构通过—项目文件的签署—项目运营与资金拨付—运营过程监督与审核—项目终结报告与评估。实体内容更多的是在评估环节,执行主体与受资国的支助谈判形成的主要条款,会解决与执行主体前述实体规则的匹配性问题,而程序规则的核心即是各机构的决策机制和资金拨付程序。即使出资的机构较多地代表发展中国家的利益,但具体计划与项目文件是否能通过,程序上的关键一环还是执行机构本身的决策程序。即使决定资助后,资金拨付与使用还有一个与运营进度相配合的财务程序规则,程序成本也是不可忽视的内容。

综上所述,发达国家完成出资环节后,不同渠道的运营主体即按自身治理规则,或亲自或委托执行实体,向发展中国家的受资计划、项目提供气候资金。连接运营者的三重法律渊源,主要是国际组织的内部立法。获资主体向出资者、执行实体向委托者承担的信托责任,是运营行为所依循的制度核心,这就意味着运营主体并非向受资国承担应对气候变化的法律责任,而是向其出资人、委托人就特定款项承担资金责任。如此一来,运营主体的内部治理规则和执行规则,实质上决定着气候资金到达哪些受资对象、支助额度、时间、受资国所负制度对价等事项,对发展中国家的气候资金获得权形成实质性约束。从整个制度体系的角度看，这些运营实践规则对公约规定的权利义务构成了事实性消减和过滤，细致梳理运营过程，在明确知晓不同资金主体的宗旨目标与业务规程前提下，发达国家选择出资渠道也就选定该机构的资金用途，依其用途分配制度来确立受资者的申报条件及评估、审核指标，获批后具体拨付资金并进行全过程监督。本书将运营过程大致分为"分配""申用""拨付"三大主要环节，鉴于参与运营的机构数量众多，且各机构的能力建设水平和受资额度差距较大，笔者在2011—2016年间连续六年均运营气候资金的43个机构中，参考运营资金额度、机构类型、地域代表性等因素选出8个机构[①]为样本，并在论述特定问题延及相关机构的典型作法，着力突出整个运营过程中的制度亮点和矛盾问题。

第二节　国际气候资金的分配制度

对特定资金机构而言，将获得的有限资金向特定行业、特定主体或地域配置，决定着哪些国家及其计划、项目能实际地获得资助，分配制度是出资完成后的基础性规范。当前，国际气候资金的分配制度多为运营主体的内部规则，通过不同的资金工具向受资主体输送，但各资金实体组织文件规定了其行为宗旨，运行中也动态性地制定、调整分配资金的规划和业务规程，在一定期限内明确其资助对象、方式等内容。从功能上讲，分配制度即在众多发展中国家、多元资金需求间，确定优先资助哪些国家、哪些需求。"优先项目的合理设定，可以解决资金的利用效率问题"[②]，可以说所有运营制度要素均围绕资金用途展开，只不过不同运营主体将用途与受资国类型、地域分布、行业分布等因素做不同的关联，呈现出分配制度的多层次。国际资金运营实践显示，资金规模既未达到发展中国家的需求，资金结构也不甚合理。对有限资金进行合理的结构性分配，是分配制度的当务之急。从各资金实体的分配规范特别是

[①] 本书选定的8个机构具体为，公约性资金实体类2个：全球环境基金和绿色气候基金，理由为其他LDCF/SCCF/AD均为GEF管理，规则相当；非公约性气候投资机构类5个：世界银行集团、非洲开发银行、亚洲开发银行、泛美开发银行、欧洲复兴开发银行，理由为额度优先、兼顾地区平衡性；联合国专门工作机构6个：联合国开发计划署、联合国环境规划署、国际农业发展基金、世界粮食计划署、联合国儿童基金会、联合国难民事务高级专员公署，理由是额度优先，兼顾特定机构、跨机构和机构下属基金三大类型的平衡。

[②] ClimateWorks Foundation and the European Climate Foundation. Making Fast Start Finance Work (7June 2010 version) [EB-OL]. www. project-catalyst. info. 2013-10-05.

受资量较大的组织的规则来看，气候资金的用途主要针对该实体的优先行为领域、受资国（地区）及其项目主体的资格条件及资金工具选用三大问题，以下分述之。

一、确立优先资助行为的分配规则

应对气候变化行动的背后，就是各类减排和适应的行业性活动，资金实体获得的有限资金仅能覆盖其中部分用资要求，因此须在众多应对气候变化行为中确定本机构的优先资助行动。但不同资金实体内部规则确定国际气候资金优先资助行为时，所考量的因素和确定的标准呈现出多样性，这是由该实体成立文件的宗旨所决定的。概括说来，在整个应对气候变化的行为领域中，运营主体的组织目标大致有综合性、专门性两个类型，前者在确立优先资助行为时并不限定专门针对减缓或适应行为，而是多通过周期性融资分配规范或中长期工作规划的方式确定优先资助对象，世界银行集团等资金体量大、业务延伸范围较宽的大型实体多属此类。而后者多明确资助特定用途的减缓、适应行为，或选择特定行业的相关行为，或以特定区域为限定范围，或专门要求应对气候变化标的须达到特定效果来作为提供资金的条件，不一而足。

一方面，资助行为囊括所有气候领域行动的综合性运营主体方面，虽未选定专门的资助对象行为，并不意味着其资金足以全面支撑所有领域的全部需求，只不过通过具体资助规划等内部规范间接地涉及。此类实体又可区分为两个子类：（1）非气候专向性运营主体，即不区分受资助行为的气候属性与非气候属性，国际金融机构（除由其管理的气候专向性基金外）等投资性运营主体、联合国专门工作机构多属此类。如成立国际复兴开发银行的基本协议中明确其投资行为以恢复重建与发展为基本目的，业务重点上着力于人力资本开发和发展融资最大化，只能说其主营业务中部分具有优化能源结构、优化交通系统等减少温室气体排放，或夯实基础设施、促进农林业发展，从而间接实现增强气候韧性等制度效果。在资金用途上不专门指向气候应对，其主营业务是集减困、经济社会发展、气候和其他目的为一体的综合投资行为。联合国专门工作机构主营业务中，此种特征也较明显，如联合国开发计划署一般优先资助使人们脱离贫困、建立和平正义与包容性社会的治理方式、危机预防与提高回应能力，顺应自然的发展方式，清洁且可支付的能源，妇女权益与性别平等的行为①，从这些优先资助事项中并不能发现明确的气候指向。(2) 具有气候专门属性，并不再往下细分二级用途的运营主体，GEF 和 GCF 是此类实体的典型。GEF 的信托基金本身担任了多个多边环境协定的资金机制，在其每四年一轮的融资中，均会规划出一定比例的资金用于应对气候变化，在其第七轮融资的分配框架中，气候部分的资金广泛地用于适应行动（共 17 小类）、减缓行动（共 7 小类）、技术转让（共 5 小类）和资助履行《巴黎协定》下发展中国家的"国家自主贡献"承诺②，体现其对气候领域内众多用资需要的综合性支持。虽名为综合性支持，但在实践中由于减缓行动主要涉及清洁能源、能效提高、碳捕捉与碳封存、碳汇（库）建设等削减增量排放、清除存量排放的项目，资金使用后能够产生一定的即期回报，故资金多向其倾斜；而适应行动则主要是防灾减灾、保护地建设等项目，公共服务性、道德伦理性强，行动成果无法标准化、市场化，资金使用效率的透明度相对较低，虽单个项目的资金用量不及减缓行动，但在缺乏经济回报的情形下明显处于弱势，故支持较少，特别是私营资金涉入极少。为此，2010 年新设的 GCF 在投资框架上也综合支持减缓和适应行动，但明确其所融得的资金用于减缓、适应行动的比例各占 50%③，以解决重减缓、轻适应的窘境。

另一方面，在将资金用于气候领域内专向性用途的机构方面，由于决定专向用途的因素有所不同，各类资金实体的优先资助行为呈现出较大的差异性。其一，行业专门性机构，即将其所资助的行为限定在农业、能源等特定行业内，此类机构多为专向性信托基金，目标集中但资金量有限。如 IBRD 管理的清洁技术基金主要资助电力（可再生能源、发电与输变电能效提高）、交通（转向公共交通、提高燃烧经济效率、转变能源类型）、能源技术、工商业和住宅行业等其他需求管理技术的大规模运用四类项目，本质上多是对现代能源技术的项目性支持，不直接涉及适应能力建设等其他气候领域。又如联合国下设的国际农业发展基金，资

---

① UNDP. Financial Regulations and Rules [EB-OL]. https://popp.undp.org/SitePages/POPPSubject.aspx?SBJID=446&Menu=BusinessUnit&Beta=0，2019-08-28.

② GEF. Taxonomy Worksheet (March 2019) [EB-OL]. http://www.thegef.org/documents/templates，2019-08-28.

③ GCF. Governing Instrument for the Green Climate Fund [EB-OL]. https://www.greenclimate.fund/documents/20182/1246728/Governing_Instrument.pdf/caa6ce45-cd54-4ab0-9e37-fb637a9c6235?version=1.14，2019-08-28.

金使用聚焦于增加粮食产量与提高最贫困人群的营养水平,向其他发展中国家粮食增产的促进,特别是粮食安全度低、严重贫困的农村地区和脆弱地带、小型经济体国家提供帮助,因而从其所资助的项目内容来看,均是农业领域的种养技术、灌溉设施等。此外,还包括专司气候领域研究与服务的世界气候组织,专注森林资源保护的世界林业中心、着重燃烧设备改造的全球清洁炉灶联盟等,涉及与气候相关的各类行业。其二,地域专门性机构,即机构的成立文件中决定了其资助的对象须处于特定的地域范围内,此类机构主要包括地区性多边开发银行及其管理的地区性基金,也包括特定地区专门保护的多边信托基金。前者如地区性多边开发银行中受资量最大的非洲开发银行,其资助的行为虽广泛涉及发展基础设施及私人部门发展等,主体身份上也不限于非洲国家,区外国家、组织或其他机构亦可。但要求资助的行为须在性质和地理上涉及非洲国家,通过项目的设计以提高非洲内经济互补性与扩大贸易规模[1]。亚洲开发银行等其他地区性开发金融机构及其所属的地区性气候基金,在制度设计上亦是如此。此外,还包括对特定地区内的保护行为专门成立的信托基金,如保护亚马逊流域热带雨林的亚马逊基金、刚果盆地的刚果盆地森林基金、印尼地区热带雨林保护的专门性基金。甚至包括保护特定国家内重要生态地域的专门基金,如厄瓜多尔的叶苏尼国家公园保护基金等。其三,行为模式专门性机构,即专门资助某类应对气候变化行为的特殊实体。如专门帮助发展中国家建立碳排放市场的市场准备基金（IBRD 管理）、提升发展中国家履约水平的"能力建设透明度倡议"（GEF 管理）、专门资助适应行为的适应基金（GEF 担任受托人）、针对气候灾难所致损害应急救援的联合国中央应急反应基金等。此类机构仅资助特定环节的减缓、适应或其他具体应对行为,专业性高、针对性强,但往往以专项基金的形式存在,融资量比较有限。其四,受资主体专门性机构,即针对特定类型发展中国家的专门机构。典型的如资助最不发达国家的最不发达国家基金、资助小岛屿国家的小岛屿发展中国家社区性适应计划（Small Island Developing States Community－based Adaptation Program）,以及资助气候变化效应中妇女权益保护的联合国妇女发展基金、保护儿童权益的联合国儿童基金等特定人群保护的资助

---

[1] AfDB. Agreement Establishing the African Development Bank [EB-OL]. https://www.afdb.org/en/about-corporate-information/african-development-bank-afdb, 2019-08-28.

机构。其五，应对效果专门性机构，即基于发展中国家已采取的减缓、适应行为所取得的气候效果而提供的资金，主要是发达国家购买发展中国家在能源减排、林业碳汇建设方面形成的减排量，作为本国国内减排的替代手段，如世界银行下设的六大多边气候基金之一的森林碳伙伴基金即是典型，其通过购买发展中国家"REDD+"项目所产生的经核证的减排信用，从而完成项目并对符合国际技术标准的减排成果予以资助。

上述不同气候资金实体成立文件、工作规划中设定的优先资助行为，是出资国与这些实体互动的结果。特定资金实体的宗旨目标和行为模式已然在成立文件明确表达，发达国家选定其作为供资渠道，也即指定其为自身资金义务履行的代理人，须在资助的终极效果上保障发展中国家的获资权；但其更直接地须向出资国承担基于捐款的资金信托责任，对资金收益、管理方式、获资资格等履行对等义务，而并不主要向发展中国家承担义务。反而，在项目层面还要代表发达国家，对发展中国家享有特定资金的具体权利。运营主体的治理规则塑造着南北国家间权利义务具体的实施方式。同时，发达国家也通过在世界银行、联合国专门机构下设立专门性信托基金，可较精准地资助一定地域范围、主体范围、应对行为范围内的发展中国家群体，资金选择在一定程度上也塑造了运营主体的法律人格和组织行为模式。

二、遴选合格受资主体的分配规则

抽象意义上，所有发展中国家都是合格的受资对象，但当纳入特定实体的运营过程时，显然还需在发展中国家群体里面为资金寻找合适的接受者，以搭建完整的资金主体关系。由于世界上不同地区的气候条件和经济社会发展程度不同，相同的气候项目在不同国家（地区）实施后，产生的减缓、适应效果有所不同，各个运营主体都会选择使其资金能产生最大边际收益的最佳受资者。纵观各个运营主体受资对象的规定及实践作法，遴选合格受资对象的标准受主体宗旨、用资行为比较优势等多个因素的影响。

其一，发展中国家身份是获资的基本资格。各运营主体均一般性地规定仅发展中国家方可获得资助，但由于减缓、适应行动最终取决于产业结构和企业经营中减排空间。气候资金使用的减排比较优势系于削减排放潜力最大、经济效率最高的项目，多集中于经济规模大、发展速度快、产业与能源结构清洁水平正在持续提高的国家（地区），如中国、巴西、南非等新兴经济体，各运营主体通报的资助情况也证实了这一点。

在减缓与适应、能力建设行动相比而言，减缓行动的资金使用效率及其气候溢出效应更明显；同在减缓行动领域中，新兴经济体较最不发达国家、小岛屿国家、气候极度脆弱国家具有明显的减排禀赋优势；而亚马逊雨林、印尼热带雨林等全球关键的生态功能区域所处的国家，才是适应资金使用能产生最大全球惠益的主体，其对适应资金的使用往往较图瓦卢等因气候效应将受灭顶之灾的国家更具经济效率。所以，即使如GEF、世界银行等许多大型运营主体规定所有发展中国家均符合获资资格，但资金的效率差异性决定了必将受资国划分出减缓优势型国家、适应优势型国家、最脆弱国家，间接地影响在众多发展中国家间分配资金的相应制度。

其二，"发展中国家+本组织成员资格"的组合，成为部分实体特别是专向信托基金的获资资格标准。由于不同发展中国家遭遇的气候问题有所不同，相应的资金需求和资助对象也就存在差异，就特定发展中国家群体相对集中的气候资金需求进行精准地回应，也是部分运营主体的有效作法。为此而成立的专门资助特定行为内容、特定行业的专门实体，尽管其获资条件中不限定发展中国家的其他特征，但通过的其缔约国或成员国身份的约束，间接地形成了组合式获资资格的规制模式。此种组合条件较多地为国际金融机构、联合国专门机构下设的专项基金所采用，如 IBRD 管理的六大气候基金之一的碳发展基金仅吸收肯尼亚、卢旺达等 10 个国家作为受资助成员国，又如 UNEP 管理的气候与清洁空气联盟所辖的 111 个成员（包括 50 个国家实体、16 个政府间国际组织、45 个非政府间国际组织）中，约有 30 个成员国为发展中国家，在联盟中处于接受资助的地位；而北欧国家建立的北欧发展基金也仅资助其选定的低收入发展中国家。

其三，"发展中国家身份+特定减缓适应行为阶段"的主体资格确认标准。由于应对气候变化的具体行为从动机到实施到产生实际效果，需要经历一个较长过程，部分运营主体为确保资金使用能最有效鼓励发展中国家采取应对行动，专向地对应其行为环节中特定环节进行资助，或对不同环节采取差异化资助政策，使得相应的受资主体资格随行为阶段而具有波动性。有的实体仅资助部分行为阶段的实施主体，如 IBRD 管理的碳市场准备基金即专门资助发展中国家建立和完善国内碳定价机制，"生物碳基金第三期：森林景观可持续计划"即专门资助森林管理已取得的碳信用成果。同时，有的运营主体并不局限于资助某类行为，但对部分行为阶段实施倾斜性资助政策，如公约体系所属的绿色气候基金，针对项目准备阶段的研究培训、风险评估、咨询服务等7类用途，专设准备基金支持直接准入实体项目和小微项目的准备，简化此类项目的推荐要求，并以赠款的方式加以资助且确保50%的资金用于最不发达国家、小岛屿国家和非洲国家，资助政策聚焦于扶持这些最薄弱国家的项目孵化和拟建能力。而当项目进行后续阶段时，则不对发展中国家的身份进行限制。

其四，采用不同资金工具对应不同发展中国家类型的标准。由于运营主体广泛地采用了赠款、贷款、担保等多种金融工具提供资金，但不同工具的运营风险和预期回报也是不同的，根据融资工具对受资方的授益程度次序与各发展中国家的气候脆弱性相关联，成为一些运营主体确定主体资格的做法。如GEF将赠款对象国限定为公约大会决定的国家、符合接受世界银行（国际复兴开发银行/国际开发协会）资助条件的国家或联合国开发计划署通过其核心资源分配目标（具体为TRAC-1和/或TRAC-2）提供技术援助的接受国，其他的国家则根据融资协议来确定适用优惠贷款、股权融资等非赠款性工具。而国际农业发展基金将其赠款的范围更缩小"食物短缺的极度贫困国家"，而对其贷款工具又区分为超优惠贷款国家、混合贷款国家、普通贷款国家，执行不同的费率和利率。从运营主体的总体趋势看来，气候资金领域逐步形成以贷款和担保等市场化融资工具为主，赠款等无偿资助手段为辅作为主体资格类型化区分的格局。

其五，与前期资助绩效挂钩来确定各主体的差异化资格。即在确定资助对象国、融资工具、信用额度时，充分考虑其以往所受资金的使用情况，甚至直接采用基于结果为导向的碳信用购买方式。一般来说，多数运营主体都会将特定受资国的即期使用情况，在后续的资助评价中做一定的考虑。特别是对各类具有融资周期的实体，在新周期的融资谈判、确立资金框架和业务规划时，运营主体均会对之前资金利用情况进行评估。有的实体则明确将绩效与特定国家的获资额度挂钩，如国际农业发展基金即在三年一次的融资期根据受资国之前的用资成果，确定或调整其在本期的受资额度。而有的实体直接对绩效成果进行支付对价，资助对象中包括"REDD+"和CDM项目实体，较多地采用这种购买成果的供资方式，实质上调转了运营主体与发展中国家间的权利义务履行顺序。

三、气候资金工具选用的分配规则

优先资助行为与合格受资条件确立起了资金运营关系中的主客体要

素，但不意味着气候资金能如预期那样到达发展中国家，还存在资金成本的分配问题。在围绕"国际气候资金"含义所产生的争议，发达国家强调"提供"的客观表现，而发展中国家则强调资金对价应具备无偿性，资金工具的选择规则直接决定着发展中国家获得资金的经济成本和制度对价。纵观当前的运营实践，赠款、贷款、信用担保、股权与债权融资是四大主要的资金工具，通常一个运营主体兼用多种工具，部分运营主体也使用了一些特色性工具。

四大主要资金工具的运用方面，呈现出特定类型的工具与特定受资国、应对行为间的对应关系。(1) 赠款是对受资国最为有利的工具，但出资国、运营主体对资金全过程的控制力也相对较弱，凸现资金利用的气候公益性而对经济效率最大化保障相对不足。因此，在早期发展援助经验基础上，赠款工具的使用开始出现一定的集中性趋势，一是倾向于最不发达国家、小岛屿国家和非洲国家，如最不发达国家基金以赠款为主要资金工具，而 GEF 信托基金的气候部分的赠款条件也大多限于此，而对其他国家则较多地使用非赠款工具；也有如 IBRD 等部分投资性资金机构主要适用贷款、信用担保等工具，而较少使用赠款。二是倾向于减缓与适应项目前期准备、能力建设项目，如绿色基金、森林碳伙伴基金的准备子基金即是典型。由于这些最脆弱国家甚至连项目准备能力都不足的国家，往往在发展中国家内部也相对落后，其用资需求较少来自工业、交通和新兴能源行业，更多的是农林业、重要生态保护地的资助需要，较多地集中于适应行动领域。所以，实践资料显示赠款与适应行动间存在着内在关联。(2) 贷款是当前运营主体适用范围最广的资金工具。目前，整个国际气候资金流主要部分集中于国际金融机构和上游气候资金实体，其主要选用周期较长、利率较低的贷款为供资工具，既向发展中国家提供资金便利和优惠待遇，也通过设定用资对价而为发展中国家设定了资金信托义务。不过，贷款工具可被运营主体进行细分，如国际农业发展基金将贷款工具分为三类：对 GNI 低于 IDA 划定的一定标准的国家，或被 IDA 列为"小型经济体国家"，或即使超过 GNI 标准但被 IDA 列为"差距国家"或"混合国家"的，可获得超优惠贷款，仅支付 0.75% 的财务费用；除规定情况外的"差距国家"或"混合国家"适用混合贷款工具，需支付 0.75% 费用+1.25% 利率的费用，其他的仅有普通贷款资格，其利率由执董会确定[①]。即使在业务规则中明确地进行区分，但贷款的优惠条件一般都会一事一议地由项目贷款合同约定，受资国的经济水平、项目主体信用情况、往期执行情况等都可能影响着其获资利率水平和其他对价条件。（3）信用担保、股权与债券融资是两类市场化程度相对较高的工具。信用担保工具较多地用于与其他运营主体对特定项目的联合融资（Co-financing）中，既包括多个公共主体的共同授信，也包括与向私人部门的融资行为提供增信服务，具有明显的以公共资金撬动私营资金的杠杆功能。因此，诸如 GEF 等公益性多边气候基金、CIF 等气候投资机构均运用信用担保工具，体现了公共性气候资金欠充足时，打造公私合作机制的必要性和紧迫性。而发行天气债券、气候指数融资工具等股权与债券融资工具，如 IBRD 自 2008—2019 年共以 20 种货币发行 150 余笔"绿色债券"，额度高达 130 余亿美元[②]，其借力传统金融产品市场和衍生品市场，既为应对气候行动融得资金，也为传统虚拟市场注入低碳的基因，并借金融产品向传统实体经济体系的传导机制，间接对传统产业结构进行生态化改造。由于私人资本对发展中国家情况了解有限，造成其直接投资具有极高的风险，通过国际性运营主体将风险进行标准化定价，吸引了大量私营资金附随公共性资金工具流向发展中国家，较好地解决了出资者与用资者间的信息不对称问题。

这些市场化的融资工具对应对行为效果的定价，必然要求受资项目及其所在行业具备一定程度的市场化水平，实践也证明此类资金更偏爱能源、交通、工业等领域的减缓类项目，气候效应与经济效应是一体两面的关系，甚至前者处于附随地位，这些产业领域主要分布于经济社会水平相对较高的发展中国家，减缓行为与非赠款性资金工具也形成高度契合关系。

此外，在特色性资金工具运用方面，运营主体根据其成立宗旨、业务特征等因素对资金工具进行了创新，如购买"REDD+"项目、CDM 项目产生的碳信用的资金工具，也有根据受资国的特殊情况组合多种工具缓减其负债水平，如国际农业发展基金使用的"债务可持续性机制"，对符合执董会"债务可持续框架安排"的合格国家，采取专门性赠款或

---

① IFAD. Policies and Criteria for IFAD Financing [EB-OL]. https://www.ifad.org/en/document-detail/asset/39501039，2019-08-29.

② IBRD. Funding Program Green Bonds [EB-OL]. https://treasury.worldbank.org/en/about/unit/treasury/ibrd/ibrd-green-bonds#1，2019-08-29.

赠贷结合等手段，既确保资金使用的效果也兼顾特殊国家的资金义务承受能力。GEF则创新性地采用了行为风险担保、结构性融资、循环权益基金、循环信贷基金等资金工具。可以预见的是，随着公私合作资助的主流化以及《巴黎协定》下联合履约新机制等制度的落地，资金工具创新必然更深远地展开。

据上所述，不同资金工具均能一定程度地为发展中国家输入资金，公约体系虽未限定提供方式，但对通过购买碳信用的减排义务替代手段，与独立于减排义务的资金义务不做区分，就资金义务履行的有偿和无偿方式不加甄别，同等地计入发达国家履行供资义务的行为是不正义的。从全球范围来看，我们认为：整体上应当根据南北国家的减排负担，对气候资金进行公平的分配，但特定运营主体只会按照自己的成立文件（国际性运营主体）、商业利益（私人投资）分配资金。运营主体人格独立、组织规则自治、资助对象存在重叠等，降低了出资国对用资需求紧迫度的感知[①]。一则，资金信托义务对发达国家向发展中国家供资义务的具体履行形成"过滤效应"。发达国家在《联合国千年发展目标》和《2030年可持续发展议程》框架下承担着多重供资义务，而气候问题又与发展中国家产业结构、社会治理体系深度镶嵌，各类资金混同而缺乏科学区分，义务履行质量必然在运营过程中遭受削弱。长期以来，作为运营气候资金主力的国际金融机构和联合国专门机构，均以援助经济社会发展为主要目标。加入气候资金后，其运营制度依附于先前的制度模式以及已有工作机构渠道和规制路径，气候属性明确的公约下六基金获资量较小即是明证，而赠款又被贷款、信用担保、证券化融资手段等非赠款性工具所倾轧。由此可见，运营主体介入南北国家权利义务关系后形成的资金三角，并未完全融合成气候利益共同体。在运营主体对出资国以及受资国对运营主体的双层资金杠杆上，发达国家利用运营主体间融资竞争，运营主体又利用受资国间的资助竞争，进行资金信托义务的双重加码，导致具体资金行为中资金信托利益凌驾于气候利益之上，制约了发展中国家的资金权利。二则，实际发挥作用的分配制度多数不是具有广泛约束力的国际条约和习惯，而是以运营主体决议、业务文件，甚至项目实施合同为表现的"国际软法"。事实上，他们发挥着将UNFCCC对资金用途、国别选择和提供方式等原则性规定加以具体化的

---

① Gareth Porter, Neil Bird, Nanki Kaur etc. New Finance for Climate Change and the Environment [R]. Washington: Heinrich Böll Foundation and WWF, 2008. 9–10.

作用，在法律形式上表现出"国际软法"实施条约法的特征。这些国际性运营主体"立法"本身不并具有普遍的国际法约束力，且因运营主体不同而内部迥异。可以说，运营主体的"国际软法"已产生了配置气候资金、代发达国家履行出资义务的积极作用；但公约体系为代表的"国际硬法"也失去了对"国际软法"的范围和形式的有效控制，其运行效果与条约法预期是存在出入的。

第三节 国际气候资金的申请与使用制度

分配制度是运营主体根据其宗旨设计的理想分配方案，形成了类似于契约法上的"要约邀请"，须发展中国家内特定项目主体提出申请以做出回应，经运营主体评估后才能推动气候资金的流动。事前的资金申请规则是一个关键问题，且该类行为与公约体系下资金义务履行的契合性，也是需要厘清的问题。从当前的国际实践来看，申请与使用环节的制度内容具有多种表现：一是发达国家直接向特定发展中国家提供的双边援助和直接投资，相关事务多由双方政府或投资协议明确，一事一议、周期性更新、国别差异的特征突出；二是决策型运营主体，其仅对资金用途、合格条件等事务进行决策，通常不直接面对受资方，仅接受其所认证的执行主体的申请，并委托执行主体监督受资项目的运行情况，目前多数运营实体属于此类；三是决策、实施复合型主体，主要包括上游资金实体、国际金融机构和联合国专门机构，既决定本机构所获气候资金的使用、分配问题，在具体项目层面开展资金业务，还接受决策性运营主体的委托而负责项目的实施。第一类为双边供资渠道运行的情况，而后两类为通过多边渠道供资的制度状况。因此，国际气候资金的申请使用既与分配制度不可分割，又由于同一项目可能有多个运营主体在不同层次上的参与，在对资助主体、项目限制与审查方面有着丰富的内容。

一、国际气候资金申请主体的资格条件

由于发展中国家所需要资助的项目为数众多，而各国之间差异性也较大，国际气候资金运营主体往往要求适格主体按照其设定的行为标准，提出受资计划或项目的申请，并接受运营主体内部决策机制的考察。虽然接受资金申请的规则多为程序性规范，但有效的资助必须融入国家和

行业的政策和战略中才能发挥作用①。在受资国的内在需求与运营主体的资金信托义务间找到平衡点，是兼顾资金的气候应对有效性和使用高效性的必然需要。这就决定了运营主体对所有发展中国家一视同仁时，也须在不同类型的项目中进行遴选，申请环节中设定的主体要件和合格项目标准，成为发展中国家参与气候资金法律关系的第一个节点。申请主体可能是最终使用资金的发展中国家，也可能是运营主体基于管理效率考量而指定的其他中间性实体，各运营主体对申请行为设定的主体要件大致分为三类：用资国直接申请型、用资国与经认证实施主体合作申请型、限于经认证实施主体申请型。由于用资项目所处国家的经济社会情况和法治水平等存在差异，并非每个运营主体均能深入了解，许多运营主体也无力建设覆盖每个受资国业务网络。但引入实施主体作为申请的程序性主体，将会在运营主体和用资项目执行主体间增加一层监督管理关系，对后续的资金使用、执行监督和终期评价有着重要影响。

一方面，规定受资国可直接提交申请的运营主体，在国家类型、地理范围与申请者在国内所处权力层次等方面也做出了相关要求，这与其在分配制度中设定的受资对象是一脉相承的。（1）国家类型的条件方面在公约体系下六基金中主要表述为《框架公约》的非附件一国家，双边性援助中上游资金运营实体往往采用经合组织每三年更新一次的官方发展援助受资国②名单、世界银行等国际金融机构及其管理的相关基金则采用世界银行集团的合格贷款国标准，而联合国开发计划署等机构又创制了核心资源分配目标（具体为 TRAC-1 和/或 TRAC-2）的技术援助接受国。不过，列入各类名单或标准的国家大致相同。即使如此，也体现出发达国家以及国际金融机构依附既往发展援助、开发金融制度的倾向，如 GEF 的赠款资格即以世界银行合格借资国、联合国开发规划署划定的受资国为据，公约体系所属基金未对项目申请国家设定专门的主体要件。（2）国家范围的限制方面，有的运营主体具有区域专属性，如地区性多边开发银行以及刚果盆地基金等专项基金，有的则以专门落实特定气候计划为指导，如欧盟委员会设立的"全球气候联盟"在资助灾害

---

① Imme Scholz, Laura Schmidt. Financing the climate agenda: the development perspective [C]. Bonn: International Policy Dialogue, 2009: 9.
② 经合组织援助委员会（OECD/DAC）制定的受资国清单中，包括被世界银行认定的中低收入国家，以及联合国认定的最不发达国家两类，实际上就是除了八国集团、欧盟成员及其候选成员以外的其他国家。值得注意的是，少数国家既是官方发展援助的提供国也是接受国，包括土耳其和泰国。

防控项目即主要作为执行"兵库行动框架"①措施的资金机制,亚马逊基金要求申请者提出的项目要遵守亚马逊可持续计划(PAS)和亚马逊森林合法砍伐防控行动计划(PPCDAM),非此类计划的参与成员无申请资格。(3)出资者对资金的去向提出了限定性要求,或者运营主体自身的设定文件中主体容量有限。前者如挪威通过上游基金——"国际气候与森林倡议"对发展中国家下游基金提供资金时,限定资金用于森林管理即是典型做法;后者如世界银行的森林碳伙伴基金,只有有限的发展中国家与发达国家构成该基金的成员。(4)主体的国内层次方面,政府机构的申请资格是各运营主体的共同规定,甚至部分运营主体如GCF的公共资金部分和GEF等公约所属基金,要求只有政府机构才能申请,如IBRD限定其借方机构必须是国家的财政部、中央银行、平准基金或类似机构;有的运营主体在还接受国内的非政府性组织、企业或个人的项目申请,如GEF要求凡符合所在国优先行动和规划并有国家担保,个人或组织都可以提出申请。欧盟委员会的全球能源效率与可再生能源基金则允许清洁能源投资基金管理公司、其他气候项目开发者和个人提出申请,UN-REDD和印尼气候变化信托基金都认可NGO的申请资格,德国的上游基金——"国际气候行动"接受发展中国家的政府机构、大学和研究机构、私人企业的资助申请。

另一方面,运营实体也有不直接接受发展中国家申请,而指定中间性实施主体申请的做法,又可细分为要求限于实施主体申请、受资国与实施主体合作申请两个子类。前者是少数机构的做法,典型如IBRD管理的两个气候投资基金,限定其项目的实施机构为多边开发银行,受资国必须通过这一渠道向基金提出申请。而后者是较为主流的做法,允许实施主体与受资国合作,并广泛地吸纳发展中国家国内主体及公众参与,由实施机构负责对申请文件制作的指导,而运营实体也与实施主体、受资国同时保持紧密联系。只不过,有的运营主体对实施机构范围设定较窄,如GEF限定其项目实施主体为世界银行、UNDP等10个机构,其他的机构如欲加入须基于特定项目提出申请,并对机构宗旨和实施能力进行单独评估;而有的运营主体的实体机构名单相对较宽,如GCF共指定了88个实施机构,包括38个国家实体、13个区域性组织和37个国际

---

① "兵库行动框架"(Hyogo Framework for Action)在联合国国际减灾战略署(UNISDR)下形成,是首个解释、描述和具体阐述以所有不同行业、人群的行为来降低自然灾害损失的国际制度成果,因在2005年2月18日至22日在日本神户兵库县达成而得名。

性组织；甚至有的机构仅限定实施机构的性质，不做具体的目录规定，如 UNDP 仅广泛地允许国家机构、其他联合国机构、联合国外的政府间国际机构、非政府间组织担任项目实施人。在国家直接申请的情况下，形成了"运营主体—发展中国家—国内项目执行主体"，而加入运营主体后，资金关系则转变为"运营主体—实施主体—发展中国家—国内项目执行主体"的结构，实施主体的功能在于通过其专业能力和业务网络，降低运营主体在具体项目层面的管理成本，增加其项目资金运用的可靠性和效率。

二、国际气候资助项目的合格评审条件

针对适格主体提出的拟议项目申请，运营主体会对其内容做出若干实体性要求，这既是对其项目申请文件的要求，也是运营主体进行合格性评价的审查标准，不符合此程式化要求的受资国及其拟议项目，将被排除在受资范围之外。从国际气候资金法律关系上看，发展中国家以适格主体通过运营主体间接地向出资国发出要约，合格评审条件承担着将公约体系下的纸面规定具体化为实践行为的功能，申请如能直接或经修改后获得批准，则发展中国家资金权利方可实现，评审过程适用的具体标准就至关重要。纵观各运营主体的相关实践，在决定是否批准拟议项目及其后续运营的监督问题时，主要适用以下四类合格评审条件。

（一）拟议项目的合目的性条件

由于气候问题广泛涉及经济社会发展以及其他环保领域的问题，故而协同一致地促进经济与环境共同发展，并时履行气候与生物多样性、防治沙漠化等国际法义务是可行的，只是在如何评估项目气候目标方面的资金使用情况时要特别地注意。既要具备广泛意义上的气候属性，也要契合各运营主体设定的具体用资目标要求，因此，可以以减缓气候变化为目标，如能源、交通等领域的投资；可以以适应气候变化为根本目标，如防灾设施建设、沿海沿江防洪设施加固、农林业灾害保险等；也可以以碳汇（库）的建设为目标，如人工造林、减缓森林退化、碳捕捉与碳封存等。而更多的项目是存在多目标现象，特别是发达国家将促进发展中国家低碳、适应气候型发展，发展气候友好经济等作为资助的条件，而这本身与官方发展援助是一脉相承的。

（二）拟议项目的资金信托责任标准

该标准是指资金能否充分发挥资助协议约定和运营主体对使用效率的相关要求，又可细分为如下要求：

1. 项目主体的资金使用能力与效率保障标准

各运营主体的要求或繁或简，目标均指向有限资金资源的最大化利用。典型如绿色气候基金的做法，其对资金基本信托责任设定了3个一级指标、83个二级指标，主要包括行政管理与财务的关键能力指标44个（6个管理与运营的一般性指标、7个财务管理与会计指标、9个内部审计指标、5个外部审计指标、11个控制框架指标、6个采购指标）、透明度与责任机制指标17个（3项原则性要求、3项道德准则性要求、2项利益矛盾披露标准、5项防止与应对管理不善或其他不法行为之能力指标、4项调查能力要求）、项目管理的专门标准指标22个（4项原则性要求、4个项目准备与批准环节要求、4个项目实施监督与控制环节要求、3个监督指标、4个评估指标、3个项目风险体系与其他风险防控能力指标）[1]。在收到项目申请后，运营主体的相关工作部门会根据这些具体的标准和指标逐一审定，甚至采用逐项计分的方式，对项目的质量做出技术性评价。

2. 项目资金的反欺诈与反贪贿要求

项目资金的反欺诈与反贪贿要求即对参与项目的受资主体、实施主体和运营主体的经手人员，做出财务纪律和廉洁性要求。典型的如国际农业发展基金对基金本身、基金工作人员及第三方、项目资助接受方均做了严格的反欺诈、反贪贿要求。针对申请项目的受资国，基金要求其必须采用适当的信托规则、管理措施和机构设置方案；在选择和缔约前，对交易对象进行尽调；采取能将现行政策通知第三方、受益人的适当做法，确保向接受方提供的申诉邮箱地址的安全性；采购过程中对第三方做出符合基金规定的要求；向基金通报其发现的任何违禁情况；与基金的调查机构配合；妥善保管账户、文件材料和相关记录；采取严格的保

---

[1] GCF. Guiding Framework and Procedures for Accrediting National, Regional and International Implementing Entities. and Intermediaries [EB－OL]. https://www.greenclimate.fund/boardroom/board－meetings/documents，2019－08－31.

密措施[1]，既包括组织机构的能力建设内容，也包括对项目申请及运行中具体行为的标准。

3. 对受资项目采购行为的要求

对项目运行中可能需要的货物和服务，设计环节要考虑其采购行为与程序环节是否符合运营主体自身的采购标准。对采购问题规定较详尽的如 IBRD 的规定，其综合地对项目批准和运行前的法律文件、材料、项目拟采取的评标规则和授予意见等，以及事后的采购效果评估做出了完善规定，要求各拟议项目符合七项原则及其明细规定，包括资金价值原则（有效高效且经济地使用资源）、经济性原则（将持续性、质量以及环境影响等非价格性因素，全部纳入考量范围）、整体性原则（要求项目方、供应商等所有参与人员奉行道德原则，杜绝欺诈和贪贿）、目标符合原则（考量所有风险、价值与采购复杂因素，做出最合理的选择）、效率原则（采购行为与价值、风险相适）、透明度原则（采购信息公开、及时报送）、公平原则（公平对待所有投标人、咨询方，借贷双方权利义务公平），在审核过程中着重审查法律责任、利益冲突规避、参与者的准入资格、申诉和合同相关沟通机制、违反行为的应对五项指标[2]。

（三）拟议项目的环境与社会保护政策要求

该要求源自国际金融公司对投资的环保、社会效应制定的行为标准，各运营主体根据自身情况进行了一定的完善，是几乎所有运营主体共享的一项标准。此项要求旨在确保项目除具备减缓与适应气候变化的效果外，还不能对其他环保领域和受资国社会发展产生不利影响，具体又包括自然资源可持续利用、污染防治、劳工保护与公众健康保障、性别平等、项目用地与搬迁等问题。

相关标准较全面的如 UNDP，其首先设定了人权保护、性别平等与妇女权益、环境可持续三大原则，继而明确评价项目文件的七项指标：

（1）生物多样性保护与自然资源的可持续利用，包括项目地区的影响评价、专家的使用、布点的优先性、栖息地变化、自然栖息地、缓解

---

[1] IFAD. Revised IFAD Policy on Preventing Fraud and Corruption in its Activities and Operations [EB-OL]. https://www.ifad.org/en/document-detail/asset/40189695，2019-08-31.

[2] IBRD. Procurement in IPF and Other Operational Procurement Matters [EB-OL]. https://policies.worldbank.org/sites/ppf3/PPFDocuments/Forms/DispPage.aspx? docid = a3656cb7-8847-417b-886f-11fa0235216e，2019-08-31.

手段、抵消手段使用、关键栖息地、保护性区域、入侵物种、生物安全、森林、水资源管理、自然生物资源的可持续管理。

（2）气候变化减缓与适应包括气候风险评估、温室气候排放情况。

（3）社区健康，安全与工作条件包括社区健康与安全、基础设施安全、紧急事态预防、社区对疾病的暴露情况、工作标准、职业健康与安全、涉及安全的其他事项。

（4）文化遗产包括负面影响规避措施、缓减手段、专家的使用、文化遗产的利用、机会发掘的程序、移除的条件。

（5）搬迁与安置包括强制搬迁禁止与有限适用条件、物质与经济性迁移的避免与减少、迁移计划的制订、安置行动计划、生计行动计划。

（6）本地人民包括尊重国内法和国际法，本地人民身份的识别，土地、资源与项目地域范围，法律上的主体身份，非自愿性安置，全体、有效且有意义地参与，社会环境效果预防的研究，合理的利益分配机制，权利实施的支持，本地人群计划，监督手段。

（7）污染预防与资源效率包括污染的预防、对周边环境的影响、废物处理、危害性物质、杀虫剂使用和管理、资源利用效率[①]。其他运营主体所涉指标也大致有关这些内容，部分运营主体也根据自身业务特征设定了一些特色性指标，如IBRD的环境与社会政策中包括"大坝安全"的子指标，要求评估拟议项目对已有大坝对项目的影响，强化本项目的建设监督、维护等，并列出一项目标和六项原则性要求[②]。

（四）运营主体对拟议项目执行的细节性要求

与前述定性的指导性标准不同，部分运营实体对受资项目运行中的具体行为环节做出详尽规定，主要是以购买项目碳信用方式来提供资助的运营主体所为。典型如IBRD管理的森林碳伙伴基金针对申请的项目设定了五个方面38项具体指标[③]。

（1）所影响的地球范围与拟议项目富有雄心、在国家REDD战略的

---

① UNDP. Social and Environmental Standards ［EB－OL］. https://www.undp.org/content/undp/en/home/accountability/social－and－environmental－responsibility.html，2019－08－31.

② IBRD. Environmental and Social Directive for Investment Project Financing ［EB－OL］. https://policies.worldbank.org/sites/ppf3/PPFDocuments/Forms/DispPage.aspx?docid=3900，2019－08－31.

③ FCPF. Carbon Fund Methodological Framework ［EB－OL］. https://www.forestcarbonpartnership.org/carbon－fund－methodological－framework，2019－08－31.

影响下能全面实施的潜力（2指标）；所涉地区位于国家授权的重要范围内（1指标）。

（2）碳会计的指标要求。

①行为范围与方法方面：项目需选择可核算、可计量、可报告（以下简称三可）的排放源和碳汇（3指标）；项目本身应符合三可，并达到相关度、碳密度和温室气体排放要求（2指标）；使用公约大会采纳或鼓励作为评估源汇的IPCC最新指南和准则（1指标）；关键数据和方法足够明细（2指标）。

②关于不确定性问题：不确定源已全面识别并进行可参考性、三可性评估（2指标）；项目因循一个降低不确定性的方向进行（2指标）；行为数据和排放因素应一致以保证项目各要素的可比性（3指标）。

③项目成果计量所参考的水平线问题：根据森林排放参考水平或UNFCCC森林参考水平确定（3指标）；参考期的确定（2指标）；遵循UNFCCC决议的指导来定义项目中的森林（1指标）；参考水平不超过参考期内的历史平均排放水平（4指标）。

④减排的测量、监督和报告问题：提供透明、一致、适用于"三可"的数据和信息的森林监督监测体系（3指标）；使用一切可用的国家森林监督体系专门技术（1指标）；鼓励监督与报告行为的社区参与（1指标）。

⑤替代效应的计量问题：设计与实施时预防和最大程度降低可能的替代效应（4指标）。

⑥反弹效应的计量问题：设计与实施时预防和最大程度降低项目的反弹效应，并解决项目长期持续的问题（2指标）；协议期间已向基金转让的减排量中反弹的测度（1指标）；项目准备期和协议期内反弹效应的管理机制（2指标）；协议期间监督并报告已转让给基金的减排量反弹的情况（2指标）。

⑦减排量的计算部：净减排量的三步（从参考水平中扣除报告、核证的排放量—根据项目不确定性扣除一定的预留额—扣除一定反弹的额度）；避免双重计算，任何已出售或让与基金的减排量不得二次计算。

（3）保障措施。满足世界银行社会环境保障措施，推进和支持UNFCCC对"REDD+"的指导意见（2指标）；提供项目实施期间落实保障措施的信息（2指标）；信息反馈与申诉机制（3指标）。

（4）项目设计与实施的可持续性。

①驱动因素、土地和资源占有情况评估：描述项目解决毁林、森林

退化动力的方法（2指标）；在拟建地区已形成并公开土地及资源占用情况的评估报告（3指标）。

②惠益分享：基本方案；货币与非货币化利益的具体分配计划（1指标）；计划实施过程的透明性（1指标）；对制度环境的回应性（1项）。

③非碳性利益：非碳利益在项目文件中的必要构成性（2指标）；项目实施中非碳利益产生和强化的信息提供问题（2指标）。

(5) 减排项目的交易问题。

①协议签署权与减排量转让资格：项目实体缔结减排协议的权力及其向碳基金转让额度能力的证明（3指标）。

②数据管理和减排量交易登记：基于其国家需要和国内环境与东道国商定，从而避免多重主张的制度安排（4指标）。

③基于国家需要和国内环境，东道国选定确保减排量不会二次产生、二次交易的适当安排（4指标）。类似的规则，也为荷兰、丹麦等国委托世界银行管理的几个碳基金所适用，由于资助的对象是项目成果，对成果衍化的各个环节做出细部性规定是此类资助的发展趋势。

三、运营主体审查项目申请的程序性规则

发展中国家及其项目实施、执行主体提出的用资申请，性质上如同契约法中的要约，而发达国家一方给予批准是承诺的过程，在其收到用资申请后往往会按照一定的规则来决定是否批准。批准过程除了受到前述实质条件约束外，还要依循的程序规则。

第一，单方主导型决策程序，主要为双边渠道直接提供气候资金时所用。发达国家的单边意志在其中发挥着主导作用，这也是美国在未批准《京都议定书》的背景下倚重双边援助的重要考虑。在针对具体项目开展双边发展援助的模式下，资金的批准与项目合同缔结同时完成，申请到决策过程几乎没有什么间隙。在发达国家的上游资金实体直接向具体项目提供资金时，批准行为则遵守该实体的资金使用规则，而往往这些上游实体是受发达国家发展援助或外交和环境保护部门的直接领导，与双边直接援助相似，都是由发达国家直接决定的。在通过发展中国家的下游资金实体为载体向具体项目提供资金时，作为出资国的发达国家往往也会参与这些实体的决策程序中，如挪威、澳大利亚作为主要出资国，较深入地参与到刚果盆地基金、印尼气候变化信托基金的决策程序中。因此，双边性援助模式下发达国家都具有决定性的影响力，扮演着主导项目获批的关键角色。

第二，南北国家决策权均衡型程序，主要为多边气候变化基金审批项目时所使用。典型的如 GEF 项目批准规则：第一步，申请者经与国家咨询点商讨，保障项目与所在国优先事项一致，制定 GEF 规定的审批表格。第二步，GEF 指定的实施机构①审批表格并向 GEF 的 CEO 滚动报送，由其加以复核，内容包括项目所在国是否具有资格，项目与 GEF 战略目标或规划的符合性、申请者的比较优势、预计用资量（包括期望的共同融资），以及在 GEF 核心领域和分配框架内赠款的获得可能性和项目对今后行动的贡献。审核通过后 CEO 将审批表纳入工作计划中，交由科咨委员会审查，在网上公示审批表和审查意见。只要被纳入工作计划的申请，其准备阶段都可以获得赠款。第三步，GEF 的理事会批准工作计划②。非政府组织通过 GEF-NGO 磋商会和 GEF-NGO 网络可以参加理事会，对获得批准的工作计划理事会给予秘书处和相关机构战略方向、工作框架的指导。第四步，GEF 的 CEO 向合格的执行机构授权并确定资助的额度，如果相关项目未获得授权，则执行机构还要单独传送附有项目关键信息概要，向 CEO 提出项目的授权申请，由秘书处加以审核。第五步，GEF 对项目的执行加以监督、检查和最终评估。GEF 的批准规则最为核心的是理事会对"工作计划"的决定权，该理事会是由 32 名成员组成：14 名出资国代表、18 名受资国代表，采取协商一致决议。如经努力不能达到，则采"正式投票"程序，采取成员国数量 60%＋认缴总额 60% 双重多数表决的模式。此种做法体现出对受资国利益的尊重，也为公约体系下 GCF、最不发达国家基金、气候变化特别基金、适应基金，国际金融机构和联合国专门机构所管理的 CIF 等专项基金广泛采用。

第三，发达国家主导型决策程序，以国际复兴开发银行、国际金融机构和几大地区性开发银行决策规则为代表。这些规则主要适用于这些机构直接发放的贷款，以及它们作为执行机构时，需要将气候资金运营主体已批准的项目，根据内部业务规则转化为自己的项目。以国际复兴开发银行为例，其实行"理事会—执行董事会—行政机构"决策结构，用资申请方首先要与银行进行非正式会谈以谋求贷款的可能性，而后选

---

① GEF 授权的实施机构有 10 个，分别是：联合国开发计划署、联合国环境规划署、世界银行、非洲开发银行、亚洲开发银行、欧洲复兴开发银行、泛美开发银行、国际农业发展基金、联合国粮农组织、联合国工业发展组织。

② GEF 理事会批准项目的方式有二：一是在每年两次的会议上表决，二是闭会间以无明确反对的邮件方式通过。

定贷款项目、审查和评估资金的使用情况。经银行内部程序批准后签约和执行，世界银行的理事会和执行董事会是该决策结构的关键所在。理事会是最高权力机构，但只行使增减资本总额、暂停会员资格等七项主要职权，其他事务的由日常业务机构——执行董事会执行，它由24名董事组成，美、日、德、法、英各指派1人担任，中、沙特、俄罗斯因份额较大也各选1名董事，其他董事按地理分区来选举，世界银行行长担任执行董事会主席。包括项目批准规则在内的世界银行组织规则，更多地体现着大国意志，集中体现在理事会决策机制和执行董事会的构成上，理事会投票权分为基本投票权和股份投票权，银行5.55%的总投票权平均分配于各成员国作为基本投票权，剩余投票权根据不同国家所持股份来确定，采取简单多数的方式做出决策。非洲开发银行等地区性多边开发银行，亦是采取以股份决定投票权的类似办法。

总体来看，发展中国家所承受的程序制度负担体现出三重特征：第一，受资项目会接受多重运营程序的约束。在多数运营实体引入实施机构参与情形中，以国际金融机构、联合国专门机构为主的实施机构，不会参与于其自身制度不符的项目实施，而会根据自己的环境社会政策、资金信托规则等对拟议项目进行审查。在实施主体与受资国合作申报，或依运营主体规定由实施主体独立申报时，项目的合格性还要接受二次审查，正因如此，指定实施主体成为运营主体普遍使用的降低审查成本、保障项目质量的手段。第二，运营主体批准程序中还会对受资项目适用多轮程序性审核。许多运营实体的项目审批程序中，在正式向其决策机构提交正式表决前，一般都会对项目进行前提的专业技术性、透明度等方面的严格审查，如GEF在提交理事会表决前会由独立机构进行STAP审查，GCF在提交理事会决定前也会由6人组成的"技术咨询独立小组"对项目是否符合基金六大投资标准进行审查，IBRD、CIF、UNDP/UNEP、IFAD等运营主体均有类似的评估机制。第三，不同运营主体的投票决策机制在南北国家达成的平衡性有所不同。除国际金融机构外，其他主体多采取南北国家在决策机构中人员平等的组织机制，甚至部分机构由发展中国家主导，如最不发达国家基金、适应基金等，体现出对资金获得权的尊重和气候公益性的较强保障，但发展中国家的控制力往往与运营主体获资总量呈现出反比例关系。以持有运营主体股权而决定其投票权，体现出资额度与决策权力挂钩的运营实体，成为获得气候资金能力最强的机构。这也启示我们，资金权利的具体落实，必须在公约体系规定的气候利益，与具体运营中资金控制力、决策程序权等资金利益之间，找到一个合理的平衡点，国际气候资金关系的效果和效率价值才能相得益彰。

第四节　国际气候资金的拨付制度

拨付是国际气候资金关系的末端环节，既关系到发展中国家获资数量、质量、时间等，也是前端各环节的问题沉积地带，重要性不可小觑。气候资金并非在项目批准后即刻全额拨付，而是与运营主体对项目实施过程的监督评估、项目终结审查等制度配套进行，供资义务的逐步兑现与对发展中国家做出的各类对价要求的实现协同推进。不同的拨付政策与保障手段，均考验着发展中国家的资金使用能力建设水平，根据行为领域、地域范围和国别特征而针对性使用拨付工具，集中地体现出南北国家权利义务的不平衡问题，对发展中国家提出了更高的履约要求。

一、运营主体拨付气候资金的手段

运营主体在面对多种多样的项目及其实施主体时，在拨付环节都会关注供资与发展中国家受资后实施相对义务的关联性，即便在以赠款方式提供资金的项目中，发展中国家使用资金达成的气候效应也是需要考察的。这与契约法上的履行顺序与履行抗辩权相类似。当前，运营主体的资金规则都强调在资金对象上重视发展中国家自有的减缓、适应国家行动计划，体现其对受资助项目的国家的主导权。但当进入实施环节时，如未按照预计的目标和方案进行，或未达到预计的气候应对效果，则拨付制度势必在项目层面做出资金信托责任的捍卫反应，拨付手段与项目的运行效果、项目国气候立法水平和用资能力是相适应的。项目的具体情况决定了不可能存在划一的拨付制度，不同的运营主体及其各自所针对不同类型的资助项目，所适用的拨付规则是不同的。

一是，运营主体直接规定的拨付方式。赠款和贷款是各运营主体当前适用的主要供资手段，部分运营主体根据项目评估标准和运行监督措施，直接规定在项目批准后和运行中资金下拨方式，大致上有预付式和分期式付款两种做法。预付式如 GEF 的做法，根据其项目批准程序，信托基金在 CEO 授权程序中即包括资金承诺的内容，由实施机构在完成其内部政策审定后向 GEF 提出资金交付申请，基金一般而言即按财务政策向项目预付资金。而如 UNDP 在其项目运营规则中，未对拨付问题做专门性规定，从实践分析来看，也较多地使用预付式进行。不过，此类项目多为公益性气候基金所采用，且其资助的对象也以最不发达国家等弱势国家居多，对用资项目在资金利益方式有较大的优惠。而分期式付款则是根据项目的进度分步完成，典型如绿色气候基金，其项目运营规则规定，如果项目协议约定的赠款或贷款生效条件，或特定情况下所附其他条件成就后，基金即向临时受托人（世界银行）发出支付指令进行首期预付，项目履行的监督权从秘书处转到"组合管理办公室"；此后，项目执行人根据项目协议要求提交项目年度性进度报告，由实施机构评估后向 GCF 提出后续支付请求（包括前期资金是否到位、项目是否有延期），组合管理办公室评估拨付目标是否达成以决定后期款项。

二是，受资国和运营主体对特定项目进行个别协商，确定具体的拨付方式。这是国际金融机构贷款协议的普遍做法，基于受资国的具体国情及用资项目所处行业、地域特征等要素，在办理具体项目贷款时，因地制宜约定贷款额度的拨付事项。可以预见，由于此类手段主要为投资性运营主体采用，其拨付方式的确定势必与资金使用效率挂钩，根据项目落实的程度分阶段地配备资金，成为其贷款协议中动态拨付的主要做法。当然，在针对最不发达国家等主体或涉及重大人道主义事宜的特定项目，也会采用全额预付的方式。如 IBRD 的贷款规则中明确规定拨付问题根据协议约定的方式进行，而非洲银行的项目执行规则中进一步明确，项目资金应按要求或按贷款约定进行，但如违反项目目标、采购规则或有贪腐欺诈等行为则即行取消；不仅国际金融机构，在贷款规则方面直接援用多边开发银行规则的气候投资基金等主体，其拨付规则也多采取一事一议的方式。

三是，证券性融资工具的市场化拨付方式。除赠款、贷款的供资方式外，为气候项目提供信用担保的直接投资，发行绿色债券、气候影响和自然灾害的专门性对冲基金、灾害证券，提供自然灾害的保险和再保险等气候风险管理工具，也广为运营主体所采用。这是将传统的金融产品及金融衍生品中标准化的合约模式，沿用于气候领域的项目供资中，由于证券发行与投资过程中对资金权利义务有着格式化的要求，且此类证券也是在国际、国内证券市场的场内交易产品，相应的权益转移和资金交割事宜，均依标准化金融合约进行。如世界银行发行的多支绿色债券，可代表此类拨付方式的典型做法。

四是，基于项目成果绩效的拨付方式。基于应对行动的成果绩效而开展资助，是"德班加强平台"建立后，在减排协定遭受挫折而资金问题取得进展情况下,发达国家强化监管发展中国家资金义务的体现,并在2013年华沙气候大会决议中成为共识。此种方式在实践中主要见于两类做法:(1)根据项目的设计文件,对项目成果进行评估和验收后,支付相应的资金;(2)在CDM和"REDD+"机制中,通过支付项目产生的碳信用价款来提供资金。此外,部分运营实体还将特定受资国已完成的项目绩效,作为未来是否提供资助及其额度的重要依据,如国际农业发展基金即是。基于成果资助的模式对发展中国家而言具有双重意义:(1)在具体项目层面,应在实施后取得与资金相匹配的减缓、适应效果;(2)与无资助的情形相比,相应的效果应属于额外的气候应对贡献,体现发展中国家自愿减排义务计量基线之上的额外性。根据《框架公约》第4条第7款和《巴黎协定》第9条第1款之规定,气候资金所资助对象都包括在发展中国家自愿减排义务之内,如欲在项目层面确认资助的额外性,也就要求发展中国家的自愿性减排义务具有明确性和可比性。基于此,各发展中国家也根据《巴黎协定》要求提交了"国家自主贡献",其减排义务从模糊走向清晰的过程中,气候资金的重心也逐渐转向了减缓与适应的准备环节,以及气候与经济社会发展的多目标项目,可见供资也倒逼着发展中国家减排义务法律形态的转型。不仅如此,在基于成果绩效而供资的机制下,对用资过程的透明度、成果计量的标准化程度提出了更高的要求,技术标准的制定权和主导权为运营主体及其背后的出资者掌握,发达国家推行的碳定价机制能借此向发展中国家有效地输出,对其环境主权和国家发展权可能产生的不利影响是值得警惕的。

二、气候资金拨付制度的功能特征

作为发展中国家实际获取气候资金的最终环节,拨付不仅仅是一个财务性事项,南北国家的制度博弈在拨付的条件、时序安排等要素中有着集中的体现,这也是我们从末端回溯和审视气候法律关系的重要切入点。

一方面,从制度的应然性角度看,发展中国家履行公约义务的程度取决于发达国家供资义务履行的情况,资金拨付应当是一个发达国家(或作为其代理人的运营主体)先拨款、发展中国家后执行的单向性义务履行过程,且执行内容应以受资国的减缓、适应国家计划为据。但实践状况却呈现出完全不同的一面,应然的设计只存在于所有的发达国家与所有的发展中国家之间理论层面。当具体到特定国家之间、特定受资项目层次时,发达国家面对不同受资国、不同类型项目来投出资金选票时,权利义务的应然结构中还镶嵌进资金效率考量因素。当资金以效率为指标对不同发展中国家、不同类型受资项目进行排序时，受资主体间的激烈竞争促使微观层面接受各种标准考核、条件束缚和绩效要求就不可避免。特别是气候资金不仅直接表现为货币的资助，还附随着技术援助和能力建设等资源，经济社会发展的溢出效应也比较可观，针对特定资助承担与之匹配的对价义务，成为项目层面的必然需求。以"出资—对价"的微观实践关系来观照宏观层面"拨款—按需执行"应然结构，其间蕴藏着获资权利遭受扭曲甚至侵蚀的巨大风险，是出资国与运营主体间的资金信托义务映射于发展中国家身上的结果。我们必须反思的是，项目层面的资金信托义务与气候资金权利间如何平衡？这涉及资金链首尾两端的南北国家关系，经中间的运营主体、实施主体、执行主体等介入后，所输出的制度结果是否契合公约体系设定的制度目标。分别审视出资者—运营主体、运营主体—实施主体、运营/实施主体—受资主体各对关系上的权利义务内容，前者对后者做出义务性约束都无可非议，但各组关系首尾相连后输出的供资效果，离公约体系设定的预期目标间存在着较大差距。应当讲，任何的资助行为均需追求资金利用的效率和有效性，就特定资金对等地要求信托义务也势在必行，但出资、分配、申用环节的制度惯性延伸到拨付环节后，笔者认为扭曲发展中国家资金权利的原因并不在于信托义务的有无，而在于该义务的单一性，运营主体向出资者承担信托义务之外，应当对南北国家共同形成的气候利益共同性还承担着一种公共信托义务。换言之，运营主体并非仅对出资者负责，也要对受资者负责；并非仅就特定资金承担专向信托责任，也要对资金所服务的全球气候系统和国际气候法治秩序承担公共信托责任，唯有二者有机融合，才能确保资金运营过程是国际法义务的履行过程，而非仅受"成本—收益核算"的约束。从制度上讲，不仅应考察发展中国家执行项目的义务履行情况，也应审核运营行为是否具备气候公益性，是否属于合格的气候资金履约行为，结合资金的经济效应和气候效应综合认定，这正是当前公约体系在履约监督方面所缺乏的。

另一方面，从制度运行的实然角度来看，拨付制度中资金信托义务与项目绩效的平衡需求，也需要南北国家双向提升履约能力。于出资方而言，拨付行为所附条件及其监督审核的信托责任、环境社会政策等行为标准，混杂着气候与非气候性利益的考核内容，使得发达国家向公约体系通报的气候资金所承载的制度内容，是否具备气候专向性产生重大疑问。或者说，是否必须仅具备气候专向性，排除经济性价值、生物多

164

样性等环保价值的资助,才是合格的气候资金?对此问题显然不能做如此绝对的限定。因此,如果允许气候利益与其他利益共生于同一资助中,公约体系与其他国际法体系的履约要求如何区分,这涉及特定资金的法律归属问题。作为出资方的发达国家需要明确其资金的区分标准,否则其向运营主体提出的资金信托义务将缺乏正当性;而公约体系也需要在履约机制上明确与其他国际法渊源的行为界分,否则对气候属性高低不明的行为做同等制度评价,不利于保障资金气候效应的独立性。于受资方而言,"任何国家都不应寄希望于别国资助无法做出对应效果,且该效果也无从证实的行动。所以,受助国也应积极地做出自身的改变"[①],受资权利并不意味着守株待兔,在现行拨付制度下其陷入一种类似"施舍"的境地,其缺乏保障气候资金使用效率的科学主张和能力支撑也是重要原因。当前,气候资金总体规模不足,国际经济危机下发达国家对碳信用的购买意愿也较低,例如欧盟为了保持其排放权交易体系第三期的碳价格维持在一定的高位,拟议不再购买清洁生产机制产生的CERs。拨付制度的可持续性面临威胁,面对基于此变革拨付方式倒逼申用、分配、出资诸资金行为,受资方也应有所作为:(1)发展中国家应提升资金使用透明度的保障能力。以任何方式提供资金都要求发展中国家及其项目实施主体,能以公开透明的方式利用资金,如其自身不能保障,则会由运营主体甚至出资国代而行之,确保资金产生最大的气候效应,是所有资金参与方的共同目标。(2)发展中国家应克服其减缓、适应领域资金进入的制度壁垒。特别是将私营性国际气候资金的进入以及拨付的重心指向项目本身,转移到帮助发展中国家增强吸纳、利用资金的能力,优化其气候资金运行的国内环境。当前,拨付制度中受发展中国家广泛欢迎的是对适应行动的赠款,这与发达国家更追求资金效率的意愿南辕北辙。二者要达成妥协,优化发展中国家在减缓领域利用资金,特别是吸收外国私营资金方面要有所建树,破除其国内投资的制度障碍势在必行。(3)要逐步形成综合南北国家意愿、符合全球气候共同利益的碳定价机制。虽然市场化手段由"京都三机制"首创,但其不单是为发达国家利益服务,更大程度是形成一个气候领域国际社会共同的话语体系,使所有国家所说的减排具有一个可比的标准。可以说,拨付制度的多样性,一定程度上也是由于有的发展中国家碳价格缺位,至少与出资方、公约

---

① Wen-Chen Shih. Financial Mechanisms for Climate Change: Lessons from the Reform Experiences of the IMF [J]. 6 National Taiwan University Law Review,581 (2011).

体系的制度期待存有差距。所以,在全球碳定价机制的形成中,发展中国家也不应缺席,特别是"适应行动高度依赖建筑业,而该行业正是腐败的高发区域"[①],唯其在资金输入端进行有力的制度改造,并与国际定价规则相衔接,才能可持续地提高获资能力。随着《巴黎协定》规定的国家间联合履约的灵活机制,以及全球碳市场建立的新方案,国内碳定价机制越完备、越科学、越透明,则适应其国情的自主方案就能解决资金利用的透明度、有效性等信托责任内容,无需过多的中间主体输入异质性考核标准,相对当前的运营规则而言更有利于提升气候资金吸引力。

国际气候资金拨付制度存在的功能不足,或许问题根源不在拨付制度本身,因为其只是资金运营主体的出口,但其反馈的问题是重要而关键的。国际气候资金链上,存在着下游获资与上游出资脱节的严重问题[②],或者说,国际社会对气候资金提供的争议直接体现为对拨付方式的异议上,特别是在发达国家占据优势的情势下,发展中国家的声音如何表达是迫切需要解决的问题,而最终的解决也就是要体现在主要拨付方式的改变上。不过,当前发挥积极作用的多边渠道可能存在内在不足,由于气候资金需求的总量无法确定,注定了合作中多边机制的不足,因为精确的核算是其承担主要角色的条件之一[③]。所以,拨付制度必须改变单向模式,在南北国家争议与气候保护客观需要之间找到一套可行的拨付制度。

总体来看,公约体系对气候资金运营行为的调整是较为薄弱的,但运营是资金需求得到实际满足的关键所在,也是发展中国家获得资助时所承担制度成本的产生环节。表面上看,公约体系设计的气候资金基础关系上,发展中国家的获资权利是无偿或优惠性的,但体量巨大的运营机构实际奉行的"碎片化"规范形成的运营制度整体,却是资金信托义务驱动上对发展中国家施加各种程序成本,做出各类实质性要求的过程,且并不是愿意承担成本者就能获得资助,气候资金的稀缺性潜在地推动

---

① Meinhard Doelle, Steven Evans, Tony George Puthucherril. The Role of the UNFCCC Regime in Ensuring Effective Adaptation in Developing Countries: Lessons from Bangladesh [J]. 4 Climate L, 327 (2014).

② Ari Huhtala, Stefano Curto, Philippe Ambrosi. Monitoring Climate Finance and ODA [R]. Washington: World Bank Group, 2010. 4.

③ Andrew Pendleton, Simon Retallack. Fairness in Global Climate Change Finance [R]. London: Institute for Public Policy Research, 2009. 11.

着受资国家在竞争压力下，放弃固有的部分权利。琐碎的运营实践呈现了明显的总体规律：发展中国家在条约法上的应然权利，在运营机构以"软法"实施时，转化为微观项目层面的资助对价义务，这种义务又与发达国家不产生直接关联，构成了度量南北国家权利义务履行情况的"黑箱"。

第五章 国际气候资金监督法律制度

发达国家供资渠道的分散性，导致对其供资义务履行情况做出统一的法律评价异常困难，但立足于公约体系与外部渠道间的基本关系，将多元的监督制度渊源整合起来，能最大限度地勾勒出发达国家履约情况的基本面貌。在探求这样的国际气候资金监督法律制度过程中，必须抓住资金从发达国家到达发展中国家的全过程中，注重对所经双边、多边渠道进行信息溯源，以不同供资渠道的资金记录及汇集规则为资料，凭公约体系设定的气候资金法定标准，观测相互间的契合性，是当下监督资金运行情况最可行的制度通道。因此，对国际法上存在的气候资金监督制度，我们应当以开放的眼界、持据实质性法律渊源的立场，从监督制度赖以展开的信息基础、不同机构或实体对气候履行的判定方式、公约对发达缔约国最终评价义务履行评价标准等多角度，进行整体检视。

从公约体系的立场出发回溯资金信息的来源，会发现履约状况的判定实际上高度依赖发达国家资金的信息通报，而发达国家的资金信息既来自本身的供资，也在国际金融机构等中间运营实体的治理规则上留下了丰富的信息线索。并且，国际气候法律制度还在迅速的发展中，国际社会的争议都可能在国际法上找到纾解之道，但这要对现存的问题进行精确的解析。

立足当前国际实践，我们可发现有三个具有国际法履行的监督制度节点：（1）公约体系履约监督对供资义务的最终评价规则，虽然其对发达国家、外部国际主体具有信息依赖性，但在约文及相关决议文件中，却设定了合格气候资金的实体标准。（2）发达国家集团经济发展与合作组织对成员国规定的"与气候相关援助"设定的资金信息标准和通报程序。虽然其具有单方面代表出资的发达国家的问题，细察该组织信息提交系统及其气候属性标注规则，该组织已汇集最集中、最丰富的供资端资金数据，且其通报规则对成员国形成了最强的监督效能。（3）多元的气候资金运营实体治理规则中，关于气候资金标准判定与信息通报的相关规则，此类渊源散见于GEF、国际金融机构、联合国机构、上下游基金等运营实体涉足气候资金时，根据其组织运行的规则对出资国、受资国、项目管理人、资金信托人设定的资金监督规定。这些围绕气候资金生命周期筑成的信息规则群，构成了监督发达国家履行供资义务的总体规范内容。

第一节　国际气候资金的信息汇集制度

气候资金在国际关系中流动，面临着气候属性与经济属性、非气候性环保价值既独立又联结的局面，除公约体系下自有资金实体经手的资金外，识别其他渠道运营的与气候相关资金的法律性质，不得不依赖丰富的资金信息。特别是由于供资渠道之间的主体身份区隔，使得相互间难以实现信息融通和相互参考，尽管资金关系的"复杂程度在纵向上体现为资金的多层次性（国际、地区、国家、国内次区域层面），横向上体现为多部门、多方向的体系（公共和私人出资者，公共和私人受资者，以及不同主体之间形成的复杂关系）"[1]，但如果能抓住发达国家这一资金起点、发展中国家这一资金终点，梳理清楚弥散于二者间资金关系上的信息载体及时汇集遵循的实用规范，我们仍可能把握国际气候资金信息流的整体情况。

除抓住中间环节外，公约体系判定气候资金在全球范围流动的法律状况，还要克服处于资金链两端的南北国家间信息占有偏差的难题，"在得到不同的认识理想状态的资金数据时，应具备完整、透明、可比、精确和高效特点[2]"，实现这种理想状态，势必要求公约体系在报告、识别、评价等汇集方面与外部主体的对应制度相衔接，将资金链上独立运行的多元国际主体、南北国家信息义务履行情况统合起来，才可能完成全球气候资金的信息拼图。可以说，国际气候资金信息汇集规则体系是由公约体系与非公约制度体系共同构成的专题性制度群，以下分述之。

---

[1] Patricia Blanc-Gonnet Jonason, Richard Calland. Addressing the Multi-Dimensional Transparency Challenge [J]. The Georgetown Public Policy Review, 2013, vol 18 (2): 1—16.

[2] Dennis Tirpak, Athena Ronquillo-Ballesteros, Kirsten Stasio etc. Guidelines for Reporting Information on Climate Finance [R]. Washington: World Resource Institute, 2010: 16.

一、公约体系下的信息汇集制度

《框架公约》及其两份议定书、公约机构决议等法律文件，在规定了共同但有区别的缔约国义务基础上，还规定了南北国家均承担报告履约情况的信息提交义务。不过，南北国家的条约义务有较大区别，相应的信息汇集要求也就有所不同。减排信息方面，发展中国家承担着自愿性减排的义务，因而其应报告的信息内容聚集于本国温室气体的排放清单等基础信息；而发达国家则依约承担一定的强制性减排义务，特别是《京都议定书》附件列示了各个发达国家的义务定额，因而其在基础信息外还应通报其在国内削减温室气体排放和适应行动信息。在减排义务外，发达国家还承担向发展中国家提供资金、技术，以及减缓与适应方面能力建设援助的法定义务，这也构成了发达国家信息通报的法定内容。

就气候资金而言，发达国家通过双边渠道直接或经不同国际组织为运营渠道间接地向发展中国家提供的气候资金信息，也会体现于其履约报告中，这是公约体系的信息汇集制度对其做出的一般性要求。自 2009 年《哥本哈根协定》创建快速启动资金和长期资金计划两个资金专项计划后，还要求发达国家就二者提交专门的专题资金报告。据此可见，公约体系下资金信息汇集制度在发达国家包括两个方面：国家信息通报（NC，National Communication）和气候资金专项报告。

（一）发达国家通报中的资金信息汇集义务

公约体系规定南北国家均负有向履行情况的国家信息通报义务，这是其信息汇集的一般性制度，但在义务的具体内容上对附件一国家（发达国家）和非附件一国家（发展中国家）做了差异化在通报要求，通报资金的资金信息是发达国家的专属性义务。2011 年之前，所有缔约国按要求每三至四年提交一轮国家信息通报[①]，资金信息是发达国家报告书中的必要构成部分。为落实哥本哈根大会的成果，2011 年德班气候大会提高对缔约国履约报告频度，要求发达国家每两年提交一次专门的"两年期报告"（BR，Biennial Report），在与信息通报提交年份重合时，两年期报告则列入国家的综合性信息通报的附件，发达国家汇集气候资金

[①] 迄今为止，公约附件一中 41 个国家共提交了 6 次国家通报，时间分别为：第一次 1994—1995 年、第二次 1997—1998 年、第三次 2001 年 11 月、第四次 2006 年、第五次 2010 年、第六次 2014 年 1 月。

信息就具有"综合报告""两年期报告"两个途径。

1. 国家综合通报中的信息汇集要求

自《框架公约》的文本开始，初期的缔约国大会相关决议文件，就对国家信息通报的构成内容做了规定，且要求各国在确保报告内容清晰地反映各国履约进度时，并保证各国情况通报间的可比性。为此，公约体系为附件一和非附件一国家分别制定了综合性国家信息通报导则，就发达国家通报气候信息的义务而言，公约体系的信息汇集规范主要包括：政府间气候变化专门委员会（IPCC）制定的技术文件、公约与议定书缔约国大会决议和通报示范表格。

在《框架公约》对所有缔约国规定的信息通报义务基础上，气候变化政府间谈判委员会为指导发达国家编制第一次国家信息通报，在《关于第一次来文的准则和程序》（9/2号决定）《附件一所列缔约方编写第一次来文的准则》[①]（以下简称《准则》）中，首次对发达国家的信息通报内容和形式做出了格式性要求。并就发达国家通报气候资金的信息问题，在《准则》第33段要求公约即发达国家须提交对资金实体的捐款信息，并区分通过双边、区域或其他多边渠道（公约第11.5条）分别通报供资情况。发达国家需要对详细说明这些资金的气候属性，并提供因履行供资义务而在政府、私人部门采取的行动信息。第34段要求发达国家按《框架公约》对气候资金的"可预测"和"可确定"要求，预测后续的气候资金分配的情况。

1995年《框架公约》第一届缔约国大会通过了3/CP.1和4/CP.1两项决议，沿用了IPCC上述关于在国家信息通报中体现气候资金的做法，并为发达国家提供第二次国家信息通报设定了行为准则。根据公约机构对第一次信息通报的审查结果，第二届公约缔约国大会通过了《〈公约〉附件一所列缔约方的信息通报：指南、时间安排和审议进程》（9/CP.2号决议），对IPCC的决定进行了修正，极大地强化了发达国家通报气候资金提供信息的法律要求，在该决议附件《〈公约〉附件一所列缔约方的国家信息编制指南订正案文》的第42~44段中，进一步要求发达国家说明其对供资来源具有"新的、额外的"的认定方法，呈报所提供的资金援助与发展中国家支付全额递增费用、承担特别易受气候变化不利影响国家适应费用间存在关联性的详细资料，说明其资助有助于发展

[①] 这就是通常所称的《政府间气候变化专门委员会国家温室气体清单指南》。

中国家获得"硬""软"气候技术①的内容,并在资助环境无害技术活动的信息中区分公共与私人部门的获资情况。

在1999年的第五次缔约国大会上通过的发达国家第三次信息通报审查决议,再一次强化发达国家的信息通报内容和精细化程度。大会通过了温室气体的清单报告(3/CP.5号决议)与国家信息通报(4/CP.5号决议)两个文件,清单将从国家综合信息通报中独立出来,于每年4月15日前提交,资金信息仍保留于国家信息通报中。虽然没有调整需通报的资金信息内容,但公约秘书处为第五次国家信息通报的编写制定了一份示范文本,要求发达国家在确定通报内容和体例时予以遵照,在该示范文本的附件第7部分,秘书处希望发达国家从"资金来源的'新的、额外的'性质""对特别易受气候变化影响发展中国家的资助""资金的提供"(含《京都议定书》第11条规定的气候资金提供问题)三方面②,在第五次国家通报中呈现气候资金部分的内容。

2. 发达国家两年期报告的信息汇集义务

2011年德班会议决定增加发达国家的"两年期报告"制度,要求首次报告在2014年1月1日前完成并提交,气候资金的信息列入该报告附件二中,且对报告内容和方式做出了较细致的规定。

根据德班会议通过的《〈公约〉之下的长期合作行动问题特设工作组的工作结果》(2/CP.17号决定)的规定,在决定第四部分关于"资金"的行文中,要求发达国家必须将供资信息列入"两年期报告"。该决定附件一《〈气候公约〉发达国家缔约方两年期报告指南》进一步细化资金信息在报告中的必要内容。相较以往的综合性通报要求,该决定做出了更加精细规定:(1)将用于资助减缓和适应的资金分开报告。(2)明确资金提供的具体渠道,是通过公约体系下的六个多边气候提供,还是通过国际金融机构、非公约性多边气候基金、联合国专门机构,或者其他双边、区域和多边渠道。(3)通过各笔资助的币种、计价额、执行的货币换算额,进一步说明资金来源、赠款或优惠贷款等出资方式以及受资行

---

① 根据《〈公约〉附件一所列缔约方的国家信息编制指南订正案文》脚注d的解释,"软"技术是指:能力建设、资料网、训练和研究,"硬"技术是指:控制、减少或防止能源、运输、林业、农业和工业部门人为排放温室气体、促进汇的清除和促进适应行动的设施设备建设。

② UNFCCC Secretariat. Annotated Outline for Fifth National Communications of Annex I Parties under the UNFCCC, including Reporting Elements under the Kyoto Protocol [EB-OL]. http://unfccc.int/files/national_reports/annex_i_natcom_/application/pdf/nc5outline.pdf. 2014-01-05.

动所在的产业部门等具体信息。(4) 澄清所提供资金具有"新的、额外的"特征的认定方法和适用标准。(5) 尽可能报告通过双边气候融资撬动私人部门，进而流向发展中国家的资金流量，以及本国在促进私人部门参与供资的政策和措施。

通过上述国家通报制度关于资金部分信息要求的不断提升，从第五次信息通报的完整度，以及发达国家表露的认定资金气候性质的方法及标准清晰度看，公约体系下的气候信息通报取得了较明显的制度进步。

(二) 发达国家气候资金专题报告中的信息汇集义务

2007 年"巴厘路线图"将资金列为气候谈判的五大核心议题之一[①]，预定在 2009 年的哥本哈根大会上完成 2012 年《京都议定书》到期后的减排协定谈判，但并未如愿，只是在资金问题上获得了"快速启动资金""长期资金计划"两项进展。为落实《哥本哈根协定》的资金约定，公约体系要求发达国家就新的气候资金协议提交专门的履行报告，就此在国家信息通报外为发达国家增设了气候资金的专题报告制度。

在"快速启动资金"约定的出资周期内，发达国家[②]从 2011 年 6 月 30 日至 2013 年 9 月 2 日向公约秘书处共提交了三轮实施报告，其中美、澳各提交了五次，比其他发达国家多提交一次，瑞典则仅在 2011 年 1 月提交了一次[③]。细观各个发达国家的快速启动资金信息报告，其主要内容是通报了 2010—2012 年间各自提供的快速启动资金额度、时间安排、供资渠道（即双边、区域抑或多边性渠道）、采用的资金工具（即赠款、优惠贷款、出口信贷保险、投资保险抑或其他）等具体信息。在通报这些信息时，也对其性质上属于减缓还是适应资金进行了区分，并详细地报告了两类资金去向的产业部门、国家（地区）、资助的项目数、项目实施地理分布等信息。从信息汇集的及时性、完整性和准确性角度看，发达国家汇集的快速启动 300 亿美元资金信息报告制度是成功的，说明只要制度设计合理、权利义务分配平衡，气候资金领域内的分歧是可以消除的。

纵观公约体系下由国家综合性信息通报、两年期报告、快速启动资

---

① 气候谈判五大核心议题是减缓、适应、资金、技术和能力建设，这是在巴厘岛召开的第十三次缔约国大会在决议文件中提出，作为 2012 年后减排协定谈判的指导。
② 欧盟代表其所有成员国，作为一个整体而提交了三轮报告。
③ UNFCCC. Submission (Fast-start Finance) [EB-OL]. http://www3.unfccc.int/pls/apex/f?p=116:8:3629080739087054. 2014-01-15.

金专题报告等构成的信息汇集制度，以及在公约与议定书缔约国大会、公约附属科咨委员会和附属履行机构会议期间的会边活动（side event）等场合提供的气候资金信息，发达国家供资信息汇集状况总体上不断改善。但此过程也折射了公约体系下信息汇集制度的不足：信息来源与汇集过程多是发达国家的单方行动，发达国家对出资行为的信息展示处于主导地位，而对资金后续环节缺乏说明。实际上，出资完成后将通过一系列国际组织、项目执行或运营主体、发展中国家内相关资金主体等多个环节，最终有效地到达受资国的指定用途数量几何、是否始终保持着气候属性等，殊值疑问。可以说，公约体系对出资的报告，既不具有透明性也不具有综合性[①]，缺乏与中介性运营主体、受资国通报的资金信息相互印证。从制度运行的应然逻辑上讲，散布于南北国家、国际性资金实体的资金信息，实际上可以映照特定受资项目的完整资金链，通过信息汇集的国家间、国际组织间合作，信息的裂散化问题是能改善的。遗憾的是，发展中国家的信息通报中也没有主动展示其接受资金的信息，公约体系对其也未做要求。如在我国第二次通报的第六部分第一章"应对气候变化资金需求"[②]中，也仅提出哪些领域、产业部门是需要资助的对象，至于后续确实接受了多少气候资金并未提及，这也是发展中国家通报中普遍存在的短板。受资信息的缺失不仅无法与发达国家的出资信息进行对照，也不能通过出资国、受资国对同一资助额度的信息差异来展示对气候资金认定标准上法解释观的争议。因此，提升信息透明度展示国际法立场，是未来应当重视的一个课题。

二、OECD 的信息汇集制度

公约附件二国家（即发达国家）的确定源自 OECD 的成员范围，作为发达国家组成、专司于发展援助的国家集团，其成立和发展过程，本身就与其成员国范围的扩张密不可分。而该组织为发展中国家提供经济社会发展的援助远早于资助其气候项目，因此作为公约体系发达国家组织的国家集团，其所汇集资金信息不仅体量大，而且该组织的援助规则

[①] Dennis Tirpak, Athena Ronquillo – Ballesteros, Kirsten Stasio etc. Guidelines for Reporting Information on Climate Finance [R]. Washington：World Resource Institute，2010：3.

[②] 国家发改委. 中华人民共和国气候变化第二次国家信息通报［EB－OL］. http://www. ccchina. gov. cn/archiver/ccchinacn/UpFile/Files/Default/20130218142020138656. pdf. 2014－01－15.

对发达国家具有较强的约束。

从该组织创建的源头上看，它始于西方资本主义发达国家对抗苏联的内部联合，由美国向欧洲国家、亚洲个别国家提供发展援助，在美苏冷战的背景下巩固盟友关系是其形成的政治动力。但随着殖民地独立运动涌现，重构南北国家间公平合理的国际新秩序成为时代浪潮，由发达国家提供资金、技术援助，以保障发展中国家（多为原殖民地国家）生存发展权的呼声，在联合国大会决议等大量国际法律文件中得到体现，发展中国家在国际组织治理体系中异军突起，使发展中国家获得技术、资金的机会从道义化要求，逐步进阶为国际法所保障的权利。在20世纪七八十年代后，欧洲国家、日本等国从战后重建中得以恢复，从受援国变为提供援助的国家，直至进入20世纪末端，特别是1992年里约大会就气候变化、生物多样性保护、防治沙漠化三个环境议题缔结条约后，OECD原为经济社会发展制定的援助行为标准扩展到环境与可持续议题上来。为新的环保议题发挥对援助行为的监督作用。OECD于1998年在成员国援助信息的报告系统（CRS）中建立了创设了"Rio maker"①模块，要求成员国通报援助信息，该汇报机制在1998—2006年间试行后正式投入运行。根据其运作规则，OECD要求成员国在所有的援助信息中，说明与里约三公约相关的援助部分，气候变化作为三大公约之一的议题也位列其间。这样一来，就在公约体系的供资义务国之间，实际上形成了一个自发的气候资金提供义务的信息汇集地，通过CRS体系汇集与气候相关的发展援助，间接地发挥了《框架公约》中资金义务履行情况的评价作用。

自Rio maker试运行结束后，OECD从2007年开始要求成员国在提交援助资金信息时，必须注明各项通报的援助资金与里约三公约目标是否具有相关性，官方发展援助资金的气候属性判定，自此成为OECD资金汇集过程的强制要求。但是，这其间更侧重于关注发展援助是否与减缓行动相关，对适应行动重视尚显不足。OECD要求各发达国家注明其援助资金是否具有如下特征：（1）减少人为排放的温室气体（包括《蒙特利尔议定书》管制的气体）。（2）保护和加强温室气体的汇（库）。（3）通过帮助受资国机构建设和能力发展，增强其行政管理与政策体系建设，或者资助其研究活动。（4）对发展中国家履行《框架公约》援助

---

① Rio 即 1992 年气候与发展大会举办地"里约热内卢"（Rio de Janeiro）的简写，代表该地缔结的三个多边环境协定。

义务。但凡发达国家将特定援助资金与其中一项或数项标准作为其主要目标（principal objective），可以认为其为与减缓气候变化相关的官方发展援助[①]。通过在汇集过程中进行信息类型的注明规则，能在援助资金的整体中区分环境与非环境性质，并在环境性援助中细化到气候变化的援助上。该组织对成员国提出的是强制性信息提交、注明要求，可以说其是当前辨别发达国家供资是否具有气候属性透明度、准确度最高的信息平台。不过，其规制效果也具有将公约体系规定的气候资金限缩解释为"与气候有关的援助"，而不是将《框架公约》与发展援助规则下的供资视为两项不同法律义务。

从2009年开始，OECD进一步要求成员国在Rio maker中，增加说明其援助资金与的适应行动之间是否存在关联性，这就弥补了之前注明范围过窄的不足。同时，也在CRS中修改了成员国填报的援助信息指标和表格样式，将减缓、适应分开，各别化为Rio maker两项独立的资金信息注明要求[②]。自此，在发达国家间关于"与气候有关的援助"（Climate-related Aid）的信息汇集规则，在OECD框架下正式形成。OECD成员国在组织内的援助信息报告中，在逐笔列明其提供的援助金额、渠道、形式等基本信息外，另需注明该笔援助资金是否与里约三公约目标相关；如与应对气候变化相关，则要进一步说明其援助对象性质是减缓行动，还是适应行动。通过如此严密的技术处理方案，能较清晰地呈现出发达国家通过双边、多边渠道提供的与气候相关的援助资金信息，CRS也是反映当下发达国家供资行为信息最透明、完善的资金信息汇集平台，发达国家向公约体系做出的国家信息通报、两年期报告的资金信息多源于此。

实质上，OECD只是在信息通报规则中通过技术性修正，增加了判定气候属性的信息指标而已，但由于其援引了包括《框架公约》在内的里约三公约作为Rio maker信息模块的法域归属，则在资助效果上与公约体系大致对应。不过经合组织的援助规则主要以"千年发展目标"为

[①] OECD/DAC. Targeting the Objectives of the Framework Convention on Climate Change Climate change mitigation [EB-OL]. http://www.oecd.org/dac/stats/rioconventions.htm. 2014-01-16.

[②] OECD. Reporting Directives for the Creditor Reporting System Addendum on the climate change adaptation marker [DCD/DAC (2007) 39/FINAL/ADD3] [EB/OL]. http://172.31.1.241/files/207300000041F8B9/www.oecd.org/dac/stats/45303527.pdf. 2014-01-16.

制度基础，如其据此过程标注的气候相关资金信息经发达国家转手向公约体系通报，则就存在同一笔资金作为同时履行两个国际法义务而重复计量，不过"新壶装旧酒"而已。

三、资金运营主体的信息汇集制度

公约体系下各机构、OECD 组织规中关于资金信息汇集的规则，均为发达国家作为出资国的单方报告，而由于资金注入具体项目时往往需要国际性资金实体担任管理人、资金信托人来发挥中介功能，发达国家的信息本身也较多地出自受托的资金运营主体。各个运营主体出于资金信托义务及与其他渠道间的捐款竞争等考量，会通过年度报告、专门报告、实时公示等多种手段，反映其所运营资金的具体信息。这些汲取于运营实践的一手信息可信度高，资金额度与项目情况间对应性强，但也存在机构分散造成的信息多元的弊端，应予分别检视。

（一）GEF 的资金信息汇集

GEF 是环境保护领域运营援助性资金最主流的专业实体，通过多轮融资而从捐助获得的资金，持续地援助发展中国家（地区）包括应对气候变化在内的环境保护事业。应对气候变化被其列为核心工作之一后，其组织文件确定的受资国国内减缓、适应行动，也就纳入其自有资金实体（GEF 信托基金）资助范围。同时，GEF 还受公约体系之托担任 LDCF、SCCF、绿色气候基金的管理人和《京都议定书》适应基金的资金受托人。因此，由其汇集的气候资金信息就来源于自有信托基金、受托管理基金两方面。

自有资金运营实体方面，GEF 信托基金资助范围中的气候项目用资，成为该基金自有业务板块的信息来源，包括成员国在各轮中的捐助信息、各项目资金使用的具体信息。从 1991 年成立迄今，GEF 已经进行了七轮增资行动，每次均体现为发达国家的捐助国向 GEF 信托基金的注资。其间的制度要点包括：（1）GEF 理事会将与所有成员国的增资谈判和磋商达成的协议，拟定为增资的总体方案；并将所有捐助国各自承诺的内容，落实为捐资表、承诺文件、进度表等格式文件，作为方案的附件。据此，拟定决议草案报世界银行总裁审批。（2）由于 GEF 是数个多边环境协定的执行实体，理事会将区分出各捐助国对每个多边环境协定承诺的注资情况，列明 39 个出资国各自的承诺总额度、占该轮增资的比例、结算币种等。（3）注资完成后，GEF 理事会则将所有捐款资金分配到本基金的各个核心领域（focal point）上，形成 GEF 信托基金在各环保主题上的总体资助方案。（4）将总体资助方案执行到具体项目后，GEF 则会在其官方网站上公布该项目类型（属于哪一核心业务领域，减缓与适应分开）、项目数量、项目编号、地域归属、资助金额、项目类型、名称与批准时间等所有的信息[①]。由此可见，GEF 汇集的气候资金信息既有整体也有细节，并利用电子化手段进行，是完整、透明呈现资金信息的制度典范。

受托管理的气候基金信息汇集方面，GEF 受托管理最不发达国家基金、气候变化特别基金、绿色气候基金，三者的信息汇集过程与信托基金大致相似，全面地反映了公约体系下该三基金的获资或使用的完整信息。GEF 在受托成为管理人后，为 LDCF、SCCF 两基金单独成立了理事会，支撑其日常运行的决策过程，并接收两类关于资金信息的报告：（1）两基金的资金委托人——世界银行从 2005 年 5 月开始[②]，在向理事会提交的"现状报告"（Status Report）中，说明基金资金存量以及成员国注资等情况，这一类报告由世界银行撰写，每两年向 LDCF、SCCF 理事会提交一次。（2）GEF 秘书处每两年向两基金理事会提交"进展报告"（Progress Report），重点报告基金资助工作的进展，以及受资助项目的运行情况[③]。GEF 在收到受托人提交的资金信息后，也采用与自有信托基金用资行为一样的公示方式，在其官网上进行细致、全面的实时展示。

在履行作为公约体系指定的资金机制管理人过程中，GEF 从 1995 年的第一届公约大会开始，就定期地向大会提交年度报告[④]，GEF 信托基金中用于应对气候变化的资金、受托管理的公约自有基金用资情况，会在报告中得到明晰的展示。GEF 通报了自有信托基金增资额、资金存量情况，特别是其中资助应对气候变化项目的具体信息，以及其托管多边气候基金的信息，作为大会审议的基础性文件。在公约遵约委员会等

---

① GEF. Latest Approved Project (s) for GEF Trust Fund [EB-OL]. http://www.thegef.org/gef/gef_projects_funding/latest_approved_projects?fund=GET. 2014-01-17.

② GEF. Status Report on the Least Developed Countries Fund for Climate Change and the Special Climate Change Fund (GEF/C.25/4/Rev.1) [EB-OL]. http://www.thegef.org/gef/node/642. 2014-01-17.

③ GEF. Amount of Funds [EB-OL]. http://www.thegef.org/gef/node/3313. 2014-01-17.

④ UNFCCC. GEF Annual Reports to the Conference of the Parties. [EB-OL] http://unfccc.int/cooperation_and_support/financial_mechanism/items/3741.php. 2014-01-17.

专门机构履行其审查与评价职责的必要之时,GEF 还会向其提供专门的报告,使这些公约机构知悉发达国家履行供资义务的情况和发展中国家的用资信息。向公约体系通报的所有资金信息文件,GEF 都以电子公告形式在官网上公示,透明度、公信力、时效性均得到有力的保障,这种充分的、气候属性明确的信息汇集,也得益于 GEF 作为环保领域资金实体的公益性、专门性组织目标,一旦如国际金融机构等组织的目标中混入了商业性或其他的因素,则信息的纯度也会受到不利影响。

(二)适应基金的资金信息汇集

专设于《京都议定书》下的适应基金,与《框架公约》下原有的 LDCF、SCCF 两基金在工作机制上不尽相同,1/CMP.3 号议定书缔约国大会决议为其设立了独立董事会,构成了董事会独立管理、世界银行担任资金受托人的治理结构,基金董事会也具有资金汇集的相应职能。

根据该基金成立文件所设定的宗旨,其所接受的捐助资金主要来自发展中国家清洁生产项目的 CERs 收益的规定比例部分,议定书的发达缔约国的直接注资是辅助性资金来源。由于清洁生产项目 CERs 交易采取世界银行建立的电子化信息交易系统,相应的买卖交易信息具有电子系统的技术支持。独立董事会根据其信息公开职能设定,将该交易系统中的资金信息与发达缔约国的捐助信息相整合,便构成了向议定书缔约国大会的资金信息报告。自 2006 年始,基金董事会在议定书大会年度会议期间,均会提交本基金的总体运行报告,碳信用购置信息、捐助信息是其主要的反映内容。特别是,该报告中还会列明累积收入总额,区分"来自核证减排量的收入"与"额外捐款"额度进行报告,并预测对未来基金收入的额度,以及基金委托的执行实体(包括国家、国际组织两类)对各项目批准的资金额度与落实情况。对具体的资助项目运行信息方面,该基金采取了与 GEF 相似的信息公开手段,通过官网实时滚动地更新受资项目或计划的分布国家、项目名称、执行主体、授资额度、划拨执行额度、批准日期等各类信息[①]。

鉴于 GEF 信托基金、LDCF、SCCF 和适应基金均是根据公约体系规定而成立的专门机构,对其运营资金的法律属性概无争议,且委托有着国际环境资金合作丰富经验 GEF 等国际组织承担管理职责,能较好地

---

① Adaptation Fund. Funded Projects [EB-OL]. https://www.adaptation-fund.org/funded_projects. 2014-01-17.

保障信息透明度及其在项目执行层面上信息的准确性,遗憾的是其经手的资金总额较国际金融机构太少,据此形成的信息汇集制度在整个气候资金信息规则体系中话语权不足。

(三) 国际金融机构的资金信息汇集

由世界银行集团、多边开发银行构成的国际金融机构,是运营捐助资金、执行受资项目主要的多边渠道,在其积极参与这些供资行动的过程中,据其内容的透明度规则等管理规则中,均会对由其经手的资金情况、项目用资与执行信息等进行充分的汇集。当前的国际实践中,发达国家直接将资金注入世界银行集团五大机构、多边开发银行机构,或者向其他资金实体注资时,这些资金实体又委托国际金融机构作为资金信托人及项目执行方,由此使得国际金融机构因其在多边渠道中运营额度最大而汇集了最丰富的资金信息,因而其遴选资金信息时遵循的内部规则,既反映资金流的真实面貌也是构成监督发达国家履行供资义务的规范尺度。根据运营的具体金融机构部分,又可做如下细分:

第一,世界银行集团五大成员机构的自有资金业务,涉及气候资金并汇集相应信息的主体,主要是三大贷款机构、两大气候投资基金。世界银行集团成员机构在各自固有业务中和专门建立用于管理气候资金的实体中,形成了两类信息汇集规则。(1) 国际复兴开发银行特别是世界银行财政部(World Bank Treasury)利用其依章程文件融得的信贷资金,创设了一系列服务于减缓、适应行动的新型金融工具,包括但不限于自然灾害救助性贷款、天气对冲基金等气候风险资助产品、针对保险市场与再保险市场等气候风险的管理咨询服务项目、聚集于气候领域的绿色债券等[①],对传统贷款服务朝着低碳发展方向进行扩展。而国际开发协会、国际金融公司在成立文件设定的信贷业务范围内,也在应对气候行动领域中创新融资对象,特别是成立宗旨中授权的可向国内私人融资的国际金融公司,在整合公私资金信息方面颇有建树。对经其手提供的气候资金,该三大机构的年度报告、气候资助专题报告中进行了较完整的汇集。(2) 除三大信贷机构外,另两大气候投资基金将对其资助的项目逐项地名列于官方网站中,并以图像链接的手段将每个项目信息链

---

① World Bank. About World Bank Treasury [EB-OL]. http://treasury.worldbank.org/web/about_worldbank.html. 2014-01-18.

接在世界地图中①，项目情况—用资情况—受资项目地理分布等信息一应俱全。不过这些信息只是反映其自有资金业务情况，而非受公约体系或其他气候组织委托而运营的资金，因而没有将信息作为供资义务履行情况而加以审查的法定规则。

第二，受托管理气候资金的职能主要由国际复兴开发银行来承担，包括管理银行自建的多边气候基金、受托担任基金管理人、受托担任资金受托人三种情况。(1) 由该银行自行建立的气候基金是森林碳伙伴基金，由其运营的资金信息通过年度报告的方式进行汇集。受托担任管理人的情形主要是发达国家（地区）在单独或与私人企业合作成立的碳基金时，往往委托他担任管理人，管理内容也主要是利用捐助资金在指定范围购买由特定发展中国家合格项目产生的 CERs。(2) 在他担任管理人过程中，该银行将所有碳基金的成立背景信息、受资的项目信息、各个碳基金的行动方案与战略、预算收支，公布在其官网的"Carbon Finance Unit"专页上②，供公众随时查询。此外，该银行还发表每个基金的年度工作报告，资金信息的细节内容汇集于其中。(3) 该银行担任资金受托人主要受 GEF 信托基金，以及绿色发展基金等公约自有基金的委托（以GEF 理事会作为管理人），适应基金虽然设有独立的董事会，但资金的具体经营也委托于该银行进行。在承担该项职能时，它会根据管理人指令来进行受托范围内的执收、划拨、资金监控等具体工作，并将汇集的资金信息根据与委托方的约定向管理人（GEF 理事会、适应基金董事会）提交。值得注意的是，仅当该银行担任管理人、资金受托人时，对外通报气候信息才是其根据国际组织间安排的法定义务，再通过委托方与公约体系间的合作安排，间接地作为监督发达国家履约义务的信息源，其他信息则属于对自有资金的内部监控，并不由该银行而是由其发达成员方融入国家信息通报，与公约体系实现信息对接。

第三，地区性多边开发银行也是 ODA、世界银行、联合国机构的气候项目重要执行主体，在其创立的地区内长期与捐助国和发展中国家交涉，据此也汇集了较丰富的气候信息。在与世界银行集团相似的气候领域拓展传统信贷业务外，该类银行还与所在地区国家联合组建碳基金等

---

① CIF. Country plans & Projects [EB-OL]. https://www.climateinvestmentfunds.org/cifnet/. 2014-01-18.

② World Bank. Carbon Finance at the World Bank: List of Funds [EB-OL]. https://wbcarbonfinance.org/Router.cfm?Page=Funds&ItemID=24670. 2014-01-18.

区域资金实体，也受托承担管理人或资金受托人的职能。在此过程中，该类银行在其年度业务报告中汇集所经手的气候资金信息，在日常运行中也通过官方网站公示受资项目相关信息。2011年以后，世界银行、国际金融公司开始与欧洲复兴开发银行、欧洲投资银行、亚洲开发银行、非洲开发银行、泛美开发银行联合发布气候资金报告，并细分为减缓资金和适应资金两个报告，这有利于汇集国际金融机构业务范围内发达国家供资的整体情况，但这些汇集手段本质上仍属内部总则，不过，"报告机制可能是金融机构在气候领域最重要的成就，这值得政府学习，其成功的关键在于无需改变金融机构的固有行为方式"[1]。

在特定发达国家、经合组织、多边气候基金、国际金融机构汇集国际气候资金信息之外，另有两个重要的气候资金信息源：一是，联合国机构中经手气候资金的实体。诚如本书运营制度一章中梳理的结果，联合国体系内的环境规划署、粮农组织、国际农业发展基金等专门机构，在根据其内部管理规则运营气候资金时，也集中了较多的资金信息。二是，发展中国家下游基金。此类资金实体既运营部分气候资金，东道国还在一定程度上主导着资金的用途与资助项目，如发展中国家开发银行、亚马逊基金等下游气候基金中，发展中国家手中掌握着反映捐助国履约情况的一手信息，但由于其未与公约体系的信息渠道链接，故而此类信息多由其发达成员国作为向公约体系通报资金履约情况时的信息源。

关注汇集国际气候资金信息时存在的制度困境，不仅要了解特定供资渠道上运营实体的工作情况，更要考察不同渠道间行为信息的交互性水平，是否能在公约体系的遵约机制下进行汇集，如此才可能为监督发达国家供资义务的履行情况提供完整的信息链条。当前对全球资金量估计非常困难，而针对发展中国家需求量的国别估算非常缺乏[2]，原因在于资金信息分布裂散化的供资渠道，而发达国家在向公约体系通报气候资金信息时，将居于OECD、GEF、国际金融机构、联合国机构、多边气候基金等实体中的所有捐助信息整合在一起，而这些机构本身并无向公约体系通报信息的法定义务或机构间安排。这就造成了在资金信息来源上，仅让国际资金实体内信息转向并注入公约体系中，缺乏对特定信

---

[1] Benjamin J. Richardson. Climate Finance and Its Governance: Moving to a Low Carbon Economy through Socially Responsible Financing [J]. 58 Int'l & Comp. L. Q. 597 (2009).

[2] Neil Bird, Jessica Brown. International Climate Finance: Principles for European Support to Developing Countries [R]. Bonn: European Association of Development Research and Training Institutes, 2010: 4.

息所对应资金的法律性质的筛选。从信息流动的过程分析，发达国家自身和 GEF 是信息汇集的两个枢纽点，但后者经手的资金规模较为有限，富集其他国际组织的信息又缺乏直达公约体系的制度通道，发展中国家的信息通报中又没有对于特定发达国家资金报告的信息。"目前不同的气候资金统计和核算机构的资金分类标准存在差异，数据可比性有待改善；缺乏从资金上游到下游的反馈机制，影响气候资金测量、报告和核证体系的完整性；气候资金计量体系虽然正在发展和完善之中，但仍然难以提供准确的资金'支付'数据"①，使得气候资金的供求两端缺乏数据对接，对发达国家进行法律化监督缺乏充分的信息支持。

第二节　国际气候资金监督制度渊源与标准

厘清监督国际气候资金授受关系的法律标准，是判定发达国家实际供资中哪些部分在法律身份上归属公约体系的关键工具，汇集供资信息的核心要义是为各笔用资树立符合气候国际法义务的前提标准。在气候变化这一环境议题上，国家责任原则的连续性、相关性具有更为重要的地位。但问题在于国家责任与有关制度中民事责任的法律义务一样，要依据可接受的社会标准和伦理标准，不能满足国家实践需要的候选的国际法一般原则是不可能成功的②。气候系统所连接的实践需要多元复杂，全球各国经济社会类型多样造成的国际关系复杂，国际关系下不同资金在资助对象上重叠交叉又形成经济效果的复杂化，这些实践中的困难为单一、清晰的法律定性，带来史无前例的挑战。立足于这样的多领域、多法域、多主体系与大气系统的联动效应，既要解决供资信息的技术问题，也要解释公约体系、资金实体行为的规范问题，唯有形成较具有共识、相对明确的监督标准，才可能找到制度出路。"迄今为止，由于评价方法的不同，无法得到气候资金真实需要的确实数据"③，作为评价方法的监督标准，在某种程度上决定着获资权与供资义务的范围。但是，公

---

① 许寅硕，董子源，王遥.《巴黎协定》后的气候资金测量、报告和核证体系构建研究 [J]. 中国人口·资源与环境 2016（12）：22—30.

② 伊恩·布朗利. 国际公法原理 [M]. 曾令良，余敏友，译. 北京：法律出版社，2003：311—314.

③ Yulia Yamineva. Climate Finance in the Paris Outcome: Why Do Today What You Can Put Off Till Tomorrow [J]. 25 Rev. Eur. Comp. & Int'l Envtl. L. 174 (2016).

约体系下虽然做出了文本性规定，但其与供资、受资实践具体联系时，则文义的具体内涵、外延，及与其他法域内国际资金的关系会发生功能重叠和文义混同。因此，应当仔细梳理公约体系下制度渊源的明确规定，以及实践中各资金实体的"软法性"规定，才能明确问题争点的法律面向。

一、公约体系下相关法律文件规定的监督标准

公约体系不仅规定了发达国家单向性供资模式，且描述供资义务内容构成，形成了国际社会对其进行监督的标准，这些法定的资金监督标准集中体现于发达国家供资义务条款，而对运营主体行为、受资后使用行为的标准要求，以受资权获得实现后在项目层面对应地承担的信托义务为限。因此，发达国家供资义务的法定标准是前提。对此，《框架公约》拟定了基本的标准，但过于概括，也于之后的资金实践存在些许不适，《京都议定书》《哥本哈根协定》《巴黎协定》及相关决议文件，在出资额、资助效果等方面进行了有益的补充。

（一）公约体系在约文中设定的监督标准

公约体系下的几个主干性法律文件中，关于资金义务与受资前提条件的约定，构成了后续监督供资义务履行情况的法律标准，《框架公约》设定的标准是其中的基础规定，后续各法律文件根据气候谈判的进度做出了一定增益。

资助所有发展中国家应对行动方面，《框架公约》第3条第3、4款根据资助对象的差异，为发达国家规定了两类供资义务，对应着发展中国家接受资助时的两类行为。一是，发达国家的全额资助义务，限于发展中国家履行国家信息通报义务产生的全部费用。具体而言又包括发展中国家制作本国的温室气体与碳汇（库）清单，描述准备履行公约义务的行动信息，提交该国认为有必要提交的其他信息所需费用。这是发展中缔约国根据《框架公约》第4条第1款、第12条第1款规定而全面履行信息通报义务的情形，发达国家资助行为的标准就可细分为：（1）用途标准，限于发展中国家信息通报之用；（2）额度与性质标准，是"新的、额外的"资金；（3）资助范围标准，满足此用途所产生的全部费用，而非仅覆盖其中一部分。二是，供发展中缔约国与公约第11条下"资金实体"间协定应对行动时所增加的费用，要求满足三个具体标准：（1）用途标准，公约第4条第1款规定用途中除信息通报行为外的任何

类型;(2)程序标准,以与该条规定的"资金实体"存在应对行动(通常为项目)的约定;(3)资助范围,涵盖此类行动增加费用的"全部",语义上更侧重于其相对于信息通报外的边际增加费用。统合该条第3款下两类资金的文本含义,《框架公约》对所有气候资金形成了"资金量充足性""可预测性""在发达国家间公平分担"三项共通性标准。

资助特定部分发展中国家方面,《框架公约》第4条第4款针对"特别易受气候变化不利影响的发展中国家",专为发达国家的供资义务规定了两类标准:(1)受资国范围标准,限于公约第4条第8款明列的9类"特别易受气候变化不利影响"的国家类型,他们是发展中国家中弱势群体;(2)用途标准,虽资助所有发展中国家的气候资金中,势必也会部分地用于适应行动,但要以与合格"资金实体"存在约定为前提。而对此9类国家适应行动资助的本款规定中,删除了该项程序性标准;不仅如此,本款规定资助范围时使用"费用"一词,而未归入"增加的费用"一类表述,应当解释为适格对象适应行动的"全部费用"。

综合来看,约文对发达国家供资义务规定的监督标准,可归纳为四个:第一,对发展中缔约国因履行信息通报义务而支出的费用,要求具备"充足""可预测""新的、额外的"三项标准,对发展中国家而言,"新的、额外的"重要性在于其是否仅意味着资金用途从促进发展到应对气候变化[①]。第二,针对所有国家履行信息通报外其他义务的增加费用部分,要求满足实体上的"充足""可预测"以及程序上的"与公约第11条资金实体达成协定"三个条件。鉴于该类费用是主要的气候资金去向,公约第11条所规定的资金实体也包括了公约内与非公约性的所有资金实体,可见资金标准对出资、受资而言都是相当宽泛的。虽然约文中对此类费用未规定"新的、额外的"标准,但在2009年哥本哈根大会决议中,增加了这两个标准。第三,针对特定国家用于适应行动的资金,则以该国的发展抑或发展中缔约国身份而确立的适应行动义务而定。《京都议定书》在其第11条第2、3款中,完全沿用了《框架公约》根据用途、受资对象为标准区分出资类型的做法,在其中,对第一、三类资金提供义务的约定未做变动,但对第二类资金在可使用范围上进行了拓展。《框架公约》原本要求发展中国家要先与公约规定的资金实体达成协定后,实施除信息通报外的其他应对行为才能获得资助,这在义务类型、

---

① Charlotte Streck. Ensuring New Finance and Real Emission Reduction: A Critical Review of the Additionality Concept [J]. Carbon & Climate L. Rev. 158 (2011).

达成协定上形成了双重约束。而《京都议定书》第11条第3款（b）项将两条件关系中间的连接词"并"修改为"或"，从两个并列条件变更为任选其一，降低了发展中国家受资前提的严格程度。第四，《巴黎协定》第9条第1款规定发达国家所提供的资金服务于"发展中国家缔约方减缓和适应两方面"，这就意味着包括发展中国家"国家自主贡献"承诺中所有行动的全部费用。

（二）公约机构相关决议对标准的更新

当发展中国家按要求陆续完成第一次国家信息通报及三大公约性气候基金成立后，我们发现发达国家在用途划分、对受资国对待性要求等方面，已经发展出未规定的一些内容。通过供资行为，既在一定程度上修正、补益了供资义务的原本规定，也折射出原有规定不适应现实之处，在公约体系下后续的缔约国大会决议中必须予以回应。在这其中，《巴厘路线图》《哥本哈根协定》是修正发达国家供资义务原初标准的两个关键性法律文件。

在2007年国际社会以《巴厘路线图》畅想2012年《京都议定书》到期后的气候制度安排时，将"资金机制"列为其支柱性制度之一，也是后京都时代气候谈判的争议焦点之一。在这样的背景下，《巴厘路线图》中发展国家供资义务做出一定的新表述，构成了评价标准的实质性变更：(1) 在气候资金专条的1（e）项中，其第一段规定未来（即2012年后）支助途径应当具有"充分、可预测和可持续"特征，包括官方资金和优惠资金。在此规定的前面，强调缔约国的减缓、适应行动合作过程中，特别地强调了减缓行动的用资需求问题。(2) 1（b）（二）项则是南北国家资金权利义务的关联条款，规定如发展中国家实施的减缓行动具备"可衡量和可报告"的可持续发展特征，则其受资也应当具有"可衡量、可报告和可核实"的标准。而在第十三次缔约国大会对资金机制的第四次审查决议（6/CP.13号）附件里，要求未来在气候资金机制方面，要"研究如何便利供资活动的一致性，以及如何提高资金机制与其他投资来源和资金流量的互补性"，发达国家所提供资金不仅自身要达到一定的内在标准，还要与其他国际机制的供资行为相协调。可以发现，《巴厘路线图》在资金的标准上相对于原有约文规定，既有总体的充分、可预测、可持续要求，强调减缓行动资助的"三可原则"，强化了发达国家义务的内存"质"；也有与外部资金机制在气候领域共同资助取得一致行动的设计，如此一来，发达国家履行其他国际资金义务兼有气候效应时，公约体系也不可完全否定其作为气候出资的制度空间。

而在减排约定上失败但在资金问题上取得突破的《哥本哈根协定》中，在出资标准设定上也带来两个变化：（1）第4段对发达国家供资义务做出核实要求时，明确规定了"可衡量、报告"和透明标准。（2）第8段为2009年后的供资行为，设定了"额度增加的""新的、额外的""可预测的和适足的"标准，以此为基础，协定规定了300亿美元"快速启动资金"、年均1000亿美元"长期资金计划"两个新的资金机制，这是公约体系发展中首次出现定额化资金标准的创举。但就此两笔资金的具体内容又陆续出现争议，该两笔资金是由供资国抑或受资国履行控制权？供资国是否必须服从于国际性监督？诸如此类无绝对正误的政治性争论，总是困扰着气候资金的国际关系展开，这也侧面反映出与现代能源体系深度融合的气候变化客体要素，即使有明确约文的前提下，对法律解释主导权的争夺仍呈现出白热化态势。而其中的法律性争议点主要体现为：第一，基期不一致；第二，无条件减排与有条件减排分开进行，造成供资义务的逻辑起算点变得不稳定[①]。虽然《哥本哈根协定》允许气候资金有多样化的来源，但也规定资金的很大一部分应通过绿色气候基金来提供，这是第一次对供资渠道的公约归属性进行约定。该约定说明透过非公约性实体供资的气候法律属性不明问题，已经引起国际社会的注意，并奠定了渠道专门化作为资金气候属性认定标准的制度基础。不过，该协议规定的内容必须与其他资金流、公共资金与私营资金相区分，并且时间框架和机构问题需要同时解决，才能产生实际效果[②]。而在2015年巴黎气候大会的决议中，第55段再次强调了资金的足量性（adequate）和可预测性（predictable），并在第54段中强调2025年前保持年均100亿美元，2025年后的额度后续再协商但不低于该数额。

但是，《巴黎协定》就气候资金的监督标准问题，做了两个重要的改动：（1）删去了"新的、额外的"要求；（2）未提及资金需要足够的、可预测的、可持续的要求，仅在森林领域和2020年前的资金流上做了如

[①] Steven Ferrey. Changing Venue of International Governance and Finance: Exercising Legal Control over the ＄100 Billion Per Year Climate Fund? [J]. Wisconsin International Law Journal, 2012, vol 30 (1): 31-39.

[②] J. Timmons Roberts, Martin Stadelmann, Saleemul Huq. Copenhagen's Climate Finance Promise: Six Key Questions [R]. London: The International Institute for Environment and Development, 2010: 4.

此规定[1]。虽然文义上有这样的变动，但从《框架公约》到公约机构各类法律文件的制度惯性看，这仅是为了软化南北国家矛盾，并不意味着这两个关键标准退出了历史舞台。

虽然缔约国对资金标准有相对明确的约定，但文本语词的含义与实践相结合后，衍生出了差异化的理解。对比前述两个重要决议与《框架公约》及其议定书中资金标准的表述，会发现对发达国家供资义务规定的标准，实际上已有了制度内容上的明显变化。对此，学者们在理解上也存在着较大争议，有学者认为应满足四个标准要素：属于ODA之外的资金、可预测且可持续、受资国主导、避免重复计算[2]；也有学者分出资、管理、划拨等不同阶段，总结出十五项应达到的标准，包括污染者付费、可预测、适足与预防性、性别平等、时间合理性等，并制定了各项标准的检测指标[3]。不过，标准要素认识的差异性中，以下三个要素也蕴含着一致性：（1）资金规模与性质上具有"新的、额外的"特征；（2）出资方式满足"可测量报告与可核查"标准；（3）主要以公约性机构特别是绿色气候基金作为供资渠道。笔者主张以此三个要素为评估资金的质和量的气候属性标准，同时三者间也具有一定的层级。其中，第一标准具有核心地位，决定着后两标准的主要内容和实施方式。

二、国际气候资金监督实体标准的构成要素

将公约体系形成的抽象规定具体化为合格资金的实体标准，才可能在缔约国的国际法义务与气候变化应对效果间形成确实的关联效应。不过，对气候资金应有"新的、额外的"衡量标准，既可以基于ODA规则以已约定的最高数额为基数，也可以先后国际法规则产生时间为参考，还可以供资渠道的国际机构归属为坐标，在认定与之相对的、作为逻辑起点的"旧的""数额既定的"对照标准时，该衡量标准具有歧义性。而欲将前述公约体系下的三个资金标准与具体的供资行为衔接起来，既要明确该三项标准的含义，也要面对气候资金在国际法制度上的用词不确

---

[1] Yulia Yamineva. Climate Finance in the Paris Outcome: Why Do Today What You Can Put Off Till Tomorrow [J]. 25 Rev. Eur. Comp. & Int'l Envtl. L. 174 (2016).

[2] Remi Moncel, Hilary Mcmahon, Kirsten Stasio. Counting the Cash: Elements of a Framework for the Measurement, Reporting and Verification of Climate Finance [R]. Washington: World Resources Institute, 2009: 2.

[3] Liane Schalatek, Neil Bird. The Principles and Criteria of Public Climate Finance—A Normative Framework [EB-OL]. www.climatefundsupdate.org. 2012-06-19.

定现象，还需要克服其与相关国际规则的潜在冲突，即要避免其他国际规则可能在公约体系中制造"规则下水道"，为不合格履约行为提供"搭便车"的通道。

一方面，在资金应达到的"新的、额外的"要求方面，国际社会及各缔约国的实践中，形成了四种代表性看法：（1）性质认定法。即认为气候资金与ODA资金是两种性质不同、金额不应交叉的国际资金，属于不同的国际法义务履行要求。沿此观点推论，以国际法义务的体系归属为标准，凡经过故有的发展援助渠道外的资金实体所提供的资金，才是合格的"新的、额外的"气候资金。该观点与长期资金安排中主张采用新的供资渠道是一致的，为广大发展中国家广泛支持。[1] 但该观点较为理想化，在供资渠道上、额度上、资金对价等方面对发达国家都提出了非常苛刻的要求，看似公正也契合公约体系的文义，但在气候领域存在多元资金杂合、国际经济局势不稳的问题，且受资国也往往难于形成与所用资金具有法律意义上的对应关系，做此解释并不易于被出资国接受。（2）时序认定法。以公约体系关于"新的、额外的"约定的生效时间点上ODA的总额为基数，在此之后获得的符合气候应对用途、独立于ODA的所有资金。具体来说，因《哥本哈根协定》中正式形成了"新的、额外的"法律性约定，即以2009年为基数年，凡后续各年由发达国家提供的资金高于该年ODA资金额部分，且能明确其用途符合资助气候变化的条件，则可认定其气候属性。德国是此观点的拥趸，其主张以其2009年ODA总额中用于气候变化的支出为基数，今后在其通过欧盟ETS体系排放额拍卖、德国的上游基金"德国国际气候行动"融得的资金，属于其提供的"新的、额外的"气候资金。（3）时序累进法。其核心主张可归纳为：各国划定自行划定气候资金在本国ODA总额中所占比例（如时任英国首相戈登·布朗曾宣布，该国的比例为10%），在监督目标年度的气候资金是否充足时，以前一年ODA支出总额为基数，乘以本国承诺的气候资金比例，从而计算出在目标年度应当完成的合格气候资金额。以英国为例，设若其2009年ODA总额为115亿美元，鉴于其承诺的比例为10%，则该国2010年的ODA支出总额为115×（1+10%）=126.5亿美元。根据该观点，2010财年增加的11.5亿美元就是"新的、额外的"气候资金。（4）边际额度认定法。即认为足额的

---

[1] Jessica Brown1, Neil Bird, Liane Schalatek. Climate finance additionality: emerging definitions and their implications [EB-OL]. www. climatefundsupdate. org. 2013-07-25.

ODA供资是认定气候资金"新的、额外的"属性的起算点。此观点的逻辑大致可理解为公约体系是在ODA资金规则之后产生，约文与决议规则中言及之"新的、额外的"资金，显然是相对于已有官方援助资金等"旧的，作为基数的"资金而言，只有发达国家已履行现在的援助资金后的额外增加部分，才可能是气候资金。所以，以官方发展援助之名的出资，如用于减缓与适应气候变化行为，如其数额高于发展援助规则中约定的出资国GNI的0.7%部分，也可以认定为符合公约体系要求，这在联合国大会1970年做出的决议中被提出，挪威和荷兰是极大的支持者。

针对上述四种不同看法，笔者认为，第二种看法显然不可取，因为在2009年协定之前约文和公约体系下相关决议中，已经有大量"新的、额外的"表述，而2009年之后的历次大会都会重申这一标准。第二种观点主张的起算点显然就不具有稳定性，因而难以起到基础起算期的作用。况且许多发达国家迄今为止提供的发展援助尚未达到GNI的0.7%，在2009年继续提供发展援助势在必行，如果采纳第二种观点则有所有发展援助资金可能被视为"新的、额外的"气候资金之虞。第三种观点较第二种为优，但在ODA本身不足量的情况下，累积滚动的增加用于气候的资金在性质上很难判定。剩余两种观点是可以采纳的，第一种观点实际上从数额上讲气候资金与ODA区分开来，第四种观点从性质、提供渠道上将二者区分开来，只要理顺资金运营主体的归属及其管理资金的国际法性质，则二者的区别仅在于技术层面而没有实质差异。

另一方面，私营资金通过直接投资和间接出资的方式，供发展中国家应对行动之用时，其需要满足何种标准存在更大的不确定性。私营资金的主导权在于个人、企业或其他组织等私人主体，较公共资金而言，其增加或减少存在更大的或然性。如果要将私营资金纳入监督范围，必须解决两个问题，一是私营资金如何才能作为发达国家出资行为的一部分，进而接受上述三项标准的检验；二是"新的、额外的"私营资金的参照目标为何？它不可能与公共资金的规模相比较，而国际投资影响因素的多元化，决定了私营资金的规模波动更大，稳定性更差。如果私营资金出现大量减少的情况，发达国家是否必须增加公共性资金加以弥补，这是一个很敏感的问题。发达国家在私营资金流动充足时倾向于将其包括在自己的供资义务中，而在描述"新的、额外的"气候资金时，却往往只强调公共资金的增加。目前，公约约文和决议只是提倡发达国家积极推动私营资金向发展中国家气候行动提供，而对其如何纳入国家义务的监督问题尚无定论。

因此，气候资金运行的监督主要是对公共资金部分而言，笔者认为对其的监督必须紧紧围绕气候资金的法律性质展开，也就是实践中发达国家向发展中国家提供的资金是否可以归于公约体系下的履约行为。虽然低碳发展既是国际气候法律制度的目标，也可纳入官方发展援助的视野，特定项目很多时候也是存在多目标的情形。但是，减排与应对气候变化在目标上是存在差异的[①]，不同来源的资金汇集到相同项目的运行中，资金之间的关系固然存在边界模糊之处，但中心地带的资金性质必须是明确的，必须存在具备资金实体运营资金法律性质的手段，否则资助行为就可能是一笔糊涂账。

根据供资行为过程与国际规则间对应程度，将依下列两个标准提供的资金认定为气候资金，应无异议：（1）根据供资渠道的主体归属来辨识资金性质，是最易行的方式。将公约体系内设的五大气候基金，以及《京都议定书》适应基金所经手的资金部分，认定为具有气候属性应当是毋庸置疑。近年来，公约专设资金委员会，并在绿色气候基金的成立文件中也强调今后的气候资金主要通过其提供，也折射出国际社会对此鉴别方法具有共识。不过，该方法也最易引发争论，"发展中国家希望由新机构来管理，这样管理和监督的要求更少，而捐助国希望由传统机构来管理（如世界银行）"[②]，可见，机构归属对供资主导权关系甚大，该区分方法虽简便却难易行。（2）以资金的数额进行分段性辨识，是判断性质的次优标准。可具体表述为：在援助额度达到各发达国家GNI的0.7％之外部分，且符合用于减缓、适用行动的项目用资特征。此时，因为供资额度达到了ODA的约定限额，除非有相反证据，否定根据受资项目的性质来确认其气候属性符合国际法理。遗憾的是，当前，发达国家中大部分国家实际提供的ODA资金尚不足限额数，且其声称具有气候属性的资金也未通过公约体系自有实体来提供；特别是资助适应行为的资金除来自《京都议定书》适应基金外，基本上是以ODA方式提供[③]，气候资金与ODA资金之间的区分在遵守情况的监督方面，缺乏明

[①] European Parliament's Temporary Committee on Climate Change. Financing climate change policies in developing countries Compilation of briefing papers [R]. Brussels：Policy Department Economy and Science European Parliament，2008：14.

[②] Steven Ferrey. Changing Venue of International Governance and Finance：Exercising Legal Control over the $100 Billion per Year Climate Fund [J]. 30 Wis. Int'l L. J. 26 (2012).

[③] Jessica Brown，Marcella Vigneri and Karin Sosisl. INNOVATIVE CARBON-BASED Funding for Adaptation [EB-OL]. http://www.odi.org.uk/sites/odi.org.uk/files/odi-assets/publications-opinion-files/3401.pdf. 2013-06-25.

确的透明度标准。因此,优化并创新监督的实体标准和操作程序,才可能保障其通报的供资信息与其履约实践相契合,供资行为的气候属性方可得以证实。不同资金主体"提供气候资金相关的信息时都使用自身定义、提供的报告有自己的模式和方法,导致最终的统计数据难以得出准确的结果,不确定性极大"①,这恰恰是现行气候国际制度的薄弱环节,引发了严重的资金透明度问题;而私营资金在义务归属和监督标准尚处于宣示性为主、义务性不足的状态,无法与公共资金进行一体性评价。

第三节　国际气候资金的监督程序

国际气候资金汇集与监督的规则,具体地运用于监督程序中,才能真实地反映发达国家对资金义务的履行情况。但由于供资渠道多样性对实体性资金规则的影响,监督气候资金在国际关系上流动的法律程序具有相对复杂的面向。在程序的具体展开过程中,监督机构的异质性及其横向关系以及监督规则对履约行动的法律强制力,对气候资金的国际化运行都会产生强烈的反馈作用。据上面章节分析,运营发达国家气候资金的实体,多为双边机构和非公约性多边实体,而后者又依附了联合国、国际金融机构等功能不同的国际主体,使得气候资金信息不仅缺乏整体性,更使得通过不同渠道提供的气候资金,因履行监督职能的是不同国际机构,实际上适用着彼此相异的监督规则。由于气候资金的大部游离于公约体系外,对具有明确法律效力的公约体系而言,资金运行"趋向于自身强制"(self-enforcing),而非法定化监督。实际上表明所有行为主体都承认,假如想要其他行为主体遵守,那么自己也遵守是符合他们各自利益的②的逻辑。通过国际实践可知,适用于国际气候资金监督过程的实质性法律渊源,主要包括公约体系的履约监督规则,和发达国家集团内具有高度自足性的 OECD/DAC 资金运营监控程序。

一、公约体系设定的监督程序

公约体系对履约监督的法定程序方面,针对其所监督的两类主

---

①　龚微. 论《巴黎协定》下气候资金提供的透明度[J]. 法学评论,2017(4):175-181.

②　温树斌. 国际法强制执行问题研究[M]. 武汉:武汉大学出版社,2010:20.

体——发达国家和公约体系自有的资金实体，设定了不同的程序性要求。公约体系对发达国家供资义务的监督程序，是对其公约总体义务履行监督的一部分。首先由发达国家按照规定的时限、规范格式提交国家信息通报或关于资金的专题报告，涉及资金部分的信息包括数额、提供渠道等基本信息，还特别包括特定发达国家对"新的、额外的"资金的确定标准。

其一，公约、议定书秘书处收到报告后，整合国家报告中相同主体的履约信息，整合成一份综合性报告（Compilation and Synthesis Report），综合反映《框架公约》附件一国家的整体履约情况、国家排放量、采取的减排措施等内容。涉及气候资金的信息汇编入其中的"资金资源（financial resources）"部分，以展示资金总量、双边与多边供资渠道利用、公约体系下的资金实体利用的情况，以及资金主要投向的领域。秘书处的这一工作其实是为方便监督工作而提供一份信息简报，编撰完毕后即提供给框架公约附属履行机构（SBI），供其进一步加以审查。公约附属履行机构根据发达国家通报的信息和秘书处编制的综合报告，不仅对相关信息加以书面审查，并到发达缔约国进行实地考察，核实报告中的履约信息。结合书面报告和实地调查的情况，《框架公约》附属履行机构针对每一个发达国家给出一份深度分析报告（Report of the in-depth review），剖析每个国家提供"新的、额外的"气候资金数量、渠道、提供方式等情况，对照公约、议定书的要求进行评析，评价哪些行为是合适的供资义务履行行为，哪些行动是需要继续明晰、加强。

其二，框架公约附属履行机构会向缔约国大会提交一份总体性的履约情况报告，供大会讨论和决定。大会审议执行委员会的报告，并对发现的问题提出优化建议。在此基础上，大会将根据组织程序做出具有约束力的决议，指导发达国家如何在下一阶段履行供资义务。

其三，缔约国大会对执行委员会报告进行决议，这是做出发达国家供资行为履行的结论评价环节，在整个遵约机制中也是最具法律效力的环节。虽不是强制约束类的组织决议，但对发达国家未按照规范格式信息提供行为，就其在信息通报中对"新的、额外的"的解释与公约规定的契合性。其通过公约体系内外履行供资义务的程度，可做出具有法律性质的评价，虽不会立刻兑现为责任追究机制，但对后续的南北国家资金关系，具有示范、矫正效应。

由于运营主体作为发达国家的履约代理人，在公约机构监督的程序下势必将二者一同审查。此外，在 2011 年以前，公约体系下资金实体的监督，与对发达国家的监督程序大致相同，都是由 GEF 理事会和适应基金董事会每年向缔约国大会提交运行状况报告，由《框架公约》附属履行机构给予评价并向大会提出审查建议，而由大会采用决议的方式对这些资金实体的供资工作和下一阶段的资助重心给予进一步的指导。自 2011 年后，公约在缔约国大会之下建立的资金常设委员会，由其根据资金实体提交的报告，在与框架公约附属履行机构保持密切联系基础上，对它们履行资金义务的情况给出评价，并向大会提交报告。可见，常设委员会在《框架公约》附属履行机构和大会之前建立了一个中间环节，即其解决资金义务履行情况的技术性问题，由常设委员会提出进一步履约的建议和要求。

二、OECD/DAC 的监督程序

监督发达国家提供发展援助资金的 OECD/DAC 机制，是又一监督气候资金的程序工具，特别是公约体系下的南北国家区分正是借鉴于 OECD 规定。虽然该机制并非仅致力于监督气候资金，但在发达国家的观念中将气候资金理解为 ODA 资金的一部分，因而其在公约体系通报的国家信息中，很大程度上就是 OECD 的 Rio makers 数据中其认为与气候相关的部分。由于国际发展援助制度已成立 70 年左右，运行规则和项目管理模式均较成熟，发达国家的接受度高，许多公约体系外的国际组织也是其重要参与方。所以说，OECD/DAC 对发达国家、运营实体的监督程序，对气候资金的实施具有举足轻重的作用。

OECD/DAC 机制的监督程序规则，主要包括对成员国的"发展计划的援助有效性评估"和"交叉审查"（Peers Review）两项机制。在实施时，均以 DAC 下属的"数据工作组"所采的援助资金信息为依据，由委员会高层次会议（High Level Meeting）和高官会（Senior Level Meeting）所属工作组、工作网络来具体实施[1]。"发展计划的援助有效性评估"属于日常性审查，旨在保障提供的援助对受援助国能产生实质的发展帮助效果，特别应与《巴黎协定》的规定保持一致[2]，并使捐助国与受援国政府共同对资助后果负责。具体的审查行为由 DAC 所属的

---

[1] OECD. Inside the DAC A Guide to the OECD Development Assistance Committee [EB-OL]. http://www.oecd.org/dac/developmentassistancecommitteedac.htm. 2014-01-21.

[2] 此《巴黎协定》不是 2015 年通过的《框架公约》议定书，而于关于援助行为的专门协定，特此说明。

"发展评估网络"实施,通过其 DAC 评估资源中心(DEReC,DAC Evaluation Resource Centre)向各成员国发展机构搜集援助信息的报告,发达国家需按 DAC 发布的规范格式做成报告,而后由"发展评估网络"对其进行评估。而"交叉审查"机制则是四年一次的周期审查,由 DAC 委员会下属的"援助实效性工作组"负责具体工作。在工作机制上,该机制将从被审国外另两成员中各抽出一名代表,与援助委员会派遣的专家共同构成"审查小组"。审查范围与前一机制有所差异,主要就发达国家的援助政策、具体措施及其执行情况展开,特别关注发展中国家受资助后取得的发展绩效。在这两类监督机制之下,OECD 于 2005 年制定了《援助实效性巴黎协定》,确定立受援国主导、一致性、协调性、结果管理、共同责任五项原则,2008 年、2011 年分别颁布了《阿克拉行动议程》《有关新的全球合作关系的釜山宣言》和《巴黎协定》补充规定,使其审查工作程序更加完善。

但是,OECD/DAC 机制在实现对成员国发展计划、援助活动的审查目标时,采用基于成员国提交报告而评价信息合格性、实效性的手段,主旨在于帮助各国总结发展援助经验与教训,并在援助委员会成员国间学习、分享这些信息,OECD 也将信息审查后的"决议"成果称为"软法",可见其对审查程序属性的定位。

三、资金运营主体的监督程序

公约体系和 OECD 之外,大量运营气候资金的实体也制定了监督资金运行的管理程序,特别是资金运行风险的防控程序。但是,与上述两个组织体的监督程序不同的是,这些运营本身存在缺乏资金量的预定数额问题,也就是说其只是保障发达国家实际提供的气候资金的健康运营。此类运营主体不可能像公约机构那样监督发达国家出资是否达到了约定的数额,是否具备约文和决议规定的标准;也不能像 OECD 那样去判定发达国家的一项出资是否属于 ODA,出资额是否达到了 GNI 的 0.7% 水平。GEF 和世界银行的内控机制是这类监督程序的典型代表。

GEF 在保障发达国家提供用于援助发展中国家环境的充足资金,是在每轮融资的谈判中来进行,在 GEF 的成员国之间每四年一次的谈判中,确定每次向 GEF 增资的总额,并相应地确定各个发达国家的出资额。目前为止,各个国家都忠实地履行了其供资义务,GEF 信托基金中用于气候领域的资金也随着这一进程而获得足量的注资。因此,GEF 的内部监督程序主要是对项目申用及其后续信息的监督,成员国履行注资义务充足性问题不是监督的重点，况且捐款国均是发达国家，在是否区分南北国家身份及其行为性质上做法与公约体系不同。由其管理的LDCF、SCCF两基金也是如此，对发达国家的注资额度并无客观标准，而主要依出资国意志来决定。因此，GEF的监督机制也主要力图保障获得注资后相关环节的运行，无法对发达国家履行公约义务进行评价。并且，GEF信托基金及其受托管理的基金运营的具体信息，通过其与公约机构的组织间合作安排，定期地向公约机构进行报送，作为这些机构履行监督职能的信息基础。

国际金融机构的监督程序也大致相似，其作为运营实体群体的一员，不可能从本机构之上的整体来看待发达国家向本机构注入的资金，及其在供资义务中所处的地位和发挥的功能。这些资金无须像ODA那样，依法应GNI的特定比例，就运营机构本身而言也无需保证满足"新的、额外的"等公约体系提出的标准和要求。并且，其主营业务用资也较多地从国际金融市场中融资，以及依靠自身业务收入留存部分来支撑，并不一定来自成员国因履行供资义务而提供的资金。其主营业务及其自建的气候投资基金，或受托管理的碳基金，在资金额度上并不受国际法的限定和约束，而是根据发起主体意愿和组织成立文件自行运转，并不需要符合公约要求的供资义务审查标准。

综合国际气候资金信息制度的构成要素，会发现要从发达国家声称的具体气候属性的出资中，辨明真伪实属困难。从监督的各环节间关系看，直接表现为资金信息的占有情况，与监督标准和程序的制定者、实施者相互脱节，这是源于运营主体在具有独立于公约体系的法律地位决定的。如此一来，设定资金性质并有权评价履约效果的公约机构，并不掌握主要的资金；而运营中实际掌握主要资金的实体，又不具有对发达国家的履约评价权。气候资金信息即有三个平行的信息源：公约机制、OECD/DAC机制、资金运营主体，公约体系在做出法律评价时，也主要依靠发达国家通报信息，结合GEF等少数组织、碳信用机制等少数由其直接管理的项目提供的部分资金信息，而对资金信息富集于的公约体系外双边、多边渠道，公约机构并无直接的规制手段。但是，南北国家的国际法权利义务，又是由公约体系生发出来，相应的遵约监督机制又归属于公约体系，资金合作制度发展的主要推动力又来自公约体系下进行的气候谈判，及谈判过程中奠定的政府互信。可见，信息汇集与监督主体间存在脱节外，监督程序的法律效果也存在乏力的状况，公约体系监督发达国家履约情况，至多仅能得到一个评价性结果，既无法精确到具体程度也缺乏责任救济的相应机制。

在此方面，国际法先天地无法与国内法相比，国际环境法领域中"遵约程序"更多地是为了促进遵约，惩罚未遵约缔约方并非主要的效力模式。因此，它以帮助性的措施为主，旨在提高缔约方履行能力和预防不遵约情况的发生，主要方式包括提供建议和资金、技术援助[①]。这也就引发出一个问题：当发达国家未履行，或其履行方式、充足性未得到受资方认可时，发展中国家的获资权应如何保障呢？这在公约体系内无法找到答案，反映了发展中国家获资权利的对应义务，其法律属性不够坚实，气候资金问题上南北国家尚未形成有效的共同话语。

总结来看，国际气候资金在履约监督环节的制度规律，集中体现为：（1）公约体系内以履约信息通报、公约机构的程序规则为主，而实体性的履约行为处于外部的运营机构掌控之下，这是出资渠道开放性和运营规则归属于不同外部实体的必然结果。（2）公约体系规定的程序规范，以发达国家、运营机构提交的资金信息为运行基础，公约机构仅在统计学意义上形成表面上的履约监督，实际上既缺乏信息来源，又无法对不合格资金进行甄别，对履行不足行为缺乏富有强制力的约束措施。相对于供资义务方及其履行代理人（即各类运营主体），公约体系在实际法律地位上处于末端化的劣势地位。（3）运营过程对资金性质的认定规则，对公约体系设定的基础规则形成反噬效应，发达国家通过遴选易于掌控资金、便于向受资国提出对价要求的出资渠道，实际上也就是根据各运营主体成立文件、业务规程，选定了对具体出资的法律性质解释标准。通过履约信息源服务出资行为的操作逻辑，发达国家竞相争夺公约体系中资金标准解释方法的主动性。

---

① 张乃根，等. 国际法研究 21 世纪的中国与国际法 [M]. 上海：人民出版社，2002：387.

第六章 国际气候资金法律制度的中国应对

国际气候资金制度一路行来，既折射出在国际规范的实施问题上颇多争议，更呈现出整个国际气候资金法律制度在曲折中前进的整体趋势。它使发展中国家获得应对行动的资助具有了国际法保障，也为发达国家疏解国内减排压力开拓了新渠道。不仅如此，国际社会还面临着许多需要共同应对的环境问题、全球治理议题，其中气候变化是涉及产业范围最广、人口范围最大的议题，以气候资金为纽带构建起的国际行为规范，能产生良好的制度溢出效应，对国际社会团结一致应对全人类层面问题的解决，模刻出一个优秀的制度样本。

但国际气候资金法律制度在形成与运行环节有所不足。其既是源于应对行动事实上涉及经济社会多个产业的经营活动，与现代能源体系具有孪生关系，针对这一现代社会发展的命脉问题，难以形成统一的法律运行模式。在全球治理时代下，制度价值观和国际秩序的参与力量，均呈现多元化特征，导致原有的主权实体垄断国际法秩序，对应对气候变化中公私平等、合作共治的新需求，产生了不适应性。国际气候资金法律制度发展反映出的经验教训，是全球环境危机时代下包括气候问题国际法制度在内的，营造国际秩序时所有领域议题都需要面临的共同法理难题。这需要我们认清既往的制度发展规律，立足未来制度的科学谋划，在加深对气候与人类经济社会体系及其间国别差异的深入理解基础上，形成弥合利益冲突、制度错位的规范创新。特别是，我国作为最大的新兴经济体，已成为第一大碳排放国家，未来还需要巨大碳排放空间来营造经济社会的发展空间。面对国内发展、国际气候合作、资金授受关系变革等多重矛盾，我国的国内策略和参与国际法的方式，将会产生越来越大的国际影响，需要我们贡献中国智慧与中国方案。

第一节　国际气候资金法律制度发展的基本矛盾

国际社会多年以来在推动气候资金法律制度发展的过程中，通过气候资金形成了应对气候变化全球行动共识，并在条约法等法律渊源中凝结为实在的法治成果。但此法治成果尚主要是框架性的关系，由于作为权利者的发展中国家和承负义务的发达国家都数量众多，抽象的权利义务具化到国别时，还缺乏稳定的转换机制；在有限的成功转换内容中，孰为具备气候属性的资金认定标准，孰为符合实体标准的供资渠道和出资行为，缺乏统一的法治共识。在可预见的制度发展过程中，对气候资金的解释问题仍然将是所有问题的关键点，抽象制度上的共治与具体执行规范上的分歧，仍然是制度发展中的基本矛盾。但应当看到的是，这种同中存异的状态，既折射出在解决全球性气候问题时国际法的积极贡献，也反映出主体众多、关系复杂的环境问题在融入实践的"最后一公里"时，需要有更高超的法律智慧、更完善的制度方案加以解决。所以，评价既有制度要坚持对立统一的辩证眼光，虽然气候谈判步履艰辛，但在一定范围内的关键议题上形成了必要的制度共通性，既应抓住基本矛盾中统一面，也要正视其对立面向。

一、基本矛盾运动中统一的面向

解决气候利益矛盾在资金问题上的统一性，可归纳为在应对气候变化这一人类危机时型构共同行为体方面，已形成了"有胜于无"的人类智慧。自1970年代环境问题国际化成为历史潮流后，包括大气系统在内的生态因素遭受破坏的现象，已在全球范围内广泛存在，特别是以重大公害事件为代表的环境问题，使得人们将包括气候变化在内的环境问题，不再视为现代社会生活的例外或偶发性事件，而将其认定为现代化进程中的必要构成部分，并将其作为一种制度性、体制性因素在自然界中的映射来看待。出于这种对气候变化现象，及其产生原因、必要性应对行动的共同知识基础，就此形成了国际规范的统一性基础。

（一）对气候资金制度调整对象的形成一致性认识

从公约体系内的渊源和各类涉及气候问题的国际文件观之，各国、各行业对气候问题的事实性表现认知几乎相同或至少相近，也注意到了其与既往的生物安全、大气污染等有具体损害后果的破坏性、污染性环境资源问题不同，需要在应对行动上有针对性的安排。

一方面，气候问题具有系统性特征决定了应对行为的全体性。在世界上任何一个角落排放的温室气体，其造成气候不利影响都是相同的，这一态势决定了全球各国都必须采取一致行动，不论贫富、地域及资源禀赋，不能局限于特定生态要素、某个特殊地区的个别问题，解决手段从源头开始就建立在全球层面上。当大气系统影响人类事务的事实关系，转换为国别间的国际关系时，问题的重心不在于有无客观必要，而变为是否有主观可能性。应对行动如果缺乏全球所有国家，特别是主要的排放大国的统一行动，就不可能富有成效。

另一方面，温室气体排放可能引发的气候变化效应，及受其影响的地域、人群范围具有一定的偶然性。迄今为止，包括最权威的 IPCC 报告，也不能定论温室效应与气候变化间存在百分之百的关系。因此，国际法对此问题的治理，必然以预防性、前瞻性为导向，且预防关口的前移程度超越既往治理环境污染的其他制度。但对气候变化原因科学认知尚存在一定的不确定性，国际社会又面临着部分国家应对能力不足的现实困境，书面的国际减排承诺要兑现为实践性履行行动，尚有相当长的间距。资金在弥合认识不一、能力错位上具有制度潜力，至少为减排意愿弱、能力不足的后发国家，提供了试一试的制度勇气，对在总体上达到共同法律态度至关重要。尽管对资金制度如何实施的异议还不少，但是创制出公约体系，在后续通过公约机构的决议，并辅之以外部性运营机构组织规则的配合，折射出各国普遍肯定国际气候资金法律制度的存在价值，在制度的实体内容、作用对象、权利义务关联模式上，反映出巨大的能力国别差异下一致法律价值认知：

（1）所有国家都认定通过气候资金制度的法律调整，能缓解人类社会体系与全球大气系统间的紧张关系。其调整方式进一步展开为发达国家首先做出减排行为和供资行为，以国际法律关系为系带要求发展中国家采取对应的配合行动；而发展中国家立足于其国内经济社会既有产业、能源结构基础，在额外获取一定专门用于减缓、适应气候的资金时，将既定发展模式在受资范围和可能程度内做出变革，避免自身发展抵牾发达国家减排积极性和全球大气系统整体保护对行为一致性的需要。应该说，以气候资金的制度链接，能促成原本存在巨大能力差异的南北国家，同步但程度有别地将气候因素融入本国国内经济社会体系，这已成为国际性制度共识。

(2) 通过资金制度的运行，各国均在一定程度上限制了环境主权，通过腾挪公共性制度空间，来形成气候利益共同体。发达国家不仅在国内产业发展中限制排放，实际上就是限制化石能源的使用总量和强度，约束了原本能源效率水平上的利用自由；还在赠予、优惠条件或其他方法，在固有的发展援助、贸易投资外为发展中国家额外提供应对资金，增加了发达国家的经济负担。而发展中国家在完成国内减困、民生发展等事务外，还根据资助情况额外地提供气候信息通报，在无强制约束的自愿减排外还基于资助在项目层面承担着强制减排义务。可见，相对于公约体系成立前的主权内事务，气候资金转换为国家的法定义务，对南北国家利用资源、碳空间容量的主权，均形成制度性约束。而针对作为约束工具的气候资金形成的国际法制度，表达了各自自愿限制本国绝对性环境主权的雄心，特别是作为受资的发展中国家，在原本无强制义务的情形下增加承担了通报、项目减排的义务，通过接受发达国家直接提供或经运营实体传导的赠款和优惠贷款等资金，或在国内产业项目中融入碳信用机制，实质地削减了该国原本有权排放的温室气体。进一步地，这些摆脱传统殖民地统治而独立的国家，从原本奉行的绝对发展权主张，转变为接受并加入全球减排一致行动行列中，只要合作大门一旦开启，发达国家间、发展中国家间及相互间就气候利益的配置，必然会产生"搅动效应"，在国际社会关系体系下形成能源结构转型、节能利用方式等方面的国际竞争，低碳发展成为一种新的国际竞争力因素，使改善全球气候条件具备了螺旋上升的主体驱动力。

(二) 就气候资金权利义务的结构达成共同理解

以公约体系为代表的国际法规，体现出以资金为桥梁尊重彼此环境绝对主权的效果，这是根据大气系统保护需要在全球经济社会体系上达成的共同理解，静态上表现为全球性集体理性，在动态上呈现为各国际实体的实践理性。

国际气候资金法律制度是各国面对气候问题时的全球理性，以所有国家的保护大气系统义务为逻辑起点，如果放任各国自愿地采取减排行动，则必然会引发"公地悲剧"，难以实施有效的应对效果；如果要集体共同减排，则需要解决在无统一意志的国际关系中，构建统一行动的制度驱动源问题。这种主权分立下将平行减排义务改造为互关性减排的格局，可以通过利益的横向输送为纽带，由发达国家先行减排的同时输出资金，要求发展中国家随后在受资范围内承担对待义务。这样一来，在国家本然性义务上给予发展中国家以时序利益，让其后承担自有性减排义务；又赋予其资助性利益，在获得资金的额度内以具体计划、项目为载体，有限地承担对待性强制义务，使南北国家的减排行动同时进行。通过这样的设计，不仅使发展中国家获得即期利益，还会通过受资项目的运行，向其输入管理经验、制度模式和绿色发展的理念。如果缺乏资金这一关键的要素，共同减排的约定则有成为空文的风险，充其量也就是一种国际道德的纸面期待。因此，国际气候资金法律制度体现了实质性减排的共同目标下将南北国家应对行动联体的制度模式，运行效果指向整个人类与全球气候系统关系间，最大程度减少未来排放、最优地适应在已经变化的气候条件下保障生存发展条件。既符合即期与远期的全球气候利益，也是南北国家的共同价值认知，问题的关键就转变到了实施层面上的落实机制上来了。可以说，国际气候资金法律制度作为一种人类的集体理性选择已经形成，并潜含着强大的生命力。

回溯该制度的流变过程，从1992年成为条约法后，随着公约机构的立法推进和解释性文件，加上各类运营机构的"软法"支撑，整体上体现着争议中前行的基本轨迹，呈现出国际社会的各类共同理解：首先，国际资金法律关系结构上应当是原则性与灵活性的结合，公约体系完成了众多国家间的主体类型划分，从而将国家间关系从平行变为互立，从道德号召变为基于资金产生实质内容的权利义务关系。但在资金关系融入现实时，其内容和方式又要灵活多变地进行，既需要从传统的发展援助体系中继承工具和手段，也要基于温室气候与以往污染源的差异，创新碳信用、碳中和等新型行为模式，并结合国家特征和地域优势拓展更加灵活的行动方案，形成了包括CDM机制、REDD机制、CSS机制等在内的一系列制度创新。在资金提供的主体力量方面，不仅要驱动发达国家自行履约，借力国际金融机构、联合国专门机构等现成力量，也要在公约体系下创新机构设置（如气候资金常设委员会），确保对部分资金的控制权，对公约体系内外所有资金的全局性影响力。因此，平衡发展中国家缺乏减排能力、意愿的现实诉求，与发达国家单向援助的驱动乏力，通过义务错位安排、新增利益驱动额外减排的资金运用逻辑，是公约体系不断尝试的实践导向。其次，气候资金的体量需要一个庞大的国际法制度加以支撑，流向不同产业背景和国家地域资金的差异性，必然需要多层次资金关系、多元实施主体鼎力共持。仅有公约体系奠定的基本资金关系结构是不够的，除了在公约体系自身建立资金实体并由其形成实施规则之外，还应广泛地调动公约体系外渠道的实体，借力其治理规则服务于整体的应对合作目标。据此，主要通过公约体系外的双边援助、区域合作、国际金融活动为载体，向发展中国家提供的气候资金，既在国际气候制度初成时惠及发展中国家的应对行动资金需求，侧面也证实了以发展援助为代表的国际经济旧秩序的机构实体，在新的气候议题之下具有强大的制度惯性，其积累的规范经验具有强大的生命力。再次，南北国家对适格资金主体和供资手段等问题上，贯彻着积极务实、开放包容的实践理性。传统国际法上规定的义务，主要针对主权国家而言，而为了壮大国际气候资金的体量，除了来自发达国家政府部门、公共机构的资金，还大量吸引了私人主体的相关资金参与，既包括直接投资者，也包括养老基金等机构投资者，并且往往私营资金会以注入公共资金的方式，以公私合营的形式对外提供，虽然其并非国家公法行为，但需在法律上给予相同或类似的承认。国内主体和公约体系外的各种资金机构，都是广义上的合格资金主体，可见，国际气候资金法律制度整体持主体身份的开放态度。这在供资工具方面也类似，在赠款、优惠贷款等传统方式外，碳信用产出与购买模式也被创设，体现气候因素的债券、投资基金等传统金融服务的低碳化转型，也作为合格的供资形式得到长足地发展。据此可见，凡能向发展中国家提供与气候应对相关的供资，不论主体和资金工具，都为公约体系所利用，与之共同形成了国际气候资金法律制度体系，这并不是从特定经典命题或自然原理演绎而来，而是国际社会面对气候问题的实证推进。

二、基本矛盾运动中对立的面向

国际法与国内法不同，由于其缺乏统一权威加以强制实施，国际法上的权利义务边界精确性不可能太高。虽然全球各国的气候资金形成以上共同认知，但当价值共识转化为具体的操作步骤，从资金权利、义务转化为特定资金的出资与使用过程时，就具体实施问题即会产生诸多争议。

总体来看，在国际气候资金法律制度从书面的规定转变为实在的资金流时，对出资的来源、供资的渠道、供资义务的归属口径等衡量发达国家义务履行的关键点，南北国家各自为之，并未达成共治。从法治的外观来看，公约体系规定的国际气候资金法律关系下，实体性权利义务内容是明确的，但其实施方式特别是大多由公约体系外多元主体参与实施时，形成了分头解释气候资金权的局面。从文义上看，气候资金属于优惠性但不必是无偿的，即使在经济上是无偿的，在达成一定的气候改善效果上也是有对价的；而从供资义务的渠道和资金工具来看，将气候资金完全归于公共资金并以公约体系下专门基金提供，也是片面的。所以，在定性上权利义务关系是清晰的，但在定量上二者的边界与履行程度却存在宽泛的弹性空间，这构成了资金制度基本矛盾中的对立面向。

据上所知，公约体系下形成的基础制度，与在公约体系外运营资金的实施制度间，依靠两条纽带加以维系：一是发达国家在不同国际组织、资金实体中成员国资格的复合性，其作为出资国所报告的在双边、多边渠道下的供资信息，成为审查履约情况的主要依据。二是通过公约体系与其他国际组织间的机构合作规则而形成的信息通报，这在 GEF 与公约体系的关系中最为典型。从这种规则结构来看，如欲达到充分的治理效果则需要运营规则主动地契合于基础制度，不仅在动态过程中落实获资权利——供资义务间公约设定的关联模式，而且要在供资结果上接受公约机构的评判。遗憾的是，这在国际实践中难以实现，基础制度看似位阶甚高、约束力较宽，而落实到资金流动过程时，连检验供资情况的信息尚存在不足，遑论依法约束南北国家的资金行为。

一方面，气候信息通报具有单向性，造成其反映的法律效果具有片面性。当前，公约机构所掌握的气候资金信息，主要来自发达国家的信息通报内容，而运营主体、受资国等资金链上必要成员，并未提供足以印证出资情况的信息，在信息遭遇阻滞的状况下，相应的法律评价当然无法展开。"气候资金的要点在于可预测性、持续性，以及信息的完全透明性，包括减缓和适应用资的分配情况"[①]，主要的气候资金流并未经公约体系下的资金机制来提供，而发达国家主要的供资多选用公约体系外的制度渠道。其间，双边气候资金渠道的信息，限于授受双方内部，在出资国向 OECD、公约体系的报告中可能部分地呈现，但一般而言都是较概括的统计性数据，是否具有气候专属性出难以判定。而经由国际金融机构、多边气候基金、联合国专门机构等提供的资金，除 GEF 向公约机构定期、全面地报送信息外，其他机构内的资金信息，并未与公约体系充分分享，虽然国际金融机构等多为公约大会的观察员，但并未掌握法定的程序、渠道传递足以评估履约情况的充分信息。出资、运营主体所掌握的信息大部分阻滞与公约体系之外，也缺乏来自受资国一方充分的资金信息，来印证出资国、部分运营实体通报的供资义务履行情况。

[①] Marie-Claire Cordonier Segger. Advancing the Paris Agreement on Climate Change for Sustainable Development [J]. 5 Cambridge J. Int'l & Comp. L. 202 (2016).

因此，公约机构对履约情况做出的法律性评价，不仅在法律效力上本身偏弱，在信息来源也具有一定的片面性，公约附属履行机构四年一次的评价，要做到信息充分评价科学是非常困难的。可见，出资、运营、公约体系评价间的信息脱节，是难以全面评价发达国家履约效果的重要原因。

另一方面，运营规则实际发挥的法律调整作用，较公约体系中的基础制度更大也更直接。根据本书梳理的情况，公约体系授权可用于供资的双边、多边性组织或实体，无不拥有内部规则，作为接续公约体系基础性规定落地的操作规范，"允许体制外的资金机制作为补充，虽能拓宽融资渠道，但却给发达国家规避公约义务留有空间"[1]。虽然，发达国家通过气候的名义出资到各类运营实体，而后续的资金分配和管理则完全由其自行支配，发展中国家的资金权益未必成为最高考量。而其内部对所获资金的信托责任可能成为其首要的关注目标，否则它将失去与其他组织体竞争资金源的能力，"公约框架内外资金体系在不断演化，实质是多个渠道竞争发达国家有限的公共资源，公约内资金机制的规模受到越来越多的资金机制和渠道的挤压"[2]，在资助对象选择和效果预测上，个别化的运营实体不可能具备宏观视角，无法关注到整个"气候资金"的整体流通，并在公约体系的高度上加以评判。"自我判定性质的巨大空间，欲使自下而上式履约形成有效的气候治理，成为一个值得关注的问题"[3]，特别是对"气候资金"的公益性，与发挥资金最大效率考量下资助多目标项目的趋向存在着内在的矛盾。"与气候有关"而非"气候专门性"是对资金流向更准确的表述，这有违公约体系的资金规则，但实践中资金在特定运营实体的控制下，必受其治理规则的推动才能向发展中国家流动。此时，驱动发展中国家将接受的整体出资，分散到具体计划、项目的操作性规则，虽在宏观目标上回应了公约体系的要求，但运营主体会更多地站在项目层面，注重扩充资金体量和单笔资金最大化利用，甚至会采取与发达国家向其出资时不同的融资工具，向发展中国家提供资金。以运营主体为中介，其与南北国家各自关系的两端，可能是完全不同的制度风景，某种程度上是反映出"南北国家之争就是减排效率

---

[1] 伍艳. 论联合国气候变化框架公约下的资金机制 [J]. 国际论坛，2011 (1)：20—27.

[2] 刘倩，粘书婷，王遥. 国际气候资金机制的最新进展及中国对策 [J]. 中国人口·资源与环境，2015 (10)：30—38.

[3] Annalisa Savaresi. A Glimpse into the Future of the Climate Regime: Lessons from the REDD+ Architecture [J]. 25 Rev. Eur. Comp. & Int'l Envtl. L. 186 (2016).

（共有资源保护）与公平（历史责任）之争，背后所隐藏的是'自然中心主义'（发达国家）和'人类中心主义'（发展中国家）理念的差异"[①]。因此，虽然资金去往了气候领域，但直接效果不必然体现为减缓或适应气候变化的生态效应，也可能以商业性投资的保值增值、利润最大化为目标，可见，资助用资的微观理性与全球大气系统保护的集体理性之间，存在着巨大的张力。

不过，"在气候变化这样复杂的问题上达成全球一致的法律文件是存在风险的，采用诸边、区域和双边协议形式或更有可能性"[②]，但是基础制度与多元的实施规则间在信息融通和用资效果上的脱节问题，也不可回避。若发展中国家对此视而不见，继续以扩大资金流为主导而不强化公约体系对运营实体的评价机制，则可能会丧失对气候资金的法律主导权，公约体系中的权利属性规定与运营实体的资金运营特长只有良性地结合，才能避免以运营规则为"挡箭牌"削弱发达国家的义务要求。

第二节 国际气候资金法治困境的体现

伴随着各国就减排、资金实效性等问题产生法律争议，在资金的提供与接受过程中，不同的利益诉求差异必然会体现在具体笔项的资金中，由于公约体系本身的抽象性，巨大体量的气候资金又需要众多不同性质的运营实体参与，且伴随着私营资金搭乘公共资金的供资过程。在当前制度在平衡资金流扩大和资金性质保持时，必然会面临着一定的困境。"根本上说，现行制度不能实现气候正义要求，既出现生存权（如气候难民）问题，也不利于实现发展权"[③]，这不利于各方参与气候问题合作意愿的加强。

一、合格"气候资金"的统一标准未形成

从发达国家向发展中国家流动的资金已形成了相当规模，但却是以

[①] 陈鹤. 气候危机与中国应对——全球暖化背景下的中国气候软战略 [M]. 北京：人民出版社，2010：74—75.

[②] Penny Wong. From Copenhagen to Paris: Climate Change and the Limits of Rationality, Multilateralism, and Leadership [J]. 21 The Brown Journal of World Affairs, 267 (2015).

[③] 张建伟，蒋小翼，何娟. 气候变化应对法律问题研究 [M]. 北京：中国环境科学出版社，2010：64—66.

多种名义进行的，所声称的气候属性可能直接或间接，存在一定的联系。"凑集气候资金需要运用许多的资源，最为重要的问题是如何计算，因为所有资金都可能贴上'私人的或公共的、双边的或多边的'气候资金的标签"[1]，其中有的资金要求按商业规律获得回报，其他的又包括部分地优惠或全部地无偿提供，甚至有的资金做出具体受资项目外的其他非对待性要求。从出资端来看，发达国家以气候性用途为名输出资金，似有理由将所有类型资金均计入法定义务范围，这也是这些国家的信息通报一贯的立场。从中可见，供资方倾向于广义的"气候资金"观点，但是资金的供给是为发展中国家获资权服务的，受资方则普遍持狭义的"气候资金"观念，认定公约体系下资金义务，与其他国际法领域特别是发展援助、贸易投资领域的法定义务，是相互区分相互独立的，按公约体系下的约文文义，气候资金应以公共性资金为主，通过公约体系自有机构，以无偿或优惠等公益性方式进行提供。

在当前由公约体系和一系列运营制度构成的规则体系中，"气候资金"的定义及其性质认定标准不明确，在公约体系层面对其进行抽象规定，主要解决了资金从无到有的问题；而在实施制度层面，根据出资国的信托指示、国际组织或资金机构的"软法"规则，在平衡授受双方利益的动态过程中进行着灵活地解释。当运营机构在资金信托责任之下构建具体受资计划、项目的操作标准时，只要符合出资国向其指示的目标性指示，在资金在继续流动的各环节中其主要关注的是执行效率，不会对出资国及资金再进行独立研判。所以，作为运营的中介实体，其实施的软法性实施规范，实则抛开了公约体系与相关国际法体系下的资金性质，经此主体间的转换过程，出资动机及其所基于进行的法律义务就被资金的实践标准替代，资金是否具有气候属性在出资后的环节中被边缘化了。可见，出资环节对后续行为具有源头性的决定性，发达国家掌握着资金性质解释的决定权，在预设所出资金的气候性质后，即将之融入向公约机构提交的履约报告，运营主体当然应按其信托指示进行。当前，除公约体系自有的气候基金，以及GEF信托基金外，其他运营实体仅将气候资助作为其行为领域之一，从不同渠道获得出资后纳入本机构的总体业务中。而在从南北国家、运营实体形成的资金三角中，发展中国家在基础法律关系上应当是主动的，但在出资国操控运营实体、运营实体

---

[1] Steven Ferrey. Changing Venue of International Governance and Finance: Exercising Legal Control over the $100 Billion per Year Climate Fund [J]. 30 Wis. Int'l L. J. 26 (2012).

限制受资国的资金实践逻辑下，发展中国家实是非常被动的。在其信息通报往往只声言本国资金需求，仅能决定本国需资助的计划、项目向何机构或渠道编制、递交申请，被动地接受审查和项目实施的监督考核，无法以自足的权利主体力量影响满足这些需要的机构来源，更未对获资后的权利实现状况，通过公约体系的履约评价机制进行有效的反馈。获得的资金可能是专门资助气候问题的，也可能是多个环保目标的综合性支持，也可能是单纯的发展性援助，只不过客观上能产生一定的气候应对效果，也可能只是从国际市场上吸收到外国私人的投资。可见，确定"气候资金"的性质问题，仅通过一项或几项法律文件不太可能得以解决，最为迫切的问题是将性质的决定权从发达国家转移到发展中国家或国际公允的主体那里。

尽管在国际法对气候资金法律性质的认定标准存在较大争议，但必须正视的是南北国家间已然形成了相当体量的气候变化应对资金流。由于它们来自发达国家内多种公共、私人性供资主体，即使是公共性主体，也因其归属于不同政府部门、公共机构或国内开发金融机构，因向发展中国家供资而做出的对应义务要求，相互间是不同的。如何在这些多元主体、多类资金间，提炼出一个客观上反映资金实践特征，法律性质上又契合公约体系的要求气候资金标准，确是一个亟待解决的难题。不过，"由于发达国家和发展中国家在是否依据历史责任划分履约义务上存在根本分歧，公约资金机制面临多渠道并行、运行规则多样化、资金使用分散、运行效率偏低、绩效评估欠缺等问题"[①]，如果发展中国家接受特定资金时，承担了超越公约体系要求的义务，则该供资是定性为"气候资金"，还是属于传统发展援助用途转向，或者国际投资、贷款等，是一个复杂的国际法问题。在进入全球治理时代后，追求正当利益的私营资金参与后，作为发达国家传统上以赠予、优惠条件的供资，会受到较大地影响。对流向发展中国家的特定资金，公共资金与私营资金的行为性质是否有异？资助达到何种"优惠"程度可计入发达国家供资义务内？当资金通过众多中介性运营实体输送，其在具体项目层面能向受资方提供何种程度的对价要求，而又在性质上不削减其获资权利？这些问题仍需思考。特别是公私合作提供资金时，是否可按商业收益模式进行，抑或要求一定程度的优惠，优惠程度不同的资金在计入履约行为时，是否分

---

① 潘寻，朱留财. 后巴黎时代气候变化公约资金机制的构建 [J]. 中国人口·资源与环境, 2016 (12): 8-13.

类评价或折算统计？它们都成为未来制度无可回避的难题。

具体来看，一是，在现行气候资金的出资制度中，公共性资金资助气候事务时，与援助经济社会发展为目标的 ODA 资金，与旨在保护生物多样性、臭氧层的相关资金提供义务进行区分，法定标准相对缺乏。二是，气候资金的各类运营实体中，大部分成立时间早于《框架公约》缔结，在公约体系的资金规则形成之前，运营性软法规范早已在资金实践中成型。如在 GEF 中的融资过程中，前三轮增资时并未涉及气候议题，从第四轮增资开始，把气候问题增列为其核心资助领域之一，作为资助内容的后来者，在制度上必然依赖前三轮融资使用的业务规则。三是，气候问题本身是又是一个集国际公法、国际经济法、知识产权国际保护等多领域规范的复杂领域，"这些分支领域中的国际法规则，或能满足应对气候变化安全威胁的需要，而可以直接加以适用；或需根据现实情况加以改革和完善，以更好地发挥其法律功效"[①]。因此，发达国家提供的资金就可能成为多个国际法域的共同调整对象，且其也是诸多国际组织的成员，在传统国际经济秩序中还发挥着主导作用，还负有缴付会员费、提供日常性业务经费的义务，在这些多领域、多机构、特定机构内多层次资金的提供中，供资义务叠合现象非常突出。当私营资金应公约体系的激励而起后，多元渠道下供资复杂性更加明显，不仅面临着对国家行为义务归属的甄别，更要回答私人行为上升为国家公法义务的实体标准或程序条件问题，如未在制度上加以区分则会阻碍发展中国家获资权的实现程度，如区分过严格又会打击发达国家扩大资金规模或以公共资金撬动私营资金的积极性。

二、气候资金的国际法律关系要件内在脱节

在国际社会的价值共识基础上，现行国际气候资金法律制度成功地构建起国际气候资金法律关系。但权利义务的对应关系并不是法律制度的终点，违反义务可能直接遭受的不利后果，才是此项法律制度的"达摩克利斯之剑"，责任机制在国际法体系中普通稀缺，在单向性、优惠性资金权利的保障方面，更是缺乏有力的约束。

---

① 那力，杨楠. 加强国际法对气候变化安全威胁的应对：减缓、适应、资金与技术援助[J]. 法治研究，2010 (6)：46—51.

(一) 权利与义务间对应关系处于模糊状态

从气候资金权利义务的构建方面来看，公约体系以附件二（也就是《京都议定书》附件一）为载体，从全球国家中指定部分国家为供资义务主体，其他国家为权利相对方。在法律关系的结构上，公约体系打通了供资义务—获资权利—额外义务的连贯逻辑，南北国家各自国内的应对行动就具有了相互性，未来气候资金制度也必会循着此轨迹继续深入。如此一来，南北国家的公约义务实际上以获资权为中介，实现了有效地关联，共同致力于对外进行大气资金的保护。从国际关系上看，通过气候资金提供限制发达国家主导权，又通过受资后适当限制了发展中国家权利，这种前后限制相结合共同构成了整个人类社会与大气系统的互动关系，以出资、受资的时序关系为坐标，将人与自然的平衡关系转化为人类内部的法治化制衡关系。不过，实现这一转化过程的制度工具，在规范来源、实质内容和形式特征等要素上，均呈现出多元复杂的特征。

根据价值目标和法律客体为标准，国际气候资金法律关系包括三个类型：（1）针对发达国家自工业革命至今形成的历史性排放，资助发展中国家采取适应行动的利益关系。发展中国家在当下承受的气候不利影响，主要由发达国家在其经济社会发展期间形成的排放，抢占了大气系统中的碳空间所致。此举改变了地球与外部的热量循环模式。从法律性质上讲，就是个别国家的行为经大气循环，对他国造成了气候利益损害。对这种既成损害由施加加害行为的发达国家进行赔偿，是为适应资助背后的逻辑基础。（2）发达国家履行公约体系规定的强制减排义务外，额外资助发展中国家削减未来发展中可能的排放。很明显，此类资助是在修正发展中国家在现有相对廉价的能源体系上，继续发展国内经济社会的固有模式而设；在对其施加减排义务，实质上就是要求其在一定程度、特定方式上放弃原有的发展性收益，通过减少满足国内发展需要的必要排放而形成对全球大气系统保护的增益性贡献。很明显，资助的对象是对发展中国家发展可得收益的补偿，发达国家以未来的受益人身份而提供必要资金，当然也循此资金而要求受资者达到对应的减排数量。（3）发达国家由于减排成本考量，将其承担的部分强制减排行为，转移到发展中国家的项目中，由其代为履行法定减排义务。当然，这种转移是通过项目资助，包括事前资助和事后购买其减排额度来实现的，但不论何种方式，资助的对价是发达国家本应在其国内自行履行的减排。此时，发展中国家虽因资助而履行了额外义务，但性质上是代发达国家履行义务的行为,属于意定之债而非法定之债。

虽然不同客体的资金关系存续原理大为不同,但在南北国家各自义务间建立法定关联的功能是一致的,与完全没有此三类资金关系相比,国际关系还是表现出明显的增益。一方面,供资义务是发达国家自有减缓、适应义务的额外义务,其计量以国内义务为基线。不论是对发展中国家进行赔偿还是补偿,都是一边完成国内义务,一边对外供资履行这些义务,作为与其国内减排义务并行的对外供资义务,要求在性质及技术区分上明晰国内义务内容和边界。因此,通过CDM等购买碳信用的机制,实现对发展中国家的委托履行减排义务,显然不能计入其供资义务之列。作为立足于强制性减排义务的第二重国际义务,如果发达国家的供资义务出现缺位,其本身承担的减排义务实施随意性也会增大。因此,理清两重义务关系不仅是为区分资金的法律性质,也是从公约义务的整体角度,通过第二重义务压实第一重义务,以推动额外义务履行的同时达到压实首位义务的效果。另一方面,资金关系下获资国基于资金对价而履行的额外义务,也区别于公约体系下发展中国家自愿性减排义务。与发达国家一样,获资后义务也要以自愿义务的准确界定为前提,自愿义务也不能是内容含混、边界不清的领域,这对发展中国家的履约能力也提出了更高的要求。虽然发展中国家在公约下承担信息通报和自愿减排的义务,其履行还要以获得资助为条件,对其义务范围和内容并无定额的强制要求。这在气候资金加入后应当有所改变,即发展中国家在受资范围内,应在其固有义务外就资助而言承担对应的额外义务。不论是公约体系之内还是之外的供资渠道,当资金落地到具体项目时,必然会提出特定的对待义务要求。这是基于受资而具备的新义务,在法律性质上与其在公约体系下法定义务相区分。只不过,发展中国家减排义务是自愿性质的,即使如此,如要确定其额外义务,就必须划定其应然义务作为计量基线,发展中国家义务的量化和透明化,成为获取资助的前提性环节。

(二) 责任机制与权利义务间的不对应关系

国际气候资金法律关系将所有国家自行减排、各自采取适应措施的"碎片化"履约方式,通过资金关系对发达国家和发展中国家的国际法义务进行了规定,人为地建立了一个对立面,形成了一个对价。不过当前主要采取的是财政转移与投资促进的模式,全球总额度交易的模式可能在未来得到更大的发展[1]。并且国际社会都希望继续扩大资金的法律效果，虽然各类资金关系的内容有差异，但通过国际气候资金法律关系的建构，已经将南北国家的气候利益从事实性联系，变为了价值上、法律上的关联模式。

但是，上述权利义务实现缺乏有力的责任机制加以保障。"当前相当一部分条约争端解决机制仍然完全由任意性的规定组成，不仅如此，绝大多数条约没有执行机制来保证争端解决方案的实施。因此，国际环境争端解决机制仍然是一套比较'软'的机制"[2]。气候资金领域的法律制度状况也是如此，发达国家在公约体系下承担的法定义务，在未履行或履行程度不足时，缺乏适当的法律责任机制加以约束。特别是《哥本哈根协定》中约定了快速启动资金、长期资金，虽然形成了额定化的义务约定，理论上讲其实现程度具备了量化的条件，但连认定发达国家义务履行程度的具体标准尚付阙如之时，何时谈其供资义务不足时的责任问题呢？

究其原因：一是，发达国家在履行供资义务的同时，具有向受资者索求"隐性"权益的地位。在发达国家资助的发展中国家减缓活动中，特定气候计划与项目实际取得减排量，在何种程度上发挥应对气候变化效果，不甚明确。如果仅仅是帮助发展中国家减少温室气体排放，其削减量所形成的积极效益是全球共享的，针对特定资金而言，其惠益所提供的是一种公共产品。因而按照公约设计的理想供资模式，没有与发达国家供资义务在法律关系上相对应的某种"法益"。相反，如果资金是注入碳信用机制中情况则完全不同，因为这些机制所产生的 CERs 是可以作为发达国家抵充自身相同额度的减排义务，所以像清洁发展机制、森林减排机制，资金注入的积极性和精确性都与单向帮助性供资不同。同时，赠予性和优惠性供资方式，与国际气候投资对资金的吸引力度是完全不同的，因为投资中有严格的成本—收益核算，资金与回报间形成的权利义务是严格对应的。但是，碳信用与气候投资中所包含的利益对等模式，在发达国家其他供资中通常是缺失的，这既容易导致其怠于履行义务，也使得其未履行或未完全履行供资义务时，责任大小也难以确认。

二是，发达国家履行供资义务主要通过直接对发展中国家给予援助，

---

[1] Stephen Spratt. Assessing the Alternatives Financing climate change mitigation and adaptation in developing countries [R]. London：New Economics Foundation，2009：52.

[2] 朱鹏飞. 国际环境争端解决机制研究 [M]. 北京：法律出版社，2011：192.

以及对运营主体给予注资。对获得资金的发展中国家、运营主体而言，发达国家的行为是完全符合其自身利益的，也是在特定资助事项上充分履行了供资义务，微观上看，供资义务是积极履行的，运营方、受资方也不会对此提出异议。从整体上看，虽然发达国家的供资不能满足全球需要，但既有供资也可能根本就不符合公约体系的要求。公约体系如做出否定性评价，那些实际获资的部分国家或运营主体不一定会积极的声援。因为，从出资关系的相对性上，它们没有对发达国家出资提出抗议的基础。对他们而言，自身的资金需求已经满足，发达国家供资态度是积极的，在特定供资关系上义务履行可以说是比较充分的。但公约体系下所称的履行问题，表现为供资关系从类型和数量的不足，这不是部分获得援助的发展中国家决定的，更非运营主体可左右的事项。实际上，发达国家利用运营主体人格独立性为义务履行的挡箭牌，使公约体系对其责任的追究缺乏实施法律关系的载体。并且，发达国家向运营主体提供资金后，运营主体又将其与自身融得资金、营业收入合并起来，向发展中国家提供资助，发达国家报告一次而运营主体又报告一次，如果存在单独的执行主体情形下，则还有第三层次实体的资金信息报告。多层次的主体结构势必造成每一层次上的主体，就特定的资金报告一次信息，发达国家一笔供资为多主体反复通报，造成资金重复计算的问题。造成此局面根源于国际环境法的制度特征，"强制履约不可能，根本原因在于多边环境协定中的一个重要原则——谈判民主原则。一是退出自由；二是无需承担责任。没有一个国际有权力强迫其他国家参与国际合作或强迫其接受谈判结果"[①]。

三、国际气候资金"软法"与"硬法"关系

国际气候资金法律关系双方均数量众多，提供资金的行为渠道也较为丰富，使得大量由公约体系规定的气候资金，在实施层面大量适用公约体系外的规范。特别是，公约体系的规定并未完全覆盖气候资金链条的所有环节，其所设置的运营主体，也未完全垄断资金输送权利，这就决定了公约体系下的基本法律关系通过开放式授权，将国际法上资金权利义务的实现，指向了大量的外部规范。这些规范的性质要因其所制订的组织实体来确定，包括国内实体和国际组织，但总体而言，不是典型

---

① 王晓丽. 多边环境协定的遵守与实施机制研究[M]. 武汉：武汉大学出版社，2013：34.

的条约法和国际惯例，而是具有实质效果的国际软法。

(一) 国际气候资金领域软硬规范并行的现象

在发达国家从出资到运营环节中，公约体系下与双边、多边性资金业务规则的硬法，呈现出功能相续、效力互补的并行实施现象。在条约法外，对资金链发挥着实质性规制效果的国际组织规程、机构决议等形式渊源，虽不是传统的国际法渊源，但在国际气候谈判中难以形成精细的条约法规定时，有大量的国际组织立法填补了这一空白，呈现出"软硬兼施"的现象。具体表现为三个层次的制度分野，及其相互间围绕气候资金主题形成连贯的效力传导机制。

第一层次公约体系下为南北国家设定的资金权利——义务关系。这是典型的条约法渊源设定的基础性法律关系，通过对不同国家进行身份类型的划分，初步型构出能产生国际法效果的主体对立关系，以及其权利义务的主要内容、法定标准，是为气候资金领域中的国际硬法性。迄今，对公约体系设定的基本权利和义务，虽有具体履行方式的争议，但无国家完全否定其效力，即使美国两次退出，也仅是退出议定书，而非退出《框架公约》。因此，硬法规范是整个制度体系的母体规范。

第二层次主要包括双边援助协定和运营实体的组织立法，作为公约体系落实的工具性规范，这是发达国家在出资环节选用的主要载体。其中，双边援助协定可能以严格的双边条约形式呈现，也可能在双边宣言、框架协议等非典型法律渊源中呈现，在双方的意向性气候资金合作协议，或在援助的总体协议下将气候领域纳入其间。因而，此类双边协定既具备条约法的形式要件；也可能对资助额、资金工具等达成协议，或通过共建资金主体（如双边基金）等载体，再将具体问题在该主体的治理框架内解决。除双边渠道外，还有广阔的多边渠道机构的业务规则，包括向国际金融机构、联合国专门机构、多边气候基金等注资时，以资金信托责任激活了这些运营实体依内部规范履行条约法义务的潜力，以其为发达国家在公约体系下供资义务的代履行主体。这就形成了以多边渠道组织网络为载体，在其成员国范围内产生资金授受实际关系的规制效力，其本身并不产生资金实体性义务，而更多地承担着推进资金链动态发展程序性规范的功能。笔者认为：此类公约体系外的双边、多边性规范，虽然不能产生对国家的强制性国际法约束效果，仅是实施公约体系下权利义务的工具规范，但也在实质上决定着资金的去向和具体条件，是为国际气候资金的"软法性制度"。公约体系规定的程度不具体、可操作性不高的内容，特别是涉及发展中国家里可资助的项目、各项目额度等具体问题，实际上都是由第二层次制度进行具体地规定，也可以说，公约体系内的基本法律制度是无法达到如此的制度精度的。当然，公约体系也通过组织间合作文件，实现对 GEF 等少数运营实体的操作规则施加影响，但以世界银行为代表的国际金融机构，却无法实现此等效果。而联结多类第二层次规则，及其与公约体系间的关系，使发达国家在各类组织中均具有的成员地位。是发达国家在两层制度中承担的平行义务，才使各种资金围绕气候议题形成了一个庞大的制度群。

第三层次是具体项目层面的执行性文件。其产生于在双边、多边渠道提供的气候资金末端，都是在申用、拨付环节向出资国或运营实体提出的计划或项目。在资金落地前后，就该具体的受资助对象，必然会就项目的构成要素、减缓适用效果评价、资金利用效率等具体问题，形成一套完整的项目管理文件和评价指标体系。作为资金到达发展中国家的最后一道程序，这些法律文件虽然具体、微观，但却是对发展中国家及其项目实体施加制度负担最直接的规则来源。特别是，当前各类资金运营主体较广泛地利用国际金融机构、联合国专门机构等来执行项目，其在历史上积累的工作渠道和项目管理规则，会直接导入气候资助计划和项目的具体运行。运营主体将其自有的资金目标，通过机构间合作关系向执行主体输出，使其运营意志对具体项目实现形式上的规制。但是，这些信托目标需要结合不同资助项目的地域性、国别性特征，由第三层次制度进行具体分解势在必行，在此过程中可能实质性地增删、变通、过滤第一、二层次制度中的抽象内容。

（二）国际气候资金软法冲击条约法的问题

这种软法与硬法并行的状态，也潜藏着制度渊源的竞争关系，在项目层面具体指导权利者、义务者实施资金行为时，必然要由其中一方发挥主导作用，从制度实践来看，国际组织及其资金实体的软法性规范，侵蚀、软化、过滤着公约体系等国际硬法规则的实际效力。在提供国际气候资金的具体过程中，组织目标不同、成员力量来源于国内或国际组织的各类机构，都在气候资金链充当一定的运营主体角色。具体而言，上下游气候资金实体是各国国内自有的权利性、义务性专门机构，国际性运营主体又是联合国机构、国际金融机构内属的各种实体，既有独立营建的也有与个别国家合建的。这种主体身份的复杂性，带来对其行为定性的不确定性，因而难以与公约体系设定国际气候资金应有的法律属性和总体目标达成一致，必然地会存在运营实践与条约法宗旨形成冲突。这就是当下制度面临的宏观上基础规则明晰，微观上运营机构及由其制定的软法规范却难以协同，甚至相互掣肘的现象。

一方面，"运营主体之间缺乏制度协调的安排，就气候问题的理解往往自行其是。当前的资金机制积累了大量的机构改革、政策工具和技术方面的问题"[①]。虽然在出资和运营过程中有多种主体参与，但在发展中国家资金落地环节，几乎运营资金的主体都委托世界银行、地区性多边开发银行来具体执行，国际金融机构的资金规则才是决定性的"黄金法则"。虽然上下游基金是各国的国内机构，但从业务开展的历史看，承担着上下游基金主要管理职责的国内发展银行，历来就是对接国际金融机构的国内窗口，如非洲开发银行负责管理刚果盆地基金。同时，多边性气候资金主体也主要以世界银行集团为项目执行实体，它下辖的三个主要贷款机构成为受委托具体在受资国开始项目援助的气候资金直接经手人；而运营气候资金的典型实体 GEF，也是从世界银行的运营体系中析出，其信托基金和由其管理的公约三基金，也都委托世界银行担任基金管理人。不仅如此，气候资金的第三股多边力量——联合国专门机构，也较多地以国际金融机构为资助项目的执行实体。不论国内、国际实体运营的资金，在具体输入到发展中国家的末端，多以世界银行、地区性多边开发银行来具体执行，在此过程中，资金当然是按过往的金融规则，适当根据气候领域需要进行一定程度的修正，但代表出资方履行信托责任、基于项目向受资国提出对价要求，必然是遵循这些机构的自有规则进行。

可以说，国际气候资金的所有运营主体体系，看似分散多元，实际上通过资金链各环节间的联结点，围绕在了国际金融规则的周围，是一个传统国际经济秩序维持主体在背后，支撑着应对气候变化这一新的制度目标在运转。形象地说，发达国家总体资金体量一定的前提下，其选择双边、多边（含公约体系内或外）的实体为供资渠道，真正适用于资金落地环节的规则，都是类同的。但是，各类运营主体人格相互独立，可在承接出资后独立行使资金决策，并具体设置本组织欲适用的融资规则；但将他们加总与所有发达国家关系对应起来，会发现运营实体间实质上存在着激烈的竞争关系，资金实体的多元化缺乏一个时间框架和组

---

① Imme Scholz, Laura Schmidt. Financing the climate agenda: the development perspective [C]. Bonn: International Policy Dialogue, 2009. 9.

织机制[①]。从特定出资国而言，选择何者履约在法律性质上的等同的，但在资金成本和控制权上是不同的，这种竞争压力可能导致运营者间竞相开发有利于出资方的融资工具，有导致"逐底竞争"之虞，这对公约体系形成了较大的破坏性。"希望得到气候资金来应对各自气候风险应对需求的国家和地区，要成功融资都需要其机构具备一定水平的能力，越穷的国家越没有资金竞争力"[②]，为获取资金的运营权并保证体量，各运营主体之间更容易以邻为壑，缺乏主动横向协调的主动性，这种内生动力极易使资金运营过程偏离气候属性的制度本色，事实上将资金引流到回报率高、出资方控制权强的领域；"由于适应行动具有典型的地方性，适应行动中许多方面本身就是地方政府提供的公共服务"[③]，真正最具有正外部性、应对行动中社会边际收益最大的领域，却是资金最不青睐之处。

另一方面，公约体系缺乏对运营主体行为过程，是否与国际气候法律效果具有一致性的评价机制，也缺乏居中协调的地位。虽然公约体系下的资金条款，并不限制发达国家对出资渠道的选择，但约文前言明确做出了"基于赠予或优惠"的前提设定。这种在缔约国间设置的基础法律关系上的约束力，并未经发达国家的出资行为，传导到资金实体与发展中国家项目层面的资金关系中，与公约体系内资金实体未在信息分享、义务审查方面，形成有效的配合关系。这种国际组织与权利型缔约国间的制度脱落，使二者针对义务型缔约国的行为，难以形成有力的审查，特别是不能判断其特定出资与ODA等其他国家义务之间的不同；更无法在多元资金实体之间，构建起互补、配合的良性关系，促成气候资金流动、非气候资金与气候资金提供的义务状况，在众多发展中国家（地区）实现匀质分布；特别是经济效率较高的减缓领域，与公益属性更强的适应项目之间，达成有机平衡；在向受资国索要行为对价方面，平衡优惠性的赠予、优惠贷款、信用担保手段，与市场化的直接投资、间接投资等各类供资工具合理搭配。公约体系在涉及实施层面的具体制度安

[①] Gareth Porter, Neil Bird, Nanki Kaur etc. New Finance for Climate Change and the Environment [R]. Washington: Heinrich Böll Foundation and WWF, 2008: 10.

[②] Jacob Park, Sonia Kowal. Socially Responsible Investing 3.0: Understanding Finance and Environmental, Social, and Governance Issues in Emerging Markets [J]. The Georgetown Public Policy Review, 2013, vol 18 (Spring): 17—27.

[③] Thomas M. Gremillion. Setting the Foundation: Climate Change Adaptation at the Local Level [J]. Environmental Law, 2011, vol 41 (4): 1221—1252.

排上，处于鼓励其扩大公共性资金供资规模，调动国内私营资金的阶段，缺乏对发达国家履行义务的约束性安排。而对其提供的资金类型、用途分布、资助对象的结构合理性方面，主要采取评价性、倡导性的规制模式。同时，除每年缔约国大会对 GEF 发布公约资金机制的进一步指导意见以外，公约体系也缺乏与运营主体直接对接的制度安排，使得气候资金基础制度的法律实体不能充分及时地汲取实施信息，对实施情况无法及时地给予评价、指导和矫正。

第三节　国际气候资金法律制度发展的中国智慧与中国方案

　　我国是推动国际气候资金法律制度发展的积极参与者，不仅是因身为新兴经济体、第二大经济体等国别特征，而在国际法关系中也具有特殊地位；也由于国内经济社会发展进入新时代，"双碳"目标的提出也对参与国际合作的方式，提出了新的要求。因此，我国在气候资金的南北合作、南南合作方面面临着许多新挑战，且诱发因素又与国内发展模式转变交互影响，需要更高的法治智慧。

　　首先，作为受资的发展中国家，"中国利用国际气候资金的主要来源是：CDM 机制下的资金流入；多边开发机构的资金流入；国外私人部门的资金流入"[1]，还包括许多气候基金等实体提供的资金。总量已形成一定规模，但也存在符合公约体系标准的气候资金，与发展援助、能源投资等资金相混同的现象。其次，作为发展已达到较高水平的世界大国，对较落后的发展中国家提供涉及气候主题的相关资金，也是我国对外援助的重要内容，资金属性及其国际法归属不可不察。最后，在我国做出"双碳"目标决定后，涉气候产业的资金链、商品服务贸易链，在连接国内国际关系方面重要性更加凸显。换言之，我国应在声索获资权、履行大国义务、观照国内发展三个层面，协同参与国际气候资金法律制度的发展。

一、我国参与国际气候资金法律秩序建构的意义

　　我国的排放现状和在全球减缓、适应行动中的地位，决定了我国参

---

[1] 王遥，刘倩. 气候融资：全球形势及中国问题研究［J］. 国际金融研究，2012（9）：37.

与国际气候资金法律制度建设具有重大的现实价值和制度意义，这是由我国的社会经济发展状况与全球排放格局的互动关系决定的，这种意义不仅体现在我国是否参与其中，更体现在参与的程度甚至在其中发挥何种主导作用上。因此，我国的参与及其程度，深刻地影响着我国自身发展方式的转变和全球应对行动。这种参与的意义分别体现为我国作为重要受资国和新的供资国所带来的影响。

(一) 我国获资权利行使方式具有示范效应

作为既有国际气候资金法律制度下主要的受资国之一，我国对获资权的主张与行使方式会产生较大的全球效应。我国的温室气体排放总量仍在增加，人均排放量、单位 GDP 排放强度还处于较高水平。虽然我国属于公约体系划定的《框架公约》非附件一国家，也不承担对外供资的义务，但排放总量的持续上升，经济发展在可预见的时期内将继续保持相对快速的发展水平，继续性排放量的规模相当庞大。我国要在参与实现全球总体减排目标中发挥更大的作用，必须在自愿减排义务之外适度承担总量削减的义务，显然这样的义务不是公约体系直接规定的强制减排义务，更可能是获得国际气候资金后而履行的对待义务。当前，我国所获取的气候资金广泛来自公共资金、碳市场、慈善资金、传统金融市场、企业投资，国际金融机构、碳金融机构、国内政策性银行和基金、传统商业银行等获资媒介，赠款、税收优惠、财政贴息、贷气候金融产品及衍生品、风险管理工具等都成为获资所依赖的工具[①]。但这是不够的，既有排放总量与巨大的排放潜力也使我国成为减排潜力最大的缔约方，要求相当规模的国际气候资金流入到我国的减缓行动中，而我国适应历史排放造成的不利影响也提出了巨大的资金需求。

这两方面的资金需求集中起来，使我国在国际气候资金法律关系中成为获资权最大的缔约方，对未来制度发展方向和基本轨道的态度，既会影响发达国家继续提供资金的规模、方式与渠道，也会影响发展中国家对自己获资权的主张。换句话说，如果中国在获资权形式方面采取灵活的方式，则将对全球应对行动产生重大的激励，如在未获充分尊重时采取放任排放的做法，负面影响将波及全球。而我国行使国际法上获得气候资金权利的方式，除了直接影响其他主体的气候利益外，还会间接

---

① 王遥，刘倩. 2012 中国气候融资报告：气候资金流研究 [M]. 北京：经济科学出版社，2013-4-1.

地产生低碳发展的国际示范效应。如若能推动未来制度朝着有利于全球行动方向创新,灵活利用国际气候资金改善国内各产业在能源利用、能效提高、生产清洁化,鼓励增加碳汇(库)的经济行动,则会形成将国际气候资金与国内经济社会低碳发展相结合的中国模式,对正在致力于减少贫困、提高人民基本生活水平的发展中国家形成示范效应。

(二)我国逐步履行大国供资义务将产生巨大的国际法贡献

我国逐步成为新的供资国将产生良好的全球效应。在自愿、平等基础上我国开始逐步对外提供国际气候资金,技术援助、能力建设方面的资助是当前主要采取的形式,并且我国与印度等新兴经济体从2011年开始作为观察员开始列席 OECD/DAC 的会议,开启了从纯粹的受资国向供资国转型的过程,这种趋势将会越来越明显。我国的角色转型既能增加全球气候资金的总体规模,弥补发展中国家特别是不发达国家应对能力的不足,改变国际气候资金法律关系的类型和资金流向,对公约体系的基本法律关系结构带来新的变化。由于我国长期作为主要受资国之一,综合利用国际气候资金与国内资金在减缓、适应气候变化的同时,促进本国经济社会的低碳发展有着丰富的实践经验。

这一趋势在2015年《巴黎气候协定》通过后更加明显。在《框架公约》规定资金义务的第11条第3款、第4款、第5款中使用的是"附件二所列的发达国家[①]缔约方和其他发达国家缔约方",在《京都议定书》第11条第2款、第3款直接引证了公约这一规定。而在《巴黎协定》规定资金义务的第9条第1款中使用了"发达国家缔约方""发展中国家缔约方"后,第2款紧接着使用了"其他缔约方",从文义解释上"发达国家缔约方"应当包括之前的"附件二所列的发达国家缔约方和其他发达国家缔约方"。但是,《巴黎协定》第9条第2款的约文行文中,对公约缔约国固有的发达国家、发展中国家的"二分法"之外,开始出现第三类国家——其他缔约方,这与我国的国际地位高度契合。对此,还两个两处法律规定可以印证:一是,《巴黎协定》规定发达国家应当提供、鼓励其他国家提供资金后,第9条第4款专门规定了公共资源和赠款对最

[①] 实践中"发达国家"即是指经合组织的成员国,《框架公约》及《京都议定书》将所有发达国家分为"公约的附件二发达国家"和"其他发达国家",区分的意义在于:前者既要承担额定的强制减排义务又要承担资金、技术提供义务;后者只承担资金、技术提供义务,不承担额定强制减排义务。

不发达国家、小岛屿发展中国家适应行动的优先性，从受资身份上将其与包括我国在内的其他国家相区分。二是我国缔结的双边合作文件中显示出我国开始履行对外提供气候资金义务，包括：（1）中美合作文件中规定，我国出资 200 亿元人民币建立中国气候变化南南合作基金，支助其他发展中国家应对气候变化[①]。（2）中欧合作文件中规定，敦促发达国家为发展中国家开展减缓和适应行动提供和动员强化资金支持外，认可"其他国家"的补充的支持[②]。（3）"基础国家"气候合作文件规定，巴黎协议应确保向发展中国家提供充足的国际支持，以满足发展中国家适应行动的需求和成本，此文件没有规定支持主体。这三份文件中具体应包括为发展中国家加强适应计划、政策、规划和行动提供支持[③]，但并未限定必须由"发达国家"提供。

可见，我国逐步从单一的受资权利主体，转变为对发达国家有获资要求的法律权利主体，对落后发展中国家的自愿性供资义务主体，可以在三个层次上产生重大的国际法贡献：（1）将原本单一的资金法律关系，通过自愿对外援助性供资，拆解为相对不同主体的权利义务复合性关系，能极大地丰富国际气候资金法律制度在实践中的生命力；（2）实施的结果必将是为最不发达国家、小岛屿国家等发展中国家，增加相当体量的气候资金，为其国内应对行动雪中送炭；（3）通过从受资国转变为受资、供资复合性主体，对转型国家、新兴经济体转变国际法主体角色，形成示范效应。此举既能减少此类国家对发达国家的资金需求，在资金体量不变的前提下，减少与发展中国家间的气候资金竞争；也能在发达国家之外，适度、逐步地增加全球气候资金的总量，既壮大供资者群体又减少受资国数量，通过气候资金的加减法引导国际法关系结构与实施重心的优化和转型。

（三）国际法行为模式对国内绿色发展的驱动效应

我国的经济社会发展既会受惠于制度的良性发展，也会由于这样的

[①] 国家发改委应对气候变化司网站. 中美元首气候变化联合声明 [EB-OL]. http://qhs.ndrc.gov.cn/gwdt/201509/t20150929_752932.html，2016-01-01.
[②] 国家发改委应对气候变化司网站. 中欧气候变化联合声明 [EB-OL]. http://qhs.ndrc.gov.cn/gwdt/201506/t20150630_709979.html，2016-01-01.
[③] 国家发改委应对气候变化司网站. 第二十一次"基础四国"气候变化部长级会议联合声明 [EB-OL]. http://qhs.ndrc.gov.cn/gwdt/201511/t20151109_757956.html，2016-01-01.

发展而在未来的全球应对行动中承担更多责任。

第一，从国际社会获得一定体量的气候资金，有利于改善国内应对行动的物质条件。自我国参与国际气候合作之日起，从发达经济体以各种形式获得的气候资金，定向地投入我国产业体系中减排空间最大、适应绩效最高的部分。这其中，地方经济相对落后、产业水平相对较低的企业，其可能形成的减排量更大，适应效果更佳，在应然角度看也就越受国际气候资金的青睐。可以说，相当数量的气候资金流向了我国经济体系中排放浓度较高、经济发展较落后的部分。从行业来看，我国的清洁能源开发、能效管理等资本密集型计划与项目体现明显，对我国继续性发展中降低单位产值的能源消耗，提高能源使用效率，增加新能源的占比进而改善能源结构，保障能源安全产生积极作用。从地域来看，相当部分的气候资金流向了中西部的节能降污项目，以及农业、林业等优化项目，产生了较好的行业、区域发展效应。

第二，在获得资金的过程中，我国的相关产业部门还获得大量的清洁技术和管理经验。我国的电力、交通及工业产业内，"正面临着这样一个有可能造成重大气候影响的'锁定效应'状况"[①]，利用资金机制催化低碳技术，带来的将不仅是应对行动的现实利益，能产生更良好的技术扩散效应，催生围绕节能减排形成的各种服务性产业，如节能服务、碳核证、低碳标识等。这对改善我国既有的高碳、高排放型产业结构极为有利，国际气候资金流不仅会带来实体惠益，还会带来巨大的信息流，国际上低碳发展的技术、管理方法和成功经验，都会沿着计划和项目层面的合作注入我国的应对行动中，加强我国应对气候变化的"软条件"，形成通过环保需求而获得经济收益和社会回报的观念。

第三，在国际气候资金对碳减排进行定价的背景下，也将在国内经济社会关系上，刺激产生碳价格，碳价格的产生能让私人主体将气候变化更多地视为一个机会而非风险[②]。如果在排放者与减排者间逐渐构建起支付关系，进而形成相关的碳交易、减排量衍生品交易的制度空间。此举，将从虚拟碳价格和碳市场的角度，激发实体经济发展方式的低碳化，逐步形成碳价格和国内碳市场；在夯实国内基础的情形下，又将促

---

① 陈亚雯. 西方国家低碳经济政策与实践创新对中国的启示 [J]. 经济问题探索，2010 (8)：1—7.

② Megan Bowman. Corporate Care and Climate Change: Implications for Bank Practice and Government Policy in the United States and Australia [J]. 19 Stanford Journal of Law, Business & Finance, 1 (2013).

进我国承担更大的国际法义务的能力，使透明度更高、总量控制更严，甚至走向强制减排的道路，也会逐步从受资国转变为新的供资国。

这就说明国际社会开始重视我国作为资金义务方的可行性，我国自己的认识也开始发生转变，从接受资助的"发展中国家缔约国"向对外提供资金技术的"其他缔约方"转变，与之前"其他发达国家缔约国"相似。因此，我国参与国际气候资金法律制度的发展既对我国经济发展积极有利，也是全球气候形势和国际法发展对我国的必然要求。排放总量与经济体量都达到一定规模时，我国必须适度转变既有制度发挥作用的模式，而在未来制度中形成新定位。

二、国际气候资金法律制度发展的中国智慧

气候资金是为减缓、适应行动提供经济支持，在各国自费承担本国义务的基础上，发达国家的供资目的，是要发展中国家在受资额度内承担额外义务。那么，受资国在无外部资助时的自愿义务，成为计量双方权利义务的基准。鉴于此，笔者认为资金规模与授受主体本质上是政治决策问题，而资金关系在法律性质上服务于公约体系的规范标准，才是核心的法律问题，破解了这一难题才能保证贴上气候资金标签的资金，在实质内容和供资程序上均符合国际法标准，才能为审度资金体量、评价供资义务履行程度提供法律依据。面对这样的制度发展和外部关系环境，综合我国应对气候变化国家方案、双碳政策等，能看到针对气候资金的国际合作问题，我国在兼具受资国、出资国双重角色的前提下，着力提升国内制度基础与国际制度要素的良性互动，体现出中国智慧。

（一）坚持以公约硬法统率运营软法的法治导向

国际气候资金基础权利义务关系，要借助运营机构依照其业务规则加以实施，以至于国际气候资金法律制度的全貌，呈现出"条约法+国际组织软法"的复合结构。当前的法治困境，集中地表现为"软法"对"硬法"的异化，甚至在信息汇集、资金对价等方面"反客为主"，侵蚀公约体系固有的规范设计。我国在多种场合下坚持气候资金以公共资金为主、以优惠条件供资为方式的立场，实际上是试图消除二者张力、营造相互成就的协同模式。

一是，坚持公约体系对资金权利义务规定的基础地位。一方面，根据公约体系规定"共同但有区别原则"，资金权利义务均是共同减排义务之外的区别责任体现。对供资国而言，所提供的气候资金是在承担固有

的强制减排义务之外，对发展中国家的额外资助义务，而不是自身减排义务的替代。对受资国而言，所接受的气候资金是固有的自愿义务之外，基于受资额度、对价要求而获得的额外资金，对应地承担依附于该资金的信托义务。因此，我国也需明确差异化但明确的国家义务，是参与气候资金国际合作的逻辑起点，减排义务的尽头才是资金权利和义务。另一方面，应坚持气候资金定性在法律归属方面对公约体系的专属性，它不是替代减排的 CDM 机制等的供资，也不是减贫、国际贸易等客体交叉领域的附带资金流，而是具有独立法律性质、专门法定评价标准的特殊资金。我国要坚持公约体系在资金义务和与减排相关的领域间建立制度的"防火墙"，国际贸易尤其如此。按照《维也纳条约法公约》，一国在不同国际法体系下承担的义务应当保持一致，未来国际气候资金法律制度也不应当允许缔约国在公约体系之外，采取克减供资义务的行为。应对气候变化必然会落到具体的各个产业、各类企业肩上，它们是所属国家减缓、适应义务的具体实现主体，也是与减排相关国际制度的实际参与者，这在我国这样的排放大国和经济大国身上体现得尤为明显。我国应当坚持供资义务不受公约体系外其他国际法义务的减损，主张要在公约体系内形成与相关国际法制度协调切实可行的规则，特别是与国际贸易规则的协调，才能防止碳关税等转移减排成本、减损供资实效性的单边措施。

二是，我国应当深入供资的实践需求，厘清运营"软法"与公约体系间的制度关联。虽然在理论上可以对气候资金给予准确划分，但在实践中特定资金是否用于气候领域往往是模糊的，根本原因是运营机构具有独立于公约体系的主体身份。许多计划和项目都是有多重目标的，因而精确标明特定资金的气候属性，必须与其他的资金关系进行明确的区分。我国对气候资金所持立场，就公约体系外运营的部分资金而言，可分解为三个方面加以理解：（1）在尊重运营机构的主体基础上，坚持供资行为的法律性质方面对公约体系的服从性。不论供资的机构渠道，资金的气候属性必须贯穿于供资行为的关系内容中，反对将其与 ODA、国际贸易等资金流相混同，势必需要强化公约机构与运营机构间的制度安排。（2）逐步推进供资渠道回归公约体系自有运营机构的进程。国际气候资金与其他环保资金、ODA、碳信用机制等并行的格局是难以逆转的，因而每一项国际资金的传递都可以统一到"全球可持续发展"这一宏大的目标之下。所以，国际气候资金的提供要实现独立性和专门化，更为现实的做法是尽力将其供资的实施权利统一于一定范围的运营实体，我国应当坚持发挥公约体系下各基金，特别是绿色基金未来在提供国际气候资金中的主要作用，这样才能将出资额度、运营情况、使用效率集中呈现出来，才能将公共资金与私营资金、市场机制与政策手段的供资情况加以细分和评价。（3）鉴于各类运营机构实则围绕世界银行、地区性多边开发银行为核心来展开其运营业务，建立金融类国际组织及其治理规则是气候资金实践决定要素，通过自建、积极参与、主导各类运营实体的供资行为，是中国智慧转化为供资实效的重要节点。

（二）推动发展中国家实现获资权的创新机制

未来制度发展的前提是沿着当前设定的权利义务路径进行，虽然不断出现转型国家、新兴经济体，但也应当本着气候正义的原则坚持依权利义务将所有国家分成两类。唯有将最不发达国家、小岛屿国家等应对能力不足的主体融入气候利益共同体，公约体系设定的实体性目标才有实现的可能。在权利实现方面，我国应当坚持发展中国家通过集体机制，在国际气候资金法律制度中发挥更大作用。

一是坚持扩大发展中国家在资金关系中的话语权，开拓新的获资渠道。围绕资金机制的运作实体、活动资格和优先顺序、资金分配标准、资金供应总量等问题，京都协议时期的冲突和矛盾仍将延续。在全球环境基金供资有限的现实情况下，开辟其他多边和双边渠道，获得更多气候变化应对资金，是发展中国家的理性政策取向[①]。在确定受资计划和项目时，必须以发展中国家国内应对行动的规划和方案为主，坚持在公约层面形成所有受资计划与项目的汇总机制，保障气候资金在减缓与适应、新兴经济体与不发达国家间的结构平衡。在公约体系评估供资义务履行情况时，扩大发展中国家提供的最终使用资金信息作为重要依据，来与供资国、国际组织的供资信息相对照，克服重复计算、性质扭曲等现行制度的缺陷。推动以资金常设委员会、适应委员会等公约机构，作为扩大发展中国家信息汇集话语权，增强在评估供资义务履行中参与程度的机制保障。

二是坚持国际气候资金中相关技术规则的国际公允性，避免发达国家以及代表其利益的国际组织的片面标准成为国际规则。气候资金中相关技术规则，既涉及资金本身，如非现金供资方式的转换，也包括受资国和项目在接受资金后对待义务的评价标准，如碳信用的计量、特定项

---

① 谷德近. 资金机制：气候变化谈判的博弈焦点 [J]. 上海金融，2008（9）：14-18.

目气候效应的计算方法。坚持气候资金独立性、使用效果与继续资助挂钩的同时，这些技术标准成为实际上决定发展中国家能够获得何种气候资金及其数量的规则。

三是坚持适度拓展南南合作的发展方向。包括我国在内的新兴经济体既具有一定的发展基础，也具有广阔的减排潜力，小岛屿国家、最易受气候变化影响国家在公约体系下的立场，近些年来逐步与我国产生分歧。我国坚持以多种方式为这些国家应对行动提供资助，既包括我国在获得国际气候资金时与这些国家形成分享机制，使其能分享我国从发达国家获得的由气候资金产生的直接资助和间接利益；逐步利用我国国内经济资源，对这些国家提供应对行动的资助，逐步扮演起供资国的角色。更为重要的是，我国在经济发展转型过程中，"世界工厂"中那些劳动密集型、附加值较低的产业，将不断从我国向不发达国家转移，在此过程中我国对坚持转出环节的低碳控制，避免从我国转出的产业恶化其他发展中国家的气候形势。

（三）适应地位变化的资金合作模式

我国在公约体系下地位特殊，是少数兼具受资国、出资国身份的国家之一，在运用气候资金的体量方面占有绝对优势。目前，国内通过调整产业结构、能源结构，建立统一的排放权交易市场等手段，积极履行气候变化国际义务，利用国际资源履约的方式主要有以下三点：(1) 参与国际会议、倡议活动等，加强与国际组织的合作。(2) 南北合作，与发达国家进行气候对话、经验交流，与德国、英国就关键涉碳行业进行技术合作，并从发达国家获得气候资助。(3) 南南合作，与发展中国家进行对话交流，提供节能用电产品等应对气候变化物资、减灾救灾援助等，并给予人员培训等能力建设支持；同时，习近平主席在南南合作圆桌会议上宣布未来 5 年向发展中国家提供 100 个生态保护和应对气候变化项目，巴黎会议上宣布设立 200 亿元人民币的中国气候变化南南合作基金，并启动"十百千"项目，向联合国捐赠了 600 万美元资金，用于支持联合国秘书长推动气候变化南南合作。

既有的履行机制存在两点不足：一是，利用国际资源的方式存在单向性，与发达国家合作以接受援助和输入先进技术为主；向发展中国家提供援助的范围多为缓解气候变化不利后果的事后之举，未能将援助融入其经济社会发展所倚重的产业体系与重大项目之中，对提升其应对能力帮助有限。二是，国际合作与履约存在脱节的现象，即国际合作主要以间接的方式助益我国履行义务，对外合作项目形成的气候效应对缓解国家履约压力并无实质帮助。

这是由京都机制下我国承担自愿减排义务和对外气候援助义务决定的，但《巴黎协定》要求我国的减排义务形态发生变化，对外提供资金、技术和能力建设援助的义务要求也在加重。于此，我国在既有基础上创新履约制度，将挖掘履约潜力的视野投向境外，投向"一带一路"这一倡议，研判沿途国家的应对行动规划与项目实施要求，将应对气候变化寓于产能合作之中，并以此来保障产能合作的生态质量。

因此，我国在国内产业和国际合作中减排行动的国际化方面，应当重视将国际法资源向国内转化，在设计国内排放市场等机制时按照国际水平设计；在走出去特别是实施"一带一路"倡议时，要善于将自身行为纳入公约体系内减排、资助评价机制中，将经济合作中的气候效应通过国际法标准"显化"。因此，我国要坚持不断完善国内碳市场的建设，努力形成稳定合理的国内碳价格。我国应对行动最为重要的是将排放源分布的产业加以清洁化，碳减排具备了价格驱动因素才能将排放问题植入企业的日常经营活动中，才有能够吸引国际私营资金特别是机构投资者的青睐。我国也要逐步建立专门的气候基金，用于对外吸收、提供气候资金的统一渠道，并作为与公约体系资金实体日常联系的窗口，可以较多地承担政策性手段提供的资金部分。它不仅可能是统一我国参与国际气候资金法律关系的行为主体，也能根据我国自身的减缓、适应行动规划行动方案，来开发各类吸引国际气候资金的项目，我国大为增加确定受资对象范围、类型的主动权，也能将进出我国的国际气候资金信息集中起来，进而发展出我国认定气候资金的官方规则。

三、国际气候资金法律制度发展的中国方案

在我国确立的2030年前实现碳达峰、2060年前实现碳中和的目标下，已形成"能源体系与能效—关键产业低碳改造—低碳技术—碳排放交易市场—低碳消费—碳汇（库）营造—国际合作"的"七位一体"应对行动方案。作为国际合作中重要组成部分的气候资金国际合作，实际上也是从发达国家接受资金用于另六类行为，或对外资助落后发展中国家实施另六类行为。我国参与未来国际气候资金法律制度建设是一手做好国内制度准备，一手通过国内制度内容更新拓展国际合作渠道，能动地影响其发展的过程，所采取的具体措施就应覆盖国内制度、公约义务履行、相关法域国际合作三个方面的内容。

（一）利用达峰规划确立气候资金的减排基准

气候资金是南北国家区别性减排义务之外的资助互动，我国身为排放体量大的新兴经济体类发展中国家，在获资权利与供资义务关系之上处于微妙的地位。因此，我国在"自主国家贡献"中做出的约束性碳强度承诺，与提出在2030年前达峰的承诺，在时序和资金性质方面均对国际气候资金制度形成重要影响。

一是，按2030年达峰规划，经过峰值之后我国的碳减排将会走向总量控制、定额减排的阶段，从当前的单位GDP碳强度到总量削减的几年内，需要我国调整政策依附、市场乏力的减排格局。当前，我国尚未明确各地区排放者的排放数量，也就无法区分自行减排成本，与额外减排成本间的产权界点。但碳达峰规划为结束这种不确实局面，形成了清晰的时序结构安排。应当利用达峰前的过渡期，迅速完成碳排放的监测、碳会计与审计基础规则，为颁发强制性排放许可提供技术依据。我国应当在达峰前尽早完成碳强度到碳总量的国家核算制度转变，利用经济社会发展进入深水区、呈现L字形的契机，提前做好总量控制的行政管理技术准备。在此基础上，我国应探索将碳排放权逐步纳入动产和权利统一登记公示系统，为其产生交易、担保价值奠定产权基础；探索修改"污染环境罪""提供虚假证明文件罪""出具证明文件重大失实罪"的调整范围，将排放主体、中介主体等利益相关者，全面纳入排放总量控制的法律红线之内，为计量气候资金的额外性提供坚实的减排义务基础。

二是，在实现达峰计划的投融资过程中，应努力构建区分商业资金、专门气候资金的国内规范，通过发挥我国市场规模效应，以气候友好商品服务贸易、气候技术贸易、气候友好项目直接投资、碳金融国际投资等关系为载体，输出我国的气候资金制度解释方案。在此过程中，需特别注重在纯粹商业资金、纯粹公益资金两个极端基础上，构建商业公益混合性质、公私资金合作供资等类型中，以资金商业属性为基准形成评价其优惠程度的资金气候属性评价指标体系与操作方法，特别是碳金融服务标准。

（二）构建辐射国际的国内气候投融资体系

"中国遵守和履行《巴黎协定》以及其他相关气候协定是中国实现气候正义的具体行动和体现。中国作为发展中国家为何要承诺温室气体减排义务？其利弊如何？这些问题不容回避"[①]，参与国际气候资金建设的基础是完整的国内基础制度。在低碳转型过程中，引导各类资金有序进入产业体系、能源体系时，还存在过度依赖政策手段的弊端，围绕碳生态服务的支付关系尚未建立，使得气候资金缺乏基础法律关系的支撑。实现控制温室气体排放目标，对我国中长期发展中产业结构清洁化、城镇化发展、能源市场改革和国际贸易等方面都有较大的影响[②]，是在经济社会发展中形成碳价格信号的核心问题。针对资助应对行动的资金实体及各类资金逐步出现，碳金融活动初见端倪，对我国在气候资金制度起步阶段扩大资金规模、拓宽资金渠道和深化社会理念等具有重要作用，区分资金性质、理顺资金链关系，并对接公约体系资金机制，是今后工作的重要内容。

第一，优化对涉碳产业体系低碳化转型的扶持机制，强化资金细分，向气候应对专门行动倾斜，为厘定商品服务中的碳价格成分营造基础。当前，气候相关的产业包括：（1）气候相关产业发展扶持资金。我国一直以来多将气候资金融到产业发展宏观资助中，从而调整产业结构和提高生产效率。既推动传统产业朝着气候友好方面改善，如在农业支持中增加对生态问题的资助，同时又提供大量的资金发展气候应对先进技术的研发和推广，如钢铁、水泥行业中生产设备的清洁化改造资金；还着力资助气候友好行业的发展，如巨灾保险等气候服务行业的产业扶持资金。（2）防灾抗灾资金。我国在应对也投入了大量的资金，用于解决突发性自然灾害，包括气象、水文、空气质量等方面的预报，以及灾难发生时的应急措施和灾后处置活动。（3）大江大河治理资金。我国在主要江河的水患治理、水滨工程建设、水环境保护方面也投入了大量的资金，整合了协调灌溉、防洪等各种用途。（4）重要生态区的建设资金。我国将许多关键性、脆弱性和具有重要战略意义的区域，划定为自然保护区、风景名胜区、森林公园、湿地公园等，投入了大量的资金用于完善保护性设施、保护工作人员，以及对区内居民搬迁、替代生计。如三江源的保护、三北防护林等重大工程的建设，这些项目既缓解了经济社会发展的资源环境约束，也减缓了对生态环境的破坏。增加碳汇（库）并减少

[①] 曹明德. 中国参与国际气候治理的法律立场和策略：以气候正义为视角 [J]. 中国法学，2016（1）：29-48.

[②] 王一鸣，等. 全球气候变化与中国中长期发展 [M]. 北京：中国计划出版社，2013：12-14.

排放源是这些资金的重要功能。(5) 扶贫资金。许多生态环境良好地区其经济社会发展也相对落后,我国在划拨的扶贫资金中也有一些资金是用于资助本地社区、居民保护环境的,如减少森林砍伐,气候效应也是扶贫资金的重要效应之一。我国应更加凸显气候属性的独立性,从资助计划、保护行动和项目设置等方面,在会计技术或资金渠道上纳入专门运营实体,易于气候属性的单独识别,才能为国际气候资金的注入营造一个资金信息明晰、渠道独立和性质明确的国内制度输入体系。

第二,逐步建立全国统一、基于强制减排和总量控制的国内碳市场。碳市场是在差异化排放主体间围绕碳生态服务的支付场所,是碳定价透明化的基础制度。在从 GEF、世界银行集团等资金实体获取资金时,也可能受到资金机制不透明、利用效率不显著等问题的责难;在南南合作、区域自贸区等制度纽带中体现低碳因素时,也缺乏最高效的资金利用方式。因此,"中国应启动国内的碳市场和排放权交易制度建设。我们应探讨在国内实施碳排放贸易制度,从而为构建国际碳市场提供基础数据、方法和程序方面的经验,这也有利于主导国际碳市场规则的制定"[1]。碳市场和国家转移支付是实现碳定价在全球实现的两种基本手段[2],当前,我国碳价格形成机制开始起步,但全国性的顶层设计与地区性减排试行方案之间,在总量确定、碳价干预等方面还存在诸多问题。而国内碳市场的形成是我国参与未来国际气候资金法律制度的关键一环,迄今为止,我国成功注册的 CDM 项目 3860 个(全球共 7456 个),项目数量占比 50.59%,获得 CERs 量占比 61.22%(总量为 1.4 亿单位 CERs)[3],应积极消化受资项目的融资规律,从中摸索国内和国际碳市场的价格规律,把握发达国家在供资上更愿意参与资本运作而怠于进入项目执行层面的心态,及时形成公允的国内碳价格。以此为基础,我国行使获资权、对外供资时,才拥有一套为国际社会认可的透明、公平规则。

但是,我国现有进度离发现碳价格、累积碳信用的市场机制建设,还有相当长的距离,应当"以碳资源配置的市场运作为依托,通过创新

---

[1] 曹明德. 哥本哈根协定:全球应对气候变化的新起点——兼论中国在未来气候变化国际法制定中的策略 [J]. 政治与法律, 2010 (3): 10.

[2] Adi Dabholkar. National Security in the New Millennium: Research: Advancing the Efficient Frontier in Clean Energy: Innovative Public-Private Investment Partnerships [J]. The Georgetown Public Policy Review, 2011, vol 16 (Spring): 49—61.

[3] UNFCCC Secretariat. Clean Development Mechanism (Executive Board Annual Report 2013) [R]. Bonn: UNFCCC, 2013: 4—21.

金融组织、开发碳金融产品、创新金融服务、创新金融绩效评估，从而为低碳经济的推进提供充足的金融资金。包含了市场、机构、产品和服务等要素，范围上含摄碳市场、碳金融组织体系、碳产品、碳服务等方面"[1]。要将形成和实施京都二期议定书的 2015 年、2020 年作为重要时间节点，从试点城市到所在区域，再推广至全国形成统一市场过程中，应当对拟纳入排放体系的行业内排放源进行摸底和登记，建立完善的排放量计量与核定的服务业市场和政府监管体制，在此基础上才能逐步扩大排放权交易的地域范围，并在即期排放权交易基础上发展排放期货期权、排放权融资和作价投资的配套制度，增强政府对碳市场的监管能力。总体说来，就是要在试点基础上，排放市场的地域范围逐步扩展，供该市场交易的对象和政府监管能力都要同步提高。

第三，建立中国气候变化应对基金，作为专门性气候资金的对外关系窗口，为凝练中国版"气候资金"定义打造主体基础。与许多受资国相似，我国当前接纳来自国际社会的气候资金是政府部门、公益团体、企业组织等"各自为战"的模式，缺乏国内统一的资金口径不利于形成我国对国际气候资金及其法律属性的科学解释，"针对我国现行气候资金管理机制存在的不足，需要从业务规划、资助标准、项目程序等方面着手，实现决策机制从单一走向综合、从决策和执行合一到执行分工、监督评估机构的构建"[2]。

基于此，应当整合国内各类经手减缓、适应资金机构的力量，通过适度分工、良性共治，在运营实体层面统一对气候资金的解释方案。当前，我国已在清洁发展机制、应对气候变化的南南合作等领域，建立了专门的碳基金；而在国内的开发金融机构及其业务中，也对具有气候效应的计划和项目，提供了规模可观的授信。不仅如此，在推动海外收购等重大环境资源合作时，也通过中非基金、中葡基金等服务于对外援助，并在中国—东盟银联体、丝路基金的业务平台中不断地加强气候的因素。此外，保护森林资源的生态效益补偿基金、保护生物资源的生物多样性保护与绿色发展基金等相关环保资金实体、主权基金中对外环保产业、基础设施项目中，均不同程度地具有减缓、适应效果。这种机构林立的局面，虽然有利于吸引多方资金，但难以与公约体系及其资金实体实现

---

[1] 朱家贤. 气候融资背景下的中国碳金融创新与法律机制研究 [J]. 江苏大学学报（社会科学版），2013（1）：27-32.
[2] 谷德近. 气候变化资金机制研究 [J]. 政治与法律，2011（1）：10-17.

良好对接。为对外形成统一的气候资金解释权,笔者认为有必要将各类基金的气候功能整合为如中国应对气候变化基金之类的专门实体,再在其之下设置专门用于CDM、REDD+、南南气候合作等专门议题的子基金。并将专司发展援助为主的资金,在国家开发银行等开发金融机构下设置气候专门性基金,委托代表国家的气候履约部门进行管理。此后,将国内的气候类、发展援助类基金,与公约体系内、联合国机构、公约体系外其他实体等资金机制对接。例如由中国应对气候变化基金与公约体系下和绿色气候基金对接,形成承接公约义务的国内运营主体,掌握运营软法层面的资金话语权和气候属性解释权。

第四,利用国家级新区、国内自贸区等特殊经济功能区,对低碳建设、减排定价进行先行试点,在此基础上引导气候资金与区内项目结合,为全国性制度探索经验。从建设上海自贸区开始,我国不断以此手段拓展国内改革开放的制度空间,虽然各地自贸区建设重心各异、特色不同,但各区的具体建设规划来看,存在着两个共同点:一是均以发展现代化新兴技术、战略新兴产业或现代服务业为核心,产业体系的绿色化趋势明显;二是产业发展的外向性,相对区外的政策制度,各自贸区承担着中国国内的探索使命。区内的产业、服务体系的建设成果,体现我国当前国力水平下国际化程度最高的水平,直接连通着国际社会,气候友好产品、技术、服务是其中的重要部分。我国从纯粹的受资国,逐步转变为供资、受资复合的国家;从单纯的政策性、援助性资金授受关系,转变为政策性援助、市场化贸易、自由化投资分工合作、互相强化的模式,需要从经济法制度、环境法制度、国际法制度共生协同的角度,探索有效的做法。

(二)善用履约机制强化资金气候属性的解释

我国参与公约体系制度建设的方式也有诸多值得创新之处,不论未来国际气候资金是经历巨大变革,还是逐步的创新,我国都可以改善参与方式来推动国际制度的继续发展。

一是,灵活地运用公约体系的履约机制,促进我国履行方式在微观层面上逐步调整,提高条约履行的实效性。积极利用国家信息通报制度,在通报我国温室气体清单、应对行动与计划、法律政策措施等内容之外,增加对我国接受国际气候资金信息的描述,包括资金的来源、渠道、数量、用途、实施后取得的效果等方面,既向国际社会展示我国利用资金的透明度和国家信用,又通过对纳入其中的信息进行筛选的过程,向公约体系表达我国对气候资金内涵和外延的认识。并能借此机会阐述我国对克服既有制度缺陷的意见和建议，推动公约相关机构和资金运营实体在现行制度下适当地修正供资的具体方式，通过资金利用的反馈机制，体现我国在项目、计划层面确立资金气候属性的制度影响，将我国国际法观点注入公约体系中。

二是，积极推动国际气候资金提供渠道的独立性。在双边、多边性资金合作中，资金机构的公允性、透明度，及公约机构对所有自有、其他所有资金机构供资行为的评审认定权，是平衡资金体量不断扩大和国际合规性间的关键所在。因此，我国应认可实践中公私资金多源、公约体系内外多实体共同参与的供资实践，但对公约体系下资金义务的履行范围的认定，应当坚持以国际气候谈判为主要平台，抓住联合国机构及公约机构的资金法律属性认定权力。同时，结合我国参与的双边、区域合作，推动国际气候资金的供资关系回归到公约体系的框架下，推动根据供资的机构渠道识别特定资金气候属性第一标准的国际共识，即使公约体系外资金实体运营的资金，也应在实质标准上与公约体系内实体具有等同性，程序上接受公约机构的监督，避免因多元资金杂合，造成运营制度消减公约基本规定的风险。可采取的应对措施包括：（1）通过公约体系下的缔约国大会和专门性附属机构，结合发挥联合国发展规划署等发展援助典型实体的作用，在资金性质认定标准上实现对接甚至统一，打破运营主体、公约机构间的信息壁垒，完善出资国与受资国在信息通报中资金信息互相对照的模式，提升信息可信度。（2）在我国向公约体系通报的国家信息中，表达对碳基金功能及其行为标准的中国解释。由于我国经济体量大且处于关键的转型发展期，当下的排放总量和未来的排放需求相对较大，必然是不同资金竞相进入的国家，利用这些来源不同资金的同时，南北、南南合作关系也是我国将自身气候资金标准观点融入具体项目，并通过合作与对方联合通报形成新的国际法表达的契机。（3）发挥新成立的绿色气候基金的主导作用，利用公约体系下气候资金常设委员会等机构的职能，对国际金融机构、上下游资金实体加以监督，将该基金的作用提高到对其资金供给行为效果加以评价的法律地位上来。在继续发挥资金多元化，提高气候资金国际流动的总量前提下，将国际气候资金法律性质保障的主导权牢牢地控制在公约体系中，并发挥隶属其之下四个基金的主要资金渠道职能。

三是，积极推动南南气候资金合作的实体化。在逐步扩大南南国家气候资金合作的基础上，推动这一合作机制在公约体系下的实体化，将相关供资、受资行为的法律效果纳入公约体系的审查之下。南南气候资金合作机制也就能作为我国履行国际义务的一个重要方面，并且发挥该体系对资金使用效率和效果的评审机制，是我国对外提供的资金能按照国际公允的法定标准，而非过度依赖双边的政治性标准而提供。

同时，在对外的产能合作中，重视出口的技术装备运行过程可融入《巴黎协定》下南南国家间联合减排的规定，这些项目直接形成的减排量，以及积累的碳信用管理经验，是我国履行尽早达到排放峰值、尽早实现碳中和承诺的域外通道。因此，有如下几个要求：（1）要学习欧盟ETS交易体系的经验，在我国碳排放交易市场试行后全国化推进时，科学设计"境外条款"，形成境内减排境外交易与境外减排入境交易相结合，相应的碳证券运营与证券市场QFII机制配合，为通过国内排放市场提高履行《巴黎协定》能力奠定国内法基础。（2）在落实"一带一路"倡议时，针对赠款或优惠贷款等对外援助中涉及气候类项目的，有意识地利用公约体系认可的减排量计量测算、与合作方和联合国相关机构共同确认资助金额，强化与公约体系下资金渠道的合作出资、委托运营等。在向公约体系、发展援助体系下国家信息通报之中，与合作相对方国家同时确认、信息互证，增加我国履约行动效果的国际法认可度。（3）在新型金融机构中科学设立专门的碳基金，确保我国对外提供的气候资金能从主体能力统一性上保障主导权和利用效果。我国可考虑对国内相关基金进行梳理和整合，根据我国参与的减缓、适应项目特征和相对方国家身份，完善国内基金对应的境外延伸机制，当意欲进行对境外项目的碳投资是地，可考虑由主权基金的相应区域投资分支经办，或通过其发挥牵头作用，吸引相关的公共、私营资金进行组合投资。而当对落后的发展中国家比照公约体系条件，提供具有优惠性的减缓、适应资金时，则应由我国成立专门的气候变化基金来进行，体现国家意志性。相应地，根据项目的差异完善各自的资助标准和认证程序，形成有力的监督运行相关规则，既保障我国对资金的主导权，又符合公约体系对资金性质的标准，并达到最高效利用方式，形成清晰辨明运营主体归属的良好局面。

（三）拓展公约体系外的气候资金国际合作空间

气候资金合作是将环保行动与经济社会发展连接起来的纽带，而此效应必然会体现在能源、交通、农业等具体的领域中，也就是说国际气候资金流其实是分布在不同的行业性国际合作中。我国要改善国内应对气候变化的法律政策体系，以及对外合作的基本模式，也必须把握这一形势。

第一，拓展与气候相关的行业性国际合作空间，既注重行业经济合作中的气候友好问题，推动其传统发展方式的"去碳化"，又注重对行业中由气候引致的新领域的拓展。在气候所涉的能源、交通、工业生产等行业，先进技术和设备中促进能源结构、产业结构清洁化的核心资源，"需要以特定行业、主题、地区为视角，来建立和形成持续资助环境、社会、治理问题（ESG）的商业模式"[①]。

我国应当在这些领域的国际贸易基础上，推动双边、多边性联合研发与信息共享，通过扩展本行业产业链的长度和宽度，为国内相关企业生产的清洁化，以及应对气候的计划项目执行提供丰富的物质资源，改变过分依赖政府性、外源性气候资金的窘境。在传统发展方式的去碳化方面，我国要在碳金融与碳服务、技术咨询、碳信用管理等行业内，实现与国际的接轨。如金融行业自行制定的社会责任行为规则，极可能早于政府对相关投资出台的管理规则，并规避政府相关规则的实施[②]。因此，要注意这些行业对气候友好型发展的国际性趋势，顺势制定我国相关行业的发展规划、扶持计划等政策措施，保持行业发展所受到的内外资金支持能无缝对接。此外，对新能源、新技术领域的资金投入要成为我国未来的重点，国内计划和项目要善于利用国际气候资金，巧妙将其通过公约体系和国际性运营实体的治理规则，使国内用资需求与国际气候资金供给更加畅通地连接在一起。完善国家发展银行等国内实体的气候资金配套模式，让来自国际、国内的公共与私营资金，能在法律性质明晰的前提下形成协同效果。

第二，善用区域、多边性多层次的合作平台，将我国的用资需求、对外供资通过各种的合作机制呈现出来。国际气候资金的整个链条中，筹集资金与资金具体运用的侧重点是不同的，当前运营实体的决策性和执行性的分工就体现出了这个特征，这就意味着不同的国际法体系所能调整气候资金问题，是存在一定分工的。参与应对气候变化的资金合作关系，及推动产生实效的过程中，也必须重视这样的制度功能分野，在公约体系和全球性运营实体等成员方众多、法律机制相对完善的合作平

[①] Iveta Cherneva. The Business Case For Sustainable Finance: Beyond Public Relations, Ethics, and Philanthropy [J]. The Fletcher Forum of World Affairs, 2012, vol 36 (2): 93–102.

[②] Benjamin J. Richardson. Reforming Climate Finance Through Investment Codes of Conduct [J]. Wisconsin International Law Journal, 2009, vol 27 (Fall): 483–515.

台上，推动对发达国家供资义务的严格法律化，在扩大资金规模的同时强化完善供资监督法律机制，利用公约机构等组织保障条件去体现发展中国家的获资权主张。在区域和双边的合作平台下，我国应当重视气候资金与区域事务的协同性问题。气候问题要与这些法律制度体系所调整的贸易、环境合作综合考虑，凝聚区域范围内的共同立场，共同资助区域性气候技术协同创新机构等共向性合作事项。在与发展中国家的对话平台上，我国逐步扩大对其援助的范围和力度，特别关注能源、农业、森林等事关发展中国家民生，且对气候应对行动具有关键作用的领域。

专业词汇表

1. AD：Adaption Fund，适应基金。
2. Amazon Fund：巴西发展银行所属亚马逊基金。
3. BioCarbon Fund：生物碳基金，原型碳基金下设基金之一。
4. CDM：Clean Development Mechanism，清洁发展机制。
5. CERs：Certified Emissions Reductions，经核证减排额度。
6. CGIARF：Consultative Group on International Agricultural Research Fund，国际农业研究基金协商小组。
7. Community Development Carbon Fund，社区发展碳基金，原型碳基金下设基金之一。
8. Congo Basin Forest Fund，非洲发展银行所属刚果盆地基金。
9. CP：Conference of Parties，缔约国大会。
10. CRS：Creditor Reporting System，经合组织成员国援助信息的报告系统。
11. CTF：Clean Technology Fund，清洁技术基金。
12. DAC：Development Assistance Committee，发展援助委员会。
13. EE-TTF：Environment and Energy Thematic Trust Fund，环境与能源专题信托基金。
14. EPTA：Expanded Programme of Technical Assistance，技术援助扩大计划。
15. ESG：Environment、Social Responsibility、Corporate Governance，评价投资者履行社会责任的"环境、社会责任与公司治理"规范。
16. EU-ETS：European Union Emission Trade System，欧盟碳交易体系。
17. FAO：Food and Agricultural Organisation，联合国粮农组织。
18. FCPF：Forest Carbon Partnership Facility，森林碳伙伴基金。
19. FIP：Forest Investment Program，森林投资计划，战略气候基

金下设子基金。

20. GAFSP：Global Agriculture and Food Security Program，全球农业与粮食安全计划。

21. GCF：Green Climate Fund，绿色气候基金。

22. GEF：Global Environment Facility，全球环境基金。

23. GNI：Gross National Income，国民总收入。

24. IBRD：International Bank for Reconstruction and Development，国际复兴开发银行，即通称的"世界银行"，世界银行集团成员之一。

25. IDA：International Development Association，国际开发协会。

26. IFAD：International Fund for Agricultural Development，国际农业发展基金。

27. IHDI：Inequality-adjusted Human Development Index，不平等调整后人类发展指数。

28. INDC：Intended Nationally Determined Contribution，国家自主减排贡献。

29. IPCC：Intergovernmental Panel on Climate Change，政府间气候变化谈判专门委员会。

30. JI：Joint Implementation，《联合国气候变化框架公约》规定的联合履行机制。

31. LDCF：Least Developed Countries Fund，最不发达国家基金。

32. MIGA：Multilateral Investment Guarantee Agency，多边投资担保机构，世界银行集团成员机构之一。

33. MDBs：Multilateral Development Banks，多边开发银行。

34. MRV：Measurable、Reportable、Verifiable，"三可"原则，即可衡量、可报告、可核实。

35. ODA：Official Development Aid，官方发展援助。是经济合作发展组织所属的"发展援助委员会"，对发展中国家提供的经济援助。

36. OECD：Organisation for Economic Co-operation and Development，经济合作与发展组织。

37. OEEC：Organisation for European Economic Co-operation，欧洲经济合作组织。

38. Prototype Carbon Fund，原型碳基金，是世界银行经营管理的第一个专司于减排方面的投资性基金。

39. PPCR：Pilot Program for Climate Resilience，抵御气候变化先

锋计划，战略气候基金下设子基金。

40. REDD：Reducing Emissions from Deforestation and Forest Degradation，森林砍伐和森林退化的减排，是《联合国气候变化框架公约》中林业减排专门议题。

41. SBI：Subsidiary Body for Implementation，《联合国气候变化框架公约》的附属履行机构。

42. SCCF：Special Climate Change Fund，气候变化特别基金。

43. SCF：Strategic Climate Fund，战略气候基金。

44. SIDS：Small Island Developing States，小岛屿发展中国家。

45. SREP：Scaling-Up Renewable Energy Program for Low Income Countries，低收入国家可再生能源扩大计划，战略气候基金下设子基金。

46. UNDP：United Nations Development Programme，联合国发展规划署。

47. UNEP：United Nations Environment Programme，联合国环境规划署。

48. UNFCCC：United Nations Framework Convention on Climate Change，联合国气候变化框架公约。

49. UNTF：UNFCCC Trust Fund for Supplementary Activities，补充活动信托基金。

50. WBG：World Bank Group，世界银行集团。

51. WFP：World Food Program，世界粮食计划署。

52. WHO：World Health Organisation，世界卫生组织。

53. WMO：World Meteorological Organisation，世界气象组织。

54. UN-REDD：联合国森林减排计划。